会社の終活

「M&A」という究極の事業承継プラン

福谷尚久・土屋文博 [著]

中央経済社

推薦の辞

　『会社の終活』が発刊の運びとなった。本書は文京区にある筑波大学大学院の経営・政策科学研究科（現・ビジネス科学研究科）企業法学専攻において，私が二十数年間にわたって教鞭をとっていた時の教え子による労作である。また本書は，M&Aの現場で，長年フィナンシャル・アドバイザーとして多様な案件に取り組んでいる福谷氏と，弁護士として数多くの中小企業を親身に支援してきた土屋氏に加え，税理士・会計士として活躍する卒業生の協力も得て，私が当時から主導してきた「企業承継法」の概念をもとに，現代の日本で社会問題化しつつある事業承継をテーマに時宜にかなった処方箋として世に問うものとなった。

　これまで事業承継・企業承継を扱った類書は，法務・税務・会計などいずれかの切り口による手続的な内容に終始しており，「血の通った」ものには程遠かった。中小企業にとって「会社を譲る」のはまさに一生に一度のことであり，本書は「会社の終活」に関する膨大な情報の中で，必要な内容を，それを必要とする人々にしっかり届けるという役目を担っている。全国に300万社あるといわれる中小企業経営者，またそうした会社をサポートする税理士・公認会計士，弁護士諸氏にとって，実際のケースに依拠してさまざまな解決策が示されている本書が必携の書となることを切に望む。

　最後となるが，本書発刊のきっかけを作っていただいた関係諸氏，ことに中央経済社の杉原茂樹氏と和田豊氏に，心から謝意を表したい。

2019年8月

筑波大学名誉教授 博士（法学）
大 野 正 道

はじめに

　会社を引き継ぐのは難しい。

　日々の業務に追われる中小企業の経営者にとって，事業承継の対策はつい後回しになってしまう。最近は親族・家族によって世代間の交代がうまくいくケースを除いて，会社を他人の手にゆだねるという「会社の終活」には，M&A（会社の合併・買収）が多用されている。ところがM&Aによって事業承継に伴う諸問題を一気に解決することが主流となった反面，いったい何から手を付けていいのか，まずどこに相談すればよいのか，といった基本的なことは驚くほど知られていない。この分野において"読者目線"で書かれた書籍もほとんどないため，途方に暮れていた方も多いのではなかろうか。

　こうした現状を鑑みて，本書はまず，事業承継に「ストレスなく」対応するためのハンドブックとしてお使いいただくことを企図した。類書とは異なる特徴として，以下の点があげられる。

　第1に，具体例にもとづく20のケースを掲載し，各事例の背景や問題点を共有することで，事業承継に携わる当事者が，無理なく例示されたテーマに入っていける工夫を施した。第2に，専門書としての説明のレベルを下げたわけではなく，事業承継に伴う実務対応のポイントをケースに沿って解説することで，わかりやすく問題点の"勘所"を示した。第3に，目次や索引，関連用語の解説を充実させ，事業承継に関してはこの一冊でほぼことが足りるよう，網羅的に内容を構成した。特に，かなり斬新な試みであるが，目次ではケースごとの概要を簡記することによって，最初から順を追って読む必要はなく，興味のおもむくものからご覧いただければよい体裁となっている。

　これらの特徴をもつ本書は，当事者である中小企業経営者のみならず，アド

バイスする立場にある公認会計士・税理士，弁護士等の専門家など，事業承継に取り組むすべての方々にとって役立つものと自負している。さらには事業承継についての勉強会やセミナーでのテキストブック，または副読本などにもお使いいただけると考えている。

　本書は4部構成となっている。
　まず第1章では，M&Aの基礎事項を通じて本書全体の視座を提示する。
　本書の肝となる第2章は，各ケース見開きページでまず売り手・買い手が直面する悩みを語る。続いて個別の背景や特徴，問題点と解決策などを示し，さらにケースに即した税務・会計と法務の留意点に触れ，最後に「まとめ」を設けて重層的に理解できる設定とした。
　続く第3章，第4章においては，Q&Aの形式をとりながら，それぞれ事業承継に関する「税務・会計面」と「法務面」の実務について，実際の場面や段階に応じたポイントや対応策を包括的に詳述した。

　本書の執筆にあたっては，記述内容・文章表現の細部にわたり，執筆者の間で忌憚ない議論を交わし，"痒い所に手が届く"よう努めた。それが可能となったのも，事業承継問題をライフワークとして早くから研究されてきた，筑波大学大学院の大野正道名誉教授のご指導があってこそである。この場を借りて大野先生には心からの謝意を表したい。加えて本書の刊行まで的確に"伴走"いただいた中央経済社の杉原茂樹氏と和田豊氏には，厚く御礼申し上げる。
　本書が事業承継に取り組むさまざまな方々のお手元に届き，その解決策の一助になれば執筆者一同これにまさる喜びはない。

2019年8月

執筆者を代表して

福谷　尚久

目　　次

第1章　M＆Aをどう進める？　何を考える？ ……………1

Ⅰ　事業承継におけるM＆Aの進め方 ……………………… 2

　　1．はじめに／2
　　2．事業承継とM＆A／3
　　3．時系列で見るM＆Aのプロセス／3
　　4．アクションごとの解説／6
　　　　⑴　準備段階／6
　　　　⑵　接触段階／8
　　　　⑶　交渉段階／10
　　　　⑷　最終段階／11
　　5．おわりに／12

Ⅱ　譲渡先を考えるうえでのヒント ……………………… 13

　　1．はじめに／13
　　2．どんな譲渡先が考えられるのか／14
　　　　A．同業者／14
　　　　B．取引先1－仕入先（サプライヤー，卸）／15
　　　　C．取引先2－販売先／15
　　　　D．まったくの異業種／16
　　　　E．業種的に近い会社／17
　　　　F．投資ファンド／17
　　　　G．大きな会社，商社など／18
　　　　H．その他／18

3．譲渡先を考えるうえでのチェックポイント／19
 (1)　チェックポイント／19
 (2)　チェックポイントと属性別のスコア／20

4．評価項目ごとの解説／21
 (1)　事業の理解度／21
 (2)　取引関係への配慮／21
 (3)　従業員の扱い／21
 (4)　事業存続の可否／22
 (5)　買収価額／22

5．最後に／23

Ⅲ　最良のM&Aアドバイザーとめぐり会うために……………24

1．はじめに／24

2．M&Aアドバイザーの類型／25
 (1)　フィナンシャル・アドバイザー（FA）／25
 (2)　仲介（マッチング）業者／28

3．M&Aアドバイザー選定のチェックポイント／30
 (1)　案件対応能力と多様性，適正規模／31
 (2)　専門性／31
 (3)　経験値／32
 (4)　利益相反関係の理解／32

4．M&Aアドバイザー活用のための留意点／33
 (1)　理想的なM&Aアドバイザーとは／33
 (2)　賢く選び，トータルで任せる／34
 (3)　準備は万端に／35

5．おわりに／36

第2章　事例でわかる会社の終活―売り手・買い手の対応，税務・会計・法務のポイント……… 37

ケース1　事業の"接ぎ木"も立派な「会社の終活」 38ページ
事業承継①　プラント製造業の事業承継～異業種への株式売却

売り手　A社
業　種	プラント機器製造業
登場人物	A社社長
状況設定	取引銀行の支店にて

買い手　B社（周辺の異業種）
業　種	総合電気工事業
登場人物	B社社長
状況設定	取引銀行の支店にて

問題点①	財務担当者の退職
問題点②	疑義のある資産勘定
問題点③	一部株主からのクレーム

ケース2　買収ファンドとの付き合い方 48ページ
事業承継②　化粧品製造業の事業承継～株式・事業資産の譲渡

売り手　C社
業　種	化粧品受託製造
登場人物	C社社長
状況設定	県内の同業他社との懇親会にて

買い手　D社（買収ファンド）
業　種	買収ファンド
登場人物	D社の投資担当取締役
状況設定	社内のミーティングにて

問題点①	社長一族が保有する不動産の取扱い
問題点②	双方の"文化背景"の違い
問題点③	双方の思惑の齟齬

ケース3　現金のため込みすぎは事業承継の障害に 58ページ
事業承継③　装置メーカーの事業承継～同業メーカーとの株式交換

売り手　E社
業　種	自動制御装置製造販売
登場人物	E社の決算書を作成している公認会計士
状況設定	E社の社長室にて

買い手　F社　売上高300億円（同業者）
業　種	変減速機等製造販売
登場人物	F社親会社を担当する大手監査法人のパートナー
状況設定	自社の応接室にて

問題点①	会社資産の大部分を占める現預金
問題点②	株式交換に対する親会社の認識
問題点③	資本市場にかかわる情報リスク

ケース4 同業で相互補完ができれば万全
事業承継④ 学習塾の事業承継～同業者への株式売却 68ページ

売り手　G社	買い手　H社（同業者）
業　種：学習塾経営	業　種：学習塾経営
登場人物：G社の所在地の市長	登場人物：H社の社長
状況設定：高校の同窓会にて	状況設定：高校の同窓会にて

- 問題点①　情報漏えいの懸念
- 問題点②　G社幹部職員，従業員のプライドの高さ

ケース5 こんな異業種間の事業承継も
事業承継⑤ 老舗料飲店の事業承継～教育業者への売却 76ページ

売り手　I社	買い手　J社（全くの異業種）
業　種：飲食業	業　種：教育業（予備校）
登場人物：I社の社長	登場人物：J社の社長
状況設定：自宅にて妻に対して	状況設定：某月某日I社の店舗にて

- 問題点①　異業種からの参入に対する売り手の躊躇
- 問題点②　会社価値より多大な個人資産価値

ケース6 悩ましい簿価と時価の差
事業承継⑥ 不動産賃貸業の事業承継～M&Aを活用した手法 84ページ

売り手　K社	買い手　L社　売上高280億円（全くの異業種）
業　種：不動産賃貸業	業　種：総合メディア業
登場人物：K社社長の友人で同業の不動産管理会社会長	登場人物：L社の常務取締役
状況設定：K社にて	状況設定：自社にて取引銀行の担当者に対して

- 問題点①　希望する取引形態の違い
- 問題点②　K社の財務内容と譲渡対価の振り分け

ケース7 業績不振①	許認可は「会社の終活」の魅力的なツール 航空貨物業者の売却～総合物流業者による買収	92ページ

売り手　M社	買い手　N社（周縁の異業種）
業　種：航空貨物代理店業	業　種：総合物流業（倉庫業・運送業等）
登場人物：M社の社長	登場人物：N社の社長
状況設定：訪問してきた取引銀行の担当者に対して	状況設定：父親で創業者である同社会長に対して

問題点①	IATA代理店免許の継承
問題点②	業界内の競合関係
問題点③	M社の累積損失

ケース8 業績不振②	情報ネットワークも使いよう 不動産広告業者の売却～地図製作業者への譲渡	100ページ

売り手　O社	買い手　P社（全くの異業種）
業　種：不動産広告業	業　種：地図製作・販売
登場人物：O社の社長	登場人物：P社の専務執行役員
状況設定：大学の同窓で個人事務所を経営している公認会計士に対して	状況設定：社内の新規事業推進会議でメンバーに対して

問題点①	従業員の扱い
問題点②	O社の資産に占める不動産の割合の高さ
問題点③	譲渡対価の支払方法

ケース9 業績不振③	事業の承継で横展開も可能 食品雑貨商社の売却～単品輸入業者への株式譲渡	108ページ

売り手　Q社	買い手　R社（同業者）
業　種：食品・雑貨輸出入	業　種：洋酒の輸入販売
登場人物：Q社社長	登場人物：R社の親会社の社長
状況設定：訪問してきた信用金庫の担当者に対して	状況設定：顧問のコンサルタントとのディナーの席上にて

問題点①	Q社の保有する不動産
問題点②	外国為替及び外国貿易法（外為法）との関連
問題点③	Q社社長の進退

ケース10 「割れ鍋に綴じ蓋」の組み合わせ
業績不振④　運送業者の売却〜内製化を狙った製造業への売却
118ページ

売り手　S社

業　種	運送業
登場人物	S社の社長の甥 （M&A専門会社に勤務）
状況設定	S社社長に対して

買い手　T社（全くの異業種）

業　種	通信・電子機器製造業
登場人物	T社の社長
状況設定	商工会議所の事業引継支援センターにて

問題点①	決算操作と会社の価値
問題点②	従業員
問題点③	会社資産の扱い

ケース11 お互いのニーズの合わせ方
業績不振⑤　珈琲豆焙煎業者の設備売却〜喫茶店チェーンへの譲渡
126ページ

売り手　U社

業　種	コーヒー豆焙煎・店舗経営
登場人物	U社の社長
状況設定	訪問してきたM&A仲介会社の担当者に対して

買い手　V社（同業者）

業　種	喫茶店チェーン経営
登場人物	V社の経営企画部長
状況設定	取引銀行の担当者に対して

問題点①	資本参加をめぐる攻防
問題点②	工場の土地建物は賃借

ケース12 事業の承継には防衛的な要素も
業績不振⑥　フランチャイズホテルの売却〜本部企業による買収・直営化
136ページ

売り手　W社

業　種	料亭・ホテル業
登場人物	W社のFA
状況設定	夜半にW社の常務取締役に対してW社ホテルの一室で

買い手　X社　売上高250億円（同業者）

業　種	ホテル業
登場人物	X社の社長
状況設定	X社のFAに対して

問題点①	危機的な財務状況
問題点②	法律に抵触する懸念のある株式取引
問題点③	役員による不正
問題点④	社有不動産をめぐる混乱

ケース13 元OLには難しかった社長業
業績不振⑦ 自動車関連業者の売却〜大手販売先による救済
146ページ

売り手　Y社	買い手　Z社（販売先）ほか2社
業　種：自動車外装業者	業　種：自動車内装品製造
登場人物：Y社の社長の母	登場人物：Z社の社長
状況設定：取引銀行のカスタマーアドバイザーに対して	状況設定：Y社の取引銀行のM&A専門部担当に対して

- 問題点①　売り手側の準備不足
- 問題点②　事業に魅力がない
- 問題点③　当事者同士が親密すぎる

ケース14 経営者のやる気は成長の源泉
会社清算① LPガス配送業者の売却〜発注先による事業内製化
156ページ

売り手　イ社	買い手　ロ社　売上高215億円（販売先）
業　種：LPガス配送・充填	業　種：石油・ガス類の販売
登場人物：イ社の社長	登場人物：ロ社の顧問経営コンサルタント
状況設定：ロ社の社長に対して	状況設定：ロ社の社長に対して

- 問題点①　経営スタイルの違い
- 問題点②　軽視されていた内部管理

ケース15 商売の引継ぎリスクを抑えるには
会社清算② 事務機器製造会社の事業譲渡〜同業者による吸収
166ページ

売り手　ハ社	買い手　ニ社（同業者）
業　種：事務機器製造	業　種：事務機器製造
登場人物：ハ社の社長	登場人物：ニ社の社長
状況設定：M&A専門会社の担当者に対して	状況設定：M&A専門会社の担当者に対して

- 問題点①　アドバイザーの立ち位置
- 問題点②　売り手の危機的な財務状況

ケース16 工場敷地の，異なる生かし方
会社清算③ 　水産練物製造販売業者の売却～異業種による吸収　　174ページ

売り手 ホ社		買い手 ヘ社（全くの異業種）	
業　　種	水産練物製造販売	業　　種	食品輸入販売
登場人物	ホ社の専務取締役	登場人物	ヘ社の社長
状況設定	中小企業庁主催の事業承継相談会にて	状況設定	顧問税理士に対して

- **問題点①** 株主の状況と株券の散逸
- **問題点②** 当事者間の思惑の違い

ケース17 資本と経営の分離で万全に
事業拡大① 　物品販売小売業者の売却～卸による小売業展開　　182ページ

売り手 ト社		買い手 チ社 売上高5,000億円（仕入先）	
業　　種	物品販売	業　　種	物品卸
登場人物	ト社の副社長	登場人物	チ社の常務執行役員
状況設定	証券会社の担当者に対して	状況設定	取引銀行の担当営業部長に対して

- **問題点①** 商品在庫の評価
- **問題点②** 経営体制に関する認識のギャップ

ケース18 会社所在地は「会社の終活」の大事な要素
事業拡大② 　調味料製造業者の部分譲渡～同業者間の事業補完　　190ページ

売り手 リ社		買い手 ヌ社（同業者）	
業　　種	調味料製造業	業　　種	調味料製造業
登場人物	リ社の決算業務担当の公認会計士	登場人物	ヌ社の社長
状況設定	リ社社長に対して	状況設定	同社のM&A担当役員と担当メンバーに対して

- **問題点①** 出資に伴うリ社の経営権，経営方針へのヌ社の関与
- **問題点②** 出資関係成立の対外公表
- **問題点③** 採算面の厳しさ

ケース19 買い手の懐具合には留意が必要
親会社リストラ 自動車教習所の売却〜同業者による本業拡大

204ページ

売り手 ル社
業　種	自動車教習所
登場人物	ル社の親会社の社長
状況設定	取引銀行の担当法人営業部長に対して

買い手 ヲ社（同業者）
業　種	自動車教習所・不動産賃貸業
登場人物	ヲ社の社長
状況設定	自社の応接室にて地元選出の代議士と

- 問題点① 土地の所有権
- 問題点② 買い手の買収資金調達能力への懸念
- 問題点③ スムーズな経営移行への疑義

ケース20 海外のM&Aはやはり慎重に
海外M&A 経営統合準備目的による，投資物件の整理

214ページ

売り手 ワ社
業　種	運輸業ほか
登場人物	ワ社の社長
状況設定	取引金融機関の担当者に対して

買い手 カ社（米国企業）
業　種	不動産管理及び投資会社

- 問題点① 売却対象のホテルの許認可，環境汚染，訴訟に関する保証責任を負担する義務
- 問題点② ホテルの所在する市当局との間での，租税負担をめぐる紛議
- 問題点③ 将来的な偶発債務が発生する可能性

■買い手の属性一覧

同業者	ケース3, ケース4, ケース9, ケース11 ケース12, ケース15, ケース18, ケース19
仕入先	ケース17
販売先	ケース13, ケース14
異・業種	ケース5, ケース6, ケース8, ケース10 ケース16
近・業種	ケース1, ケース7
ファンド	ケース2, ケース20

買い手が大会社のケース	ケース3, ケース6, ケース7, ケース12 ケース14, ケース17

「大会社の定義」は

    1．資本金として計上した額が5億円以上

    2．負債として計上した額の合計額が200億円以上

だが，本書では簡便に「売上200億円以上」とした。

■共通してみられる問題点

① 情報漏えい	ケース4, ケース18
② 決算操作	ケース1, ケース10, ケース12
③ 多大な不動産価値	ケース2, ケース8, ケース9
④ 危機的な財務状況	ケース7, ケース12, ケース15
⑤ 役職員の処遇に関するもの	ケース8, ケース9, ケース10, ケース19
⑥ 思惑／認識のズレ，ギャップ	ケース1, ケース2, ケース3, ケース11, ケース16, ケース17, ケース18
⑦ 会社のものではない資産・不動産	ケース5, ケース11, ケース19
⑧ 譲渡対価の受取方法	ケース6, ケース8
⑨ 法律・ルールに関する知識の欠如	ケース3, ケース9, ケース12, ケース13, ケース20
⑩ 企業文化の差異	ケース2, ケース4, ケース5, ケース14
⑪ 内部管理・内部統制の問題	ケース12, ケース14, ケース16

第3章　税務・会計上の問題点と実務対応 ……………… 223

I　M＆Aの手法と課税のポイント ……………………… 224
　1．株式の譲渡／224
　　(1)　個人株主の場合／224
　　(2)　法人株主の場合／225
　2．株式の取得／226
　3．会社分割と株式譲渡／226
　　(1)　分社型分割（分社化した会社同士が親子関係となる会社分割）／227
　　(2)　分割型分割（分社化した会社同士が兄弟会社となる会社分割）／228
　4．株式交換（完全子会社）／230
　5．合併（被合併会社）／231

II　M＆Aにおける税務上の事前対策のポイント ……… 233
　1．会社の資金還元（会社からの資金回収）／233
　　(1)　剰余金の配当／233
　　(2)　自社株を発行会社に譲渡（自己株式の取得）／234
　　(3)　退職金の支給／235
　2　M＆A前の株式の整理・買い集め／239

III　M＆Aにおけるその他の税務上の取扱い ……………… 240
　1．事業承継税制（相続税・贈与税納税猶予）適用会社の売却の税務上の取扱い／240
　2．繰越欠損金や含み損資産を有する会社を買収した場合の繰越欠損金／244
　3．中小企業・小規模事業者の再編・統合等に係る税負担の軽減措置の創設／246

Ⅳ　M＆Aにおける
　　　　財務・税務デューデリジェンスのポイント　………　248

　　Ⅴ　M＆Aにおける企業価値評価のポイント　………　261

第4章　法務上の問題点と実務対応　………　273

　　Ⅰ　M＆Aの手法とその実施にあたって　………　274

　　　1．M＆Aの手法—メリット・デメリット／274

　　　　⑴　株式譲渡／274
　　　　⑵　事業譲渡／275
　　　　⑶　会社分割／275
　　　　⑷　合　併／276
　　　　⑸　株式交換，株式移転／276
　　　　⑹　第三者割当増資／277
　　　　⑺　手法の検討／277

　　　2．秘密保持契約（守秘義務契約）／278

　　　　⑴　秘密情報の定義（秘密情報の範囲）について／279
　　　　⑵　秘密保持義務の内容について／279
　　　　⑶　有効期間，秘密情報の返還・破棄について／279
　　　　⑷　その他の条項／279

　　　3．　基本合意書／280

　　　　⑴　取引内容／280
　　　　⑵　日程・スケジュール等／281
　　　　⑶　秘密保持義務／281
　　　　⑷　独占交渉権／281
　　　　⑸　デューデリジェンスへの協力義務／282
　　　　⑹　表明保証／282

Ⅱ M&Aにおける法務デューデリジェンスのポイント …………………… 283

1．法務デューデリジェンスの概要／283
2．株　式／286
　⑴　名義株／286
　⑵　株券の交付がなされない株式譲渡等／288
　⑶　株券の紛失等／289
　⑷　株式の買い集めと会社法上の制度／290
3．契　約／292
　⑴　チェンジ・オブ・コントロール条項／292
　⑵　競業避止（禁止）条項／293
4．不動産／294
　⑴　対象会社が建物のみ所有する場合／295
　⑵　対象会社が建物（及び土地）を賃借する場合／298
5．人事労務／300
　⑴　隠れた債務／301
　⑵　就業規則の不利益変更／302
　⑶　偽装請負／303
　⑷　有期雇用労働者の雇用期間／303
6．許認可，コンプライアンス／304

Ⅲ 最終契約書のポイント ………………………………… 306

1．譲渡制限会社における株式譲渡／306
2．最終契約書の構成（主に株式譲渡の場合）／309
　⑴　価格に関する条項／309
　⑵　クロージングに関する条項／310
　⑶　表明保証／310
　⑷　誓約条項／312

(5) 前提条件／313
(6) 補償条項／313
(7) 解除条項／314
(8) 一般条項／314

索　引／317

第1章

M&Aをどう進める？
何を考える？

I 事業承継におけるM&Aの進め方

1 はじめに

　会社の経営を後継者に引き継ぐことを"事業承継"という。中小企業における典型的な事業承継とは，経営者が息子や娘などの親族に会社を譲るものである。中小企業においては所有と経営が実質的に一致していることが多く，オーナー経営者が身内の者に経営権を引き継ぎたいという要望に応えて，昨今いろいろな整備も進みつつある。たとえば，会社法上の制度や信託法上の制度を活用した親族内の承継が行われるようになってきているのもその1つである。

　中小企業のほとんどは，すべての株式に譲渡制限を付けている同族経営の非公開会社で，外部からの介入は通常想定されていない。ところが現実には少子高齢化の進行もあり，経営を引き継いでくれる親族がいない，いわゆる"後継者不在"のケースも増えている。そのため，最近では親族以外の会社関係者が事業を承継したり，まったくの第三者に会社を譲渡したりする例が増加している。

2. 事業承継とM&A

　オーナー経営者に後継者がいない場合，親族以外に会社を託す相手として，まずは会社を一緒に運営してきた役職員を念頭に置くだろう。具体的には，役員が引き継ぐものをMBO（Management Buy-Out），従業員が引き継ぐものをEBO（Employee Buy-Out）といい，旧来からの「暖簾（のれん）分け」になぞらえられることが多い。役員や従業員が会社を引き継ぐことは，企業理念や企業文化を承継しやすく，従業員の安定雇用という面でも関係者の理解が得られやすいというメリットがある。

　しかしながら，中小企業の役員や従業員が，会社を引き継ぐために株式を購入する資金を準備するのは容易ではない。さらに中小企業では，金融機関からの借入れに対して，経営者個人が保証人となっていることが通常であり，そのような保証を引き継がなければならないという問題がある。そのため，経営者にとって会社そのものを売却し，第三者に経営をゆだねることも重要な選択肢の1つとなる。それによって従業員の雇用の維持や取引先の仕事を確保する道も開け，優良な会社と結び付くことができれば，コストの削減や業務の非効率性の改善，売上の増強といったシナジー効果も期待できるのである。さらに現経営者にとっては，株式という財産が現金に換わることで，ハッピーリタイアメントが可能となる。

　この，会社そのものを第三者に売却する事業承継の方法が，M&A（Merger（合併）とAcquisition（買収）の頭文字を重ねた言葉）である。

3. 時系列で見るM&Aのプロセス

　まずは中小企業がM&Aで会社を譲渡する場合に，「売り手」とその手続をサポートするアドバイザーが，そして同様に「買い手」とそのアドバイザーの

それぞれが，どのようにこのプロセスを進めることになるのかを時系列的に示してみた。後段で，この1つ1つのアクションについては詳しく解説する。

ここでは「売り手の目線」を主とした記載をしているが，譲渡の相手方とな

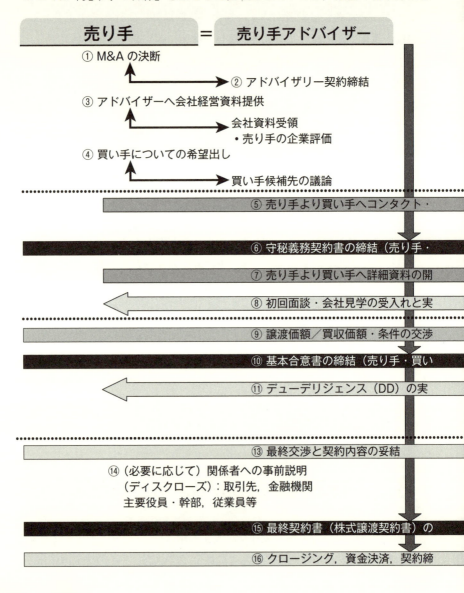

第1章　M&Aをどう進める？　何を考える？

る買い手の動きも，全体像をつかむうえで必要になるので，適宜入れ込んである。

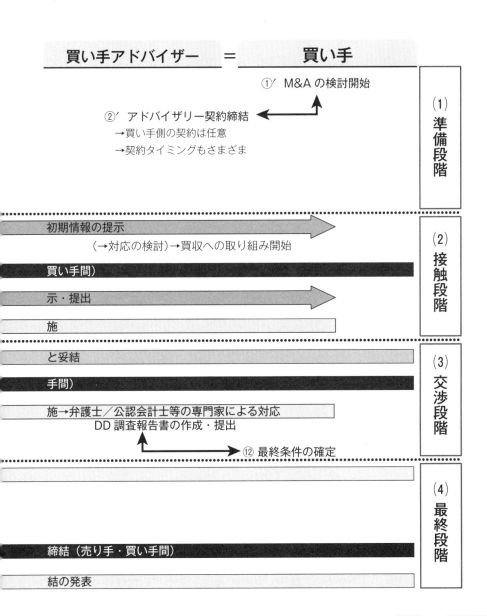

4. アクションごとの解説

　M&Aは，売却の意思決定からクロージング（株式譲渡）まで，4～8カ月程度かかるのが一般的である。しかし具体的な進め方や実際の期間は，売り手及び買い手のそれぞれの状況や案件によって異なることにはご留意いただきたい。

(1) 準備段階

① M&Aの決断

　事業承継によるM&Aはまず，売り手のオーナーが会社を親族以外の第三者に売却することを決断するところからすべてが始まる。ここに至るまでには，さまざまな葛藤や迷いにさいなまれることは必定であるが，方法論が決まったらできるだけ早く行動を起こすことが肝心である。一方で事業承継のM&Aにおける買い手は，基本的に「待ち」のスタンスでかかわらざるを得ない。とはいえ，少なくともM&Aという手段で業容を拡大する方針は持っているので，具体的な案件を検討する前の時点から，M&Aアドバイザーを起用して準備を始めていることもある。

② アドバイザリー契約締結

　M&Aにあたって売り手は，会社の取引先やオーナー自身の人脈を使って買い手を探してくることもあるが，一般的にはM&Aアドバイザーと契約して，買い手との引き合わせや必要情報の入手をするケースが多い。こうしたM&Aアドバイザーとの契約は，"仲介契約"と"フィナンシャル・アドバイザリー（FA）契約"に大別される。

　仲介契約は売り手と買い手の双方と契約し，両社をとりもつ形でアドバイスを行う。一方FA契約は，買い手又は売り手のいずれかと契約してM&Aの成約に尽力する。別項で詳述するように，仲介契約は利益相反が生じる可能性があるものの，中小企業のM&Aにおいてはマッチングの困難性やコストの

観点などから，この契約の形態も多くみられる。いずれの契約書にも，売り手企業の会社情報を他に漏らさないことを誓約する「秘密保持の条項」が挿入される。アドバイザーの報酬は，レーマン方式とよばれるM&Aの取引金額に応じて料率が逓減する仕組み（累進逓減料率）や，定額によるものなど，サービスと依頼内容によって異なる。

③ アドバイザーによる，売り手のマーケティング資料の作成

M&Aアドバイザーとの契約後には，会社が実際に売却できるかどうかを判断し，検討するために，アドバイザーに次のような会社経営資料を提供する。
- 財務資料：各種の税務申告書，決算書，勘定科目内訳書，固定資産台帳等
- 登記資料：登記事項証明書，定款等
- 経営資料：株主総会議事録，取締役会議事録等

M&Aアドバイザーは，これらの会社経営資料を読み込むとともに，オーナーへのヒアリングや業界分析などを実施し，売り手の企業評価を行い，売却に向けてのマーケティング資料を作成する。マーケティング資料は主に，後述「⑥守秘義務契約書」の締結以前に使用される「初期情報」と，この締結後にデューデリジェンスを実施するうえでの基礎的な情報となる「詳細資料」で構成される。

④ 買い手候補先に関する検討

買い手となる候補先を考えるうえでのヒントは後述するが，おおむね対象先は，次の2つに大別される。
- 売り手が既知である先
- まったくの第三者

前者は広い意味では会社の役職員（MBOやEBOという形での買収）も含まれるが，販売先や仕入先など，売り手の商取引の相手方である取引先や，懇意にしている同業者などがこれにあたる。後者はM&Aアドバイザーの力を借りて専門的な調査を行ったり，アドバイザーが保有するデータベースや同業

他社との情報交換によって入手するリストから検索したりする。

　まず売り手の売却先についての希望や優先事項（事業会社に限るのか，投資ファンドでもいいのか，金額優先か，現業の継続優先か，など）を明確にして，"ロングリスト"とよばれる一定の基準で選定した候補先から対象先を絞り込んでいき，"ショートリスト"とよばれる実際にコンタクトを試みる相手先のリストを作成する。そこから優先順位をつけながらアプローチを開始していく。これで準備段階はひととおり完了し，次に相手先との具体的なやりとりが始まる段階となる。

(2)　接触段階

　⑤　買い手候補先/買い手のアドバイザーへのコンタクト，ティーザーの配布

　売り手との協議を経た後に売り手のアドバイザーは，まず売り手に関する「初期情報」を持参して，④でリストアップした買い手候補や買い手のアドバイザーへコンタクトを開始する。この初期情報は一般的にティーザー[1]とよばれ，売上高，所在地，事業内容，従業員数や譲渡の理由など，会社名を特定できない範囲内で会社の内容をA4判1枚程度で記載したものである。「コーポレート・プロフィール」や「ノンネーム会社案内」などの名称を付して作成される。買い手側はこれにもとづいて，対象となる会社の買収可能性を検討する。このティーザーで買い手の関心を確認し，興味を示す先と守秘義務契約を締結してから詳細資料を開示する段取りとなる。

　⑥　守秘義務契約書の締結

　買い手候補が買収の検討に入ることになったら，売り手・買い手の両者で守秘義務契約書[2]を締結する。通常は双務的な契約書となるが，買い手から売り

1　ティーザー：広告業の用語で，何かを宣伝する際に直接的に詳細を示さず，部分的なファクトだけを伝えることによって受け手に興味をもたせる手法，又はその媒体を指す。

2　守秘義務契約書：英語で Non-Disclosure Agreement，又は Confidentiality Agreement ということから，それぞれの頭文字をとって，「NDA」，「CA」などと略称でよばれることが多い。

手に対して「これからのちに開示される秘密情報は，買収の検討の目的にしか使用しません」という秘密保持に関する差入書を提出する場合もある。こうした契約書類を取り交わす理由は，そもそも売り手が会社売却を考えていることが公になってしまうと風評被害を受けるおそれがあるし，同業者が売り手企業の取引条件を知りたい理由だけで情報を取りに来ることもあるので，それらを抑制・禁止するためである。

⑦　詳細情報の開示

守秘義務契約の締結後は，いよいよ売り手から買い手候補に対して会社に関する細かい情報が「詳細資料」として提供される。詳細資料は，財務情報や会社の強みや弱み，事業ごとの収支，マーケットの概要など，買い手が買収価格を算定するうえで最低限必要な情報が網羅されており，「IM（Information Memorandum：アイエム，又はインフォメモ）」や「企業概要書」といった名称で売り手から買い手に交付される。

⑧　初回面談・会社見学

買い手候補は，売り手の社名が開示され，詳細資料を検討したのちに，このまま買収の検討を継続するかどうかを判断する。進める場合にはまず売り手との初回面談や，会社見学・工場見学などが設定されることが多い。それまで"書面や数字で見てきた"会社を，"リアルなものとして"理解する機会が与えられるわけである。ただしこの時点では，ほとんどのケースの売り手側は，売り主である会社のオーナー（又はその親族）や特定の株主，一部の役員等しか，会社の売却を検討している事実を知らない。そのためこうした動きが従業員や取引先に漏れないよう，「買い手候補による訪問」ではなく，「取引の関係先による工場見学」などという名目で実施される。売り手と買い手の双方が協力することによる守秘性の維持は，その後の交渉をスムーズに進めるうえでの試金石となる。

(3) 交渉段階

⑨ 譲渡価額・条件の検討と交渉

当事者同士が直接面談することによってお互いに"肌合い（ケミストリー）"を確認でき，双方にとって良い取引になる確信をもつことができれば，次に両者で譲渡価額，従業員の扱いや買収のストラクチャー（たとえば株式譲渡か事業譲渡か）などの条件の検討を行うことになる。それぞれのアドバイザーが的確にアドバイスし，状況に応じて売り手・買い手を代理しながら交渉も引き受け，条件を詰めていく。最終的には両当事者が納得する内容を書面に落とし込み，基本合意書を締結する。

⑩ 基本合意書の締結

基本合意書は，LOI（Letter of Intent＝意向書），又はMOU（Memorandum of Understanding＝覚書）などと略称でよばれることが多い。この中では独占交渉権に関する規定や，譲渡価額を中心とする両者の合意した諸条件が定められる。ただしこの時点では，"売り手から買い手に開示された情報は正しい"という前提にもとづく，いわば"紙ベースの資料"によって条件を決めているため，基本合意書は法的な拘束力を持たない形式（ノン・バインディング）で締結されることが普通である。次のプロセスであるデューデリジェンスの結果によって，譲渡価額を修正できるよう変更の余地を残しておくわけである。

⑪ デューデリジェンス（DD：買収精査）

基本合意に続いて，買い手から売り手に対しデューデリジェンス（DD）が実施される。DDは，弁護士や公認会計士などの専門家が売り手側の契約書や決算書などを詳細に調査し，法務リスクや財務リスクの有無について検討する手続である。DDの実施にあたって売り手は，対象となる資料の用意やそれを保管する場所を確保する必要がある[3]が，この時点においても部外者に売却の

---

[3] 近時のDDは，資料を物理的に保管して買い手の精査を受けるやり方から，VDR（バーチャル・データ・ルーム）といわれる，必要資料をコピーまたはスキャンしてネット上で確認するものに変わってきている。ただし中小企業のM&Aにおいてはまだ十分に浸透していない。

プロセスが進んでいることを知られてはならないので，細心の注意を払うことになる。DDの期間は対象企業の規模にもよるが，短くて1週間，長くても2〜3週間といったところである。

⑫　買い手による最終条件の確定

DDの実施後に買い手は，対応にあたった専門家からDDに関する調査報告書を受領し，検出された法務リスクや財務リスクについて確認する。そして紙ベースでの情報ではわからなかった会社の実態をできるだけ把握し，買収金額に見合うメリットが得られるかどうかを慎重に検討する。その結果，前に進める判断となれば，アドバイザーとともに買収価額や諸条件について，最終的なオファー内容を決定するのである。DDの結果にもとづいて，基本合意で決まっていた価額から修正されたものになることもある。

(4) 最終段階

⑬　最終交渉と契約内容の妥結

買い手から最終的な買収条件の提示があったのちには，売り手と買い手両者の間で取引価額や諸条件について最後の交渉を行う。ここではDDでの検出事項の議論とそれに伴う価額調整，基本合意書では盛り込まれていなかった細部にわたる譲渡取引内容全般の検証が改めて行われ，両者で"完全に合意"できたことを最終確認する。これを経て，株式譲渡契約の内容が妥結され，同時に，契約の中では表明保証条項[4]や表明保証違反の損害賠償条項なども定められる。

⑭　関係者への事前説明（必要に応じて）

会社の譲渡を確定する最終契約書の締結前には，必要に応じて取引先，金融機関，（まだ取引の事実を知らない）主要役員・幹部，従業員など関係者への事前説明（ディスクローズ）を行う。これは通常，契約自体は売り手と買い手の間で問題なく成立するものの，その後のスムーズな経営権の移行のために理

4　表明保証条項：売り手の財務状況や法令違反の有無の事実について，表明し保証する条項。

解を求める目的でなされるのである。すべての説明先に同じレベルで内容を伝える必要はなく，また関係性の強弱に応じてタイミング（最終合意の直後か，契約書締結日の直前かなど）をずらすことでも差し支えない。

⑮ 最終契約書（株式譲渡契約書）の締結
⑯ クロージング：資金決済と株式の引渡し，発表

譲渡取引の内容が確定し，必要な関係者の理解も得られれば，最後の仕上げとして株式譲渡契約書を締結（押印，サイニング）する。そして契約の内容にもとづいて資金決済と株式の引渡し，必要のある場合には外部への発表も行われ，株式譲渡／買収が完結（クロージング）する。中小企業のM&Aにおいては，こうした⑮，⑯の一連の取引が同じ日に行われることがほとんどで，関係者を呼んで"クロージング・セレモニー"といわれる調印式を開くことも多い。通常お日柄のよい「大安」の日を選んで設定されるが，当事者とアドバイザーのほか，金融機関や取引に深くかかわった専門家などが招かれる。なお，譲渡取引の内容によっては独占禁止法の規制がかかることもあり，公正取引委員会への確認を要する場合には，⑮と⑯の間に一定の期間を取ることになる。

5. おわりに

中小企業によるM&Aは，人材や資金などのリソースからはじまって，検討する時間や経験値に至るまで，"ないもの尽くし"の中で進めていかなければならない。ことに事業承継に関するものともなれば，物理的な制約以上に感情的な側面も十分に考慮しなければならず，実現性のハードルは相当高いと考えたくなるのも道理である。一方で，"ないものねだり"はできないまでも，事業承継を行う目的をしっかり見据えて対応していけば，必ず方策は見つかる。M&Aそのものも，世にあまたある「取引」の1つと割り切って，必要なプロセスを確実にこなしていくことが，よい結果を生むのである。

II 譲渡先を考えるうえでのヒント

1 はじめに

　M&Aで会社を譲渡するのは，あらゆる意味で不安なものだ。

　人生で一度限りあるかないかの話であるし，自分の"分身"とも思える会社を，また"家族"とも考えていた従業員を，赤の他人に譲ることは「人身売買に等しいことではないのか！？」という悲痛な叫びを売り手の当事者から聞いたのは，一度や二度のことではない。

　こうした不安の多くは，「いったいどんな先が会社を買ってくれるのか，どんな手続が待ち受けているのか，その後会社はどうなるのか」といった，これまで考えたことのない未知の領域に想像力を働かせなければならないことからくるものだ。中でも「一体誰が，どんな会社が引き継いでくれるのか？」という点は，こうした不安の根幹である。ここではそうした不安を取り除くために，どのような会社が譲渡先として考えられるのか，相手方のニーズや対応にはどんな特徴があり，何が買収を決断する要因になるのかを中心に示していくこととしよう。

2 どんな譲渡先が考えられるのか

買い手の分類方法としては、次の点から整理できる。
- これまで面識や取引があった／なかった
- 事業面でのつながりがある／ない
- 興味があるのは会社の事業か／資産か
- 自分の会社の規模と同等か／もっと大きいか（小さい会社への譲渡は考えにくい）

こうした点を整理すると、大まかに次のようなカテゴリー分けができる。それぞれの候補先がM&Aを考える動機と、予想される対応もあわせて後段で触れているので、それも参考にしながら読み進めていただきたい。

A．同業者

売り手にとって最も考えやすい買い手のカテゴリーであり、相手側にとっても取り組みやすいことは自明である。また成約例も多い。ただしなじみやすい分だけ、次のような点に留意する必要がある。

❏ 買い手は売り手の事業をよくわかっているので、当然事業内容に関する質問や確認事項が非常に細かく、専門的なものとなる。買収後のシナジー（相乗効果）についての視線もより厳しくなる。

❏ 販売地域が重なったり隣接したりしている同業者は、こちらがなくなってしまえば商売上で有利になる。また長年"商売仇（がたき）"と思っているかもしれない。このような同業者が買い手候補となる場合、買収するそぶりを見せながら「甲社は会社を畳むようですよ」といった流言飛語を巻き散らされることもあり、注意を要する。

❏ 同業他社へのライバル意識が強烈な業種もあり、相手探しには感情面にも十分配慮すべきである。仮にあらゆる点で最も理想的な譲渡先が見つかったとしても、営業地域が隣接していてライバル関係であることがわかった

途端に，話が白紙に戻ってしまうこともある。

M&Aアドバイザーは，経済的合理性を最優先にするあまり，こうした点への配慮に欠ける可能性もある。候補先の選定やそれらへのアプローチなどはアドバイザー任せにせず，主体的に取り組むことが必要である。

B．取引先1－仕入先（サプライヤー，卸）

仕入先が，取引をしている相手方（つまり購買先としての自社）の買収に興味を持つのは，以下のようなニーズや考えを持っている場合である。

① もともとこちらのサービスや商品，販売網などに興味があった。
② サプライチェーンの拡大を川下方向に伸ばそうと考えている。
③ B to B[5]から B to C[6]への取り組みを本格化させようとしている。

こうした点について自社の存在が仕入先のニーズを十分に満たすことができれば，有力な買い手候補先となる。

その際の条件面については，買い手が実際に事業を運営するためには現在の事業そのものをまず受け入れる必要があるため，従業員の雇用は守られる可能性が高い。一方で仕入ルートを買い手に集中させることも考えられるので，これまでの取引関係には変更が生じる可能性がある。

C．取引先2－販売先

販売先は，購買活動を通じて最も売り手の製品やサービスを理解している。譲渡候補先としての可否は，押し込み販売や泣きつき販売などをしておらず，信頼感のある会社として認められているかどうかがポイントとなる。それと同様に，以下が重要となるだろう。

① これまでの取引関係を十分に評価してくれている。
② もしこちらが廃業や清算をした場合，販売先の商売に相当の影響を与え

---

5 Business to Business の略で，企業（business）が別の企業（business）を対象とする商取引を行うこと（企業間の取引）を指す。

6 Business to Consumer の略で，企業（business）が一般消費者（consumer）を対象として行う商取引，またはその形態を指す。

る（＝商品やサービスが販売先のバリューチェーンの一部を担っている）。
　③　ある程度以上の（少なくとも売り手を上回る）規模がある。

　なぜなら売り手の存続の有無で商売上の影響が出る場合には，販売先は真剣にM&Aを検討するだろうし，買い手が売り手と同じ程度の規模では，支えきれないおそれがあるからである。

　このほかにも買い手企業のメリットとしては，こうした買収が他の調達先への牽制や有利な条件を探る手立てとなりうるし，バリューチェーンの内製化という活用手段もある。それ以外にも他の販売先への商品供給を止めて，自社へ納入を集中させることもできるだろう。

D．まったくの異業種

　どのような業種の会社が買い手となりうるか，かなり「ケースバイケース」であるのがこのカテゴリーである。この取引がうまくいくのは，たとえば以下のように，こちらにエッジの効いた（つまり"とんがっている"）資産や商品があったり，買収する相手方にないものを明確に保有していたりする場合などである。

　①　買い手にとってシナジーの高い商品／サービス／許認可を有している。
　②　別の地域からある地域への進出に際して，「時間を買う」ことができるベースを提供できる。
　③　（買い手が）外注している業務を内製化するニーズに応えられる。
　④　ロケーションの良い不動産がある。

　売り手としては，畑違いの買い手に譲渡することは違和感が伴うかもしれないが，業種が違っても買収したいという動機の裏側では，何か明らかなバリューを見ているわけで，他のカテゴリーの買い手と比べても真剣度は高いといえる。

　ただし，買い手が会社の事業や商品に価値を見出している場合と，会社の資産（不動産や商権など）を必要としている場合に，既存のビジネスの存続については明暗が分かれる可能性があることは意識すべきである。

E．業種的に近い会社

　このカテゴリーに属する買い手にとって，売り手の事業は"まったくの未踏の地"ではない。いわば"同心円状に位置する"業種という位置づけであり，次のような思惑で買収対象の企業を見定めている。

① 関連事業として業容の拡大を狙っている。
② 事業的には"飛び地"だが，買収によって，その飛び地までの関連する事業を埋めていきながら事業拡大を狙っている。
③ 許認可をもっている会社を買収して，周縁部分への進出を企図している。
④ 自社でなかなかうまくいかない部門や事業を買収先の会社に集約して，ビジネスの総合的な強化を図る。

つまり買い手にとっては現業との補完関係を第一に考え，現業を強化・発展させることを目的とするM&Aということになる。といってもまったくの同業ではないため，売り手側のビジネスや人材，取引先についての扱いは慎重になされ，ほぼそのままの形態で引き継いでいきながら相乗効果を目指すことが多い。異業種の買い手候補と同様に，真剣度は高いといえる。

F．投資ファンド

　一般的に投資ファンドとは，買収ファンドと資産運用ファンド[7]に大別されるが，事業承継において登場するファンドはほぼ前者であり，その行動には以下のような目的と特徴がある。

① 会社と事業そのものを取得し，効率的な運営によって企業価値を向上させ，最終的に他社に売却することによって収益を得る。
② 買収する会社に改善余地があり，買収後にテコ入れをすることによって企業価値を高め，さらに高値で他社に売却できるかどうかを最も重視する。

---

[7] 資産運用（アセットマネジメント）ファンド：不動産や債券など，利回りを確定できる運用資産として物件や金融商品などを取得し，運用益で事業を営むファンド。投資後の短期的な利回りを重視するので，買収後に事業のテコ入れを通じて価値を向上させてキャピタルゲインを狙う買収ファンドとは性質を異にする。

③　このほか，すでに買収して運営している会社に統合させることによって，事業の拡大と価値の向上を狙う（"ロールアップ戦略"という）こともある。この場合には優良な会社をターゲットとすることが多い。

　世界的な低金利が続いており，日本でも金融緩和が長期化している昨今では，ファンドの組成（資金調達）が比較的容易で，多くの買収ファンドが乱立する状況となっている。投資を考慮する際はあらゆる面から徹底的に調査するので，企業の価値を十分理解してもらえれば高い金額のオファーを受けることも可能である。ただし，現在の会社のありようをそのまま保ち続けることはかなり難しいとされる。

G．大きな会社，商社など

　A～Fそれぞれの候補先の属性と重複することにはなるが，日ごろから付き合いの深い商社や，長年にわたって取引関係のある大会社へ事業を"引き取ってもらう"という考え方もある。経済的な合理性がなければいくら懇請しても取引は成就しないが，アプローチを試みる会社やその関連企業にとって，自社が次のようなニーズが満たすようなら，持ち込んでみるのも一法である。

　①　新規事業／分野への進出へのパイロット事業的な位置づけ。
　②　チェーン先の取り込み，ブランドの維持，又は救済。
　③　事業拡大（たとえば出店）方針におけるドミナント戦略への活用。

　大きな会社に譲渡するメリットは，「大きな傘」の下に入ることによって，たとえば従業員に関しては配置転換などあるかもしれないが，最低限雇用の継続は見込めるだろう。一方で，お願いベースで話を進めることになるので，買収金額について期待はできないと考えるべきである。

H．その他

　事例はそれほど多くないが，以下のようなケースもある。かなり特殊なので，最初から「会社の終活」のメニューに載せることはできないだろう。

　①　主要店舗や事業資産が収用にかかり，補償金によって会社を清算。

② 地域の商店街や複数企業が協同組合を組成して会社を買受け。

ただし，想像力を超えるようなアイディアや組み合わせが突然現れることもあるので，いったん"終活モード"に入ったら，日ごろからアンテナを高く掲げておくに越したことはない。

3. 譲渡先を考えるうえでのチェックポイント

前項では，まず譲渡先の候補となる相手の属性を考察した。次に最も望ましい相手を選ぶためにはどんな点を確認すればよいのか，そしてそれらが各カテゴリーの候補先にとってどのようにとらえられることになるのかをみてみよう。

(1) チェックポイント

ビジネスでは「ヒト・モノ・カネ」が肝となることは言うまでもない。事業承継にあたっては，これらは会社を運営する経営者や従業員，商品やサービス，そして会社の価値（価額）と置き換えることができるだろう。さらにこれらに加えて，有機体として運営してきた会社を譲渡する場合には

- 会社を取り巻く関係先（ステークホルダーと言い換えてもよい）
- 商売や取引を通じての信用（安定供給もその1つである）

といったファクターにも十分に配慮しなければならない。ただ単に自分の得となることだけを優先して会社を譲ってしまったとすれば，のちのち後悔することにもなるだろう。こうしたことも踏まえて，ここでは会社を譲渡する相手先が，通常以下のようなポイントをどのように考えているかを示し，判断材料のよすがとした。

〇 ビジネス・商品など，事業をどれだけ理解しているか　【事業の理解度】
〇 これまでの取引先関係を尊重してくれるか　　　　　　【取引関係への配慮】

- 従業員の雇用や処遇はどうか 【従業員の扱い】
- 最終的に事業や会社を存続させていく意思があるか 【事業存続の可否】
- 会社への評価が対価（買収価額）に表れているか 【買収価額】

　以下ではこうした点を候補先のカテゴリー別に，点数化を試みた。
　ここでは主に，中小企業の中でも「売上高が数億円から数十億円の範囲にあって，後継者が見つからない会社」を念頭に置いて考察している。売上高が大企業並みに大きかったり，交渉上の立場が"売り手優位"であったりする場合には，このスコアとはかなり異なる可能性もあることを付言しておく。繰り返しとなるが，この表はあくまで"可能性"と"傾向"としてご理解いただきたい。

(2) チェックポイントと属性別のスコア

	項目 属性	事業の理解度	取引関係への配慮	従業員の扱い	事業存続の可否	買収価額	スコア
A	同業者	◎	△	△	○	△	8
B	仕入先	○	△	○	○	○	9
C	販売先	◎	△	○	○	△	9
D	異・業種	○	○	○	○	○	10
E	近・業種	○	○	○	○	○	10
F	ファンド	○	△	△	△	◎	8
G	商／大会社	○	△	○	△	△	7

◎＝3点，○＝2点，△＝1点

評価項目ごとの解説

　譲渡の相手先の属性を考察した内容と重複する点もあるが，チェックポイント別に，それぞれのスコアの背景にある考え方を示す。

(1) 事業の理解度

　自明のことではあるが，同業者や，実際に商品やサービスを購入している販売先は，売り手の事業のみならずマーケットや業界動向についての理解が最も深いはずであるので，◎を付した。その他のカテゴリーの候補先による事業の理解度は，準備度合いや関心の強さによって相当のばらつきはあるだろう。ただしここでは，いずれも買収を具体的に考えているという事実関係から，既存事業との相乗効果，自社にとっての必要性，デューデリジェンスを通じての理解等々が拮抗すると思われるため，同列に扱った。

(2) 取引関係への配慮

　買収によって入手したい対象（モノ／コト）が何であるかによって対応が分かれるところだが，総じて売り手との取引関係がすでにある場合や，商流など集約する余地のある場合には，比較的厳しい扱いが予想される。たとえば仕入先は仕入れルートを自社に集中させたり，販売先であれば他の販売先への商品供給を止めて自社に集中させたりすることも考えられるので，取引関係には変更が生じる可能性がある。ファンドも買収後の企業価値を上げるためには取引関係を見直すことが多いため，辛めの評価とした。対して売り手と必ずしも現状の取引がない他業種からの買い手は，まず会社の現況をそのまま受け入れる傾向が強いといえる。

(3) 従業員の扱い

　現在のままの雇用状況が続きそうなもの，何らかの形で少なくとも雇用が維

持される可能性が高いものを○とした。たとえば仕入先が買い手となる場合，買収後に実際に事業を運営するためには，現在の事業そのものをまず受け入れる必要があるため，従業員の雇用は守られる可能性が高い。一方で同業者が買い手であれば，従業員や取引関係の重複をスリム化することは十分に考えられる。そしてファンドは，財務状況のあまり思わしくない会社を抜本的に改善する場合には，まず雇用関係を調整していくことが常套手段である。こうしたことを勘案しスコアリングの根拠とした。

(4) 事業存続の可否

　ここでの事業の存続とは，必ずしも組織体そのものを保全することではなく，もともと永続的に行ってきた商取引自体を発展させる意図があるかどうかで判断している。もう少し詳しく説明すると，買収ファンドや大きな会社・商社以外の買い手は，少なくとも売り手が現在行っている業務を，取引先とのリレーションも含めて活用していく意図はある。これは買収の目的が，事業そのものの取得にあり，根本的な変更を最初から考えていないことによる。ところがファンドや大会社における中小企業の買収は，ともすれば収益性を最優先し，事業ポートフォリオの組み換えや拡充の一環としての"投資"である。間尺に合わなくなった時には経済合理性にもとづいて，買収した会社や事業に手を加えるだろう。このように，買収を"ビジネス／事業の取得"と考えるか，"投資"と考えるかの違いによって，評価を分けた。

(5) 買収価額

　会社売却の対価はさまざまな要因で決定される。一般的な評価手法は，
① 利益水準や将来的な価値を基準にする方法
② 会社の保有する実質的な資産（純資産）を基準とする方法
③ 類似する企業の経営数値と比較する方法

などがある。中小企業のM&Aでは上記の②をベースに，①を加味するやり方が主流となっているが，財務情報がしっかり開示されていて，客観的な計算

をすれば数字上で大きなブレが出ることはあまりない。それ以外の要因として買い手が
- 事業をよく知っている場合
- (売り手から) 懇願されて事業を引き取る場合

には,提示価額が多少厳しめになることは理解できよう。別の観点からみると,優良な売却案件であれば他社との競争上,買収ファンドは積極的に高めの金額で取引に応じることもある。買い手側は相対(あいたい:1対1の)取引を強く望むが,取引金額を高くしたい場合には,入札案件にすることも一考の価値はある。

5. 最後に

ここでは自分の会社をどんな相手に託すかについて,属性による分類を試み,それぞれの思惑によってどのような対応が予想されるのかについて記した。M&Aが成立するためには,売り手と買い手双方で,「情」と「理」のバランスが取れていることが必須となるが,事業承継というものがほぼ一度きりの経験ということもあって,売り手側の「理」(=情報武装や準備態勢)が整わないケースが多い。

ただし何事も「敵を知り,己を知らば百戦危うからず」である。相手方が買収によって得たいものは何なのか,どんな条件で,最終的に会社をどうしたいのか,などが頭に入っていれば,慣れない交渉や条件のやりとりも随分と楽になるだろう。また,どんな先に引き継いでもらいたいのかという,譲渡先の考察を通じて,「会社の終活」についての自分の考えも整理することができる。

ここで展開した内容を,ぜひとも十分に活用していただくよう願っている。

Ⅲ 最良のM&Aアドバイザーと めぐり会うために

1 はじめに

　M&Aという手法を利用する際には，さまざまな観点からアドバイザーが必要になる。別の言い方をすると，M&Aを利用する事業承継の成否は，アドバイザーの善し悪しで決まるといっても過言ではない。ただその際に，最初の相談をどこにどのようにすればよいのかについての具体的なノウハウは，残念なことにあまり知られているとはいえない。

　ここではM&Aアドバイザーとはどのような存在で，またどんなことをしてくれるのかを以下のポイントから整理して解説する。
- 自社にふさわしいM&Aアドバイザーのタイプとは
- 信頼できるM&Aアドバイザーを選ぶために注意することとは
- M&Aアドバイザーの力を最大限に活用するための留意点とは

第1章 M&Aをどう進める？ 何を考える？

 M&Aアドバイザーの類型

　一般にM&A取引において，売り手または買い手に対して財務面を中心に，取引全般における助言を行う専門家を"フィナンシャル・アドバイザー"と称している。フィナンシャル・アドバイザーは個人又はチーム，さらにそれらが所属する会社そのものを指すこともある。本来は後述する利益相反の関係上，売り手か買い手のどちらかにしか助言をせず，1つの取引で少なくとも売り手・買い手双方にそれぞれのフィナンシャル・アドバイザーが存在する。

　中小企業の事業承継の現場では，たとえば数百万円程度の少額の取引もあるため，規模によってはマッチング的な役割にとどめたアドバイスを行う業者も存在している。
　そこで本書においては，双方代理を行わない本来の助言者をそのままフィナンシャル・アドバイザー（FA）とし，場合によっては売り手・買い手双方から手数料を徴収して双方代理を行う助言者を仲介（マッチング）業者とし，さらに両者を総じてM&Aアドバイザーと呼ぶこととする。

(1) フィナンシャル・アドバイザー（FA）

　FAは一般的に次のような業務を担い，M&A案件における「総合プロデューサー」の役割を果たしている。

- M&A戦略の立案，対象先の選定
- 財務アドバイス（企業価値算定等）
- 金融機関・他の専門家（弁護士・公認会計士等）との調整役
- デューデリジェンス（買収精査）支援
- 取引条件・相手方との交渉支援
- 契約書作成，対当局関係折衝　等

業務内容からも理解できるとおり，FAは相手先探しから最終的にM&A取

引が完結するまで，相手方との交渉も引き受けつつ，アドバイスを依頼する側の会社にとって最良の結果を導くよう動く。金融機関との交渉，必要な専門家起用の助言や紹介など，日ごろ慣れていないことにも積極的に応じてくれる。

こうしたFAは，おおむね次のようなグループに分類することができる。

① 国内金融グループ系

大手の銀行や証券会社は，融資や資金運用といった通常取引の延長として付き合える安心感があり，会社事情を改めて説明する必要はないなど，頼みやすさから起用されるケースも多い。そのほか，低金利が続き伝統的な業務での収益拡大が難しくなる中で，FA業務を強化している地方銀行も増えている。また上場している会社を公開買付する場合には，公開買付代理人など，このグループでしか実質的に扱えない業務もある。

一方で特に銀行系に顕著であるが，M&A部門の部長クラスや役員はローテーション人事によって就任している場合もあり，専門性の高い案件をハンズオンでこなせるシニアFAの層は厚くない。アドバイス姿勢は保守的で，前例のない案件をクリエーティブに組成することはあまり多くない。

② 外資金融グループ系

各国の主要株式市場向けに専門の業界アナリストを抱え，マクロ的な視点から大型の案件や国境をまたぐクロスボーダー案件の「ストーリー」を作ることに長けている。FAとしての専門性は概して高いが，最低でも数億円レベルのFA報酬が伴わない案件にはなかなか着手しない。案件成約時のインセンティブが高い報酬体系を採用することが多いため，案件のネガティブ要因を抑え込んで，半ば強引に「成約」に持っていく傾向があるともいわれている。

会社としての"継続性"も問題になる。つまり過去も好景気・不景気の合間に，「拠点設置と閉鎖，部門設立と廃止，大規模採用とリストラ」といったサイクルを何度も繰り返してきており，このグループにおいては会社の看板よりも信頼できるFA（個人）の存在の有無が，ポイントとなるだろう。

③ 監査法人系

公認会計士業務が母体となっていることから，特に企業価値算定やデューデリジェンス（DD）業務が強いといった特徴があるほか，M&Aに伴うシステム統合や人事関係のコンサルティング，また会計処理のすり合わせなど，取引が完了した後の対応も一括して請け負える点が強みであるといえる。M&Aの取引内容によっては，フェアネスオピニオン（価値算定の公正性に関する適正意見）やアテステーション（価格検証）など，会計税務の専門家が多いこのグループが持つ"武器"を生かして，共同FAとなっているケースもある。

世界的なネットワークを有する大手の会計事務所グループのほか，準大手や国内系の総合的な公認会計士事務所も，近年FA業務を積極的に推進している。近年は，中小企業のFA業務にも取り組んでいるところが見られる。総合的なアドバイス業務が行えるか，専門的なスタッフが存在するかどうかの確認が必要である。

④ 独立系

海外においては，金融グループ系と遜色のない実績をあげて（中には上場して）いる独立系FA会社も多いが，日本で同様の独立系のFAはまだ少数派である。一方で，もともと大手の金融系企業に属していた個人が独立してFA会社を起業するケースも近年増えてきている。初めて独立系のFAの起用を考える場合には，その会社の強みを知る人から紹介を受けるのも得策といえる。

アドバイスの力量を外見から判断するのは難しいが，専門スタッフを擁しているかや，これまでの助言案件の実績等が1つの目安になるだろう。また独立系の，FAとしての最大の強みは，時に大手の金融グループに見られる相手方との取引関係といった懸念を完全に排して，「利益相反関係」の問題なく，依頼企業に助言できる点にある。

(2) 仲介（マッチング）業者

FAと比較すると，仲介業者の主業務は以下のとおり，主として情報マッチングと相手先探しであることが多い。

- M&A情報のマッチング
- 相手先紹介
- 仲介サイトへの情報掲載
- 弁護士，会計士，税理士など専門家の紹介
- 初期的な交渉支援と書類作成業務

近年の事業承継問題の高まりに伴って，「M&Aアドバイザー」が増加している。"M&A"や"アドバイザリー"の概念が広いうえ，特に資格や許認可を必要としないので，M&Aの仲介業務に参入する業者が増えている。直接交渉などにはかかわらず，専門家を別途あっせんして，紹介をした者同士がM&Aに至った場合に追加的に成功報酬を請求するといった業者がいる一方，しっかりと社会貢献している業者もおり，まさに玉石混淆の状態である。

本来M&Aは，土地や建物という"物件"を売り手と買い手が折り合う取引価額で売買する不動産取引と違って，譲渡対価にはさまざまなファクターが織り込まれる。いわば相反する利害関係をあらゆる点から検討したうえで，最終的な取引価額が決定するわけで，双方の要求額を単純に"足して二で割る"取引とはなりえない。その意味で双方から手数料を取るM&Aの"仲介"には，本書の"ケース"でも指摘をしているように，利益相反関係についてグレーな部分が存在する。

仲介業者に事業承継についての業務を依頼する際には，契約の内容をしっかり理解することが肝要である。一度契約をしてしまうと，解除する場合に違約金を求められたり，契約解除後でさえ，M&Aが成立した場合には成功報酬を要求されたりすることもあるので，よくよく注意することである。

① 大手業者

仲介業者の中には，株式を上場して積極的に業務を拡大しているケースもあ

り，実質的には上位10社前後の大手が，代表的なM&A仲介業者としてそれぞれのビジネスモデルを形作って業界をリードしている。宣伝広告を打つことにより自社で開催する事業承継セミナーへの集客を促したり，積極的なシステム投資によってインターネット上でのマッチング機能を整備したり，地方銀行と広範なネットワークを構築して多くの情報を集めるなど，さまざまなリソースを活用して各社各様のサービス提供をしている。また近年では人材紹介業を営む会社，IT会社，コンサルティング会社など，異業種からの参入も相次いでいる。

情報やサービスの質がある程度均質化されているので，仲介業者としては最も使い勝手が良い。ただし①いつの時点でコスト（手数料）が発生するのか，②「誰が」担当してくれるのか，③その担当者が専門知識を十分に持っているかなどには十分留意する必要がある。サービスや基本料金などをしっかり比較したうえで付き合うことを心がけたい。

② 小規模業者

多種多様な仲介業者が存在するのがこのカテゴリーの特徴である。多くは税理士や公認会計士，弁護士などの資格を持つ専門家が個人やグループで事務所を営んでいたり，かつてFAの会社や大手の仲介業者で働いていたような個人がスピンアウトして，小規模な業務を行っていたりすることが多い。このほかにも，個人の仲介業者が緩やかな横連携のネットワークを構築して助け合うなどの形態をとるものもある。

サービスの内容は，事業承継を考えている会社から直接相談を受けて業務を受託するほか，大手の仲介業者からデューデリジェンスや譲渡価額算定などの業務の依頼を受託する業者もいる。業務を依頼する場合は，実際にその業者からアドバイスを受けた経験者にサービスの内容をしっかり聞き出してから判断することをお勧めしたい。

③　個人仲介者（フィクサー）

　M&Aアドバイザーが通常"組織的な"リレーションを活用するのとは異なり，個人の属性として有するリレーションを使って，さまざまな企業への"口利き"を行うのが個人業者である。大企業の役員経験者などが，現役時代の人的ネットワークを生かして，同業や出身母体の企業に対して強い影響力を持つケースもある一方で，ピンポイントのコネクションを持つ，いわばフィクサー的な業者も存在する。

　こうした背景から，M&Aのプロセスを仕切ったり，税務会計などの専門知識を含めたトータルなアドバイスといったサービスを求めるのではなく，相手探しのための機能と割り切ったほうがいい。

3　M&Aアドバイザー選定のチェックポイント

　以上で見てきたように，M&Aアドバイザーには役割に応じた特徴があり，FAと仲介業者のどちらを選ぶのがよいのかは，ケースバイケースである。ただ肝に銘じるべきことは，M&A取引で自社が何を望むか，そしてどの程度のサービスを受けたいか，という点をしっかりと考えておくことで，それが明確であればあるだけ，おのずと解は見えてくるだろう。以下では，M&Aアドバイザーを選定するうえでの留意点に触れる。

　M&Aとは，会社の価値つまり売却価額をめぐって，売り手と買い手が情報漏えいに注意しながら検討を進めていく作業である。対象が「会社」であるために，社内的には限られたメンバーで有機的に対応していくことが必要となる。社外に対しても最終的には金融機関・取引先・株主などへ十分な説明責任を果たす必要がある。スケジュール管理を含めて，全体観を捉えながら漏れがないよう1つ1つのプロセスを進め，客観的で最適な判断を下すことの難しさは自明だろう。M&Aアドバイザーを起用する必然性はここにあるが，以下で選定

するうえでの着眼点をみていこう。

(1)　案件対応能力と多様性，適正規模

　取引自体は単純な株式売買であっても，商標権や許認可の問題，過去の納税の取扱いの問題など，会社を譲渡する前後で解決しなければならないイッシューを抱えるM&A案件も少なくない。そうした意味からは，M&Aアドバイザーには資質として<u>複眼思考を持っていること</u>，そして<u>どのような案件に対しても対応が可能な能力があること</u>が求められる。さらには特定の個人の"職人芸"に頼ることなく，<u>個々の取引にどんなリスクや論点が潜んでいるのかについて，漏れがないよう「面」で対応すること</u>が求められる。言い換えれば，"表面上小さく見える案件に，大きな問題が起こる可能性がないか"を組織や複数の目で対応し，それを検証できることが最低条件なのである。

　M&A取引は多種多様であり，案件の「肝」もさまざまである。たとえば，取引先や工場立地の都合上，プロセスを進めながら外国語での書類作成や，海外とのやりとりが発生するケースもまれではない。その対応には非常に手間と労力がかかることも予想され，こうした場合にM&Aアドバイザーが機動的に，自社内から必要人員を融通できるかどうかも，大事なポイントとなる。

　このように，M&Aアドバイザーを選定する1つの目安は，いかなるニーズにも対応できる機能を有しており，一定以上の規模があることである。

(2)　専門性

　専門知識も欠かせない。本書第2章のケース9でも扱っているように，M&Aが国内企業間で行われる場合でも，外国人株主が存在するようなものがある。こうしたケースは場合によって，単に株式価値を算定したり，登記手続を済ませたりすればよいだけではなく，外国為替及び外国貿易法（外為法）など，かなり個別で専門的な知識が必要になる。特に米国が絡む事案は当局対応を求められることも多い。このほかにも株主構成が複雑なケースでは，少数株主保護の観点が重要になり，会社株式の譲渡取引の公正性や客観性を担保する

ために，第三者意見を準備することも考えられる。

　アドバイザーを選定する過程では，「貴社のM&Aは単純な取引なので，問題は少なく費用も限定的です」などと役割を獲得するために言葉巧みに迫ってくる業者もいる。ところが<u>安易に手数料や便利さだけで専門性に欠けるアドバイザーに依頼してしまって，のちのちプロセスを全部やり直さなければならなくなった例も散見される</u>。こうしたことを回避するためには，当事者はあまり自分で取引内容の難易度を決めつけず，甘言に弄されないようにして，慎重にアドバイザーを選ぶことが必要である。

(3) 経験値

　専門性の高さが求められるのは当然として，ある程度の案件数をこなしてきた経験値も必要だ。株式の譲渡価額や企業価値についてかなりの隔たりがある場合，M&Aアドバイザーは納得性の高い着地点を探ることになる。売り手／買い手双方のアドバイザーが，クライアントの利益を守りつつ必要な情報を収集して相互にすり合わせを行っていくテクニックは，一朝一夕には身につかない。

　さらに交渉における相手方への要求内容の強弱や落としどころ，当局への届出や，取引先・金融機関など社外に対する説明タイミングと日程調整など，「同種」の案件はあっても「まったく同じ」案件は2つとない。<u>マニュアル対応では解決できない状況判断は，数多くの案件に対応してきたM&Aアドバイザーの「暗黙知」に頼らざるを得ない場面も多いのである。</u>

(4) 利益相反関係の理解

　中小企業の事業承継取引で見過ごされがちなのが，利益相反関係についての意識である。アドバイスを依頼しようと考えている先の取引関係をしっかりと把握しておかないと，交渉相手にこちらの考えが筒抜けになってしまうなど，知らないところで自社にとって不利な状況に陥る可能性もある。一例として大手総合金融グループは，売り手と買い手という両当事者との間で，M&Aの助

言を行う部門と事業法人部門が，潜在的な利益相反となっているケースがあり得る。また仲介業務を行う会社は，そもそも不動産取引と同様，両当事者から契約を獲得し，双方から手数料を獲得することをビジネスモデルとしており，このこと自体は利益相反そのものといえる。

　交渉の相手方と自社のアドバイザーとの取引関係が深いこともあり得るので，助言を受けることになるM&Aアドバイザーの企業背景や所属グループ，役員レベルの人事交流の有無などを，契約以前に確認しておくことが望ましい。交渉相手との契約関係や取引関係がある場合，完全なる「独立・中立」は難しいまでも，自社へのアドバイスは恣意性が排除されていることは絶対に必要である。そのためにも，自社が雇用するアドバイザーが相手方ときっちりと利益関係を遮断する「ウォール」を立てているのかを十分に確認し，便宜供与や情報漏えいについて懸念を残さないようにするべきである。

4　M&Aアドバイザー活用のための留意点

(1)　理想的なM&Aアドバイザーとは

　M&Aアドバイザーは，相当長い時間をかけて会社の命運をかけた共同作業を行うパートナーという位置づけである。そのため，さまざまな問題点や困難を一緒に乗り越えていけるのかどうか，一緒にいて肌合いが合うか，信頼に足る人物か，という直感的な見極めが大事になってくる。加えて，「情と理」の両面を兼ね備えた豊かな人間性の持ち主で，どんな物事に対しても，「できない理由」よりも「できる可能性」を探る行動力の伴った人物であることが好ましい。袋小路に入ってしまった議論や，険悪な交渉ムードを一変させることは，ひとえにM&Aアドバイザーの手腕（人間力）にかかっている。

　さらにM&Aアドバイザーは，あらゆる専門家を束ねていくため，チーム組成に長けている必要がある。言い換えれば，有力法律事務所の弁護士や，専門分野の異なる多数の公認会計士などとの個人的なネットワークを有してお

り，案件内容に応じて適切な人材を配するチームアップの助言ができることも大事である。

　往々にしてM&Aの当事者は，身内や社員からのプレッシャーともあいまって，「もっと時間をかけたほうがいいのではないか」，「目の前のお相手よりも，いい相手に出会える可能性があるのではないか」などと，長年育ててきた会社を手放すことへの躊躇から，別の理由をつけて先延ばしにしようとしがちである。このような場面であっても，状況を見極め，あえて当事者に対して苦言を呈して事態を最適な方向に持っていける胆力とぶれない視座を持っていることも，M&Aアドバイザーとしての重要な資質である。

　M&Aアドバイザー選定には，「これまでどれだけの数の案件に携わってきたのか」だけではなく，こうした視点も参考にするとよい。

(2) 賢く選び，トータルで任せる

　「会社の終活」への準備や段取りは，非常に孤独な作業である。それゆえ1人で悶々としている状況から逃れたいために，"光が見えた"（＝相談できる相手が見つかった）時点でつい安易に頼ってしまいがちである。それでも自分で会社を運営してきた長い時間と比べてみれば，どのようなアドバイザーに自分と会社の行く末を託すのかは，十分に時間をかけてもいいことではないだろうか。

　拙速にならないように，なるべく複数のアドバイザー候補先から提案書をもらうなり，相談をしてみることが賢明である。一方で情報守秘の観点から，タイミングと声をかける数（多くても3〜4社）には注意を要する。自分の会社に十分対応してくれる余裕があるかどうかを見極め，「看板」ではなく，「誰」と「どんなチーム」が自社のM&Aを担当するかを十分に確認することも重要だ。アドバイス提案を行う担当者と，実際に案件の面倒を見てくれる担当者が違うこともあるため，プレゼンの印象だけで判断せず，細かくどのようなサービスとフォローを受けられるのか，想定される状況に即した議論を尽くすことが望まれる。

また，過去に自分でM&Aを経験したことがあるからといって，費用軽減の観点からデューデリジェンスや株式評価額算定などの専門的事項以外を自分たちで行うような行為，つまり「部分的な」助言業務をアドバイザーに依頼するようなことはお勧めできない。依頼者の意向がM&Aアドバイザーに伝わらないおそれがあるうえ，情報の不足によって全体感を欠いたアドバイスとなってしまい，案件の方向性を見誤る危険性さえ生じるからである。起用を決めた以上はアドバイザーを「徹底的に使い尽くす」ことが肝要である。

(3) 準備は万端に

　まだしばらくは「会社の終活」に直面することがないにしても，何らかの事情ですぐに対応してもらう必要が生じることもある。いざ事が起こって，追い込まれた状態であわててM&Aアドバイザーを選定するよりも，日ごろから各方面で催されている事業承継のセミナーや説明会に参加したり，経験者から話を聞くなどしたりして，いざというときにすぐに相談が可能なアドバイザー候補を決めておくとよい。情報収集の間口は広ければ広いほどよい。

　慣れ親しんでおけば，アドバイザーの属する業界のそれぞれの特性や，得手不得手などがわかるようになる。さらに知識や相場観がついてくれば，「これはこうしたことが普通です／常識です」等，契約条件を一方的に押し付けられることも回避できるだろう。アドバイザーも"ビジネス"として業務を行っているため，こちらが理にかなった申し入れをすれば，当然ながらそれを考慮せざるを得ない。たとえは悪いかもしれないが，「個人の終活」をすることによって，事情に疎いまま高額の葬儀費用を請求されるのを防ぐようなものである。会社についても同じことがいえる。

　このように，多くの情報に接して，自分に合ったM&Aアドバイザーを活用することが，最も大事な「会社の終活」である。

5. おわりに

　ここでは,「M&Aアドバイザーを見る目」に言及しつつ,選定するうえでのポイントや留意点について述べた。ともすればM&Aアドバイザーを,「企業」として捉える場合には名前が通っているかどうかで,また「個人」として捉える場合には親しみやすさや売りの言葉に目を奪われがちである。ところが実際は,いろいろな判断材料があること,そして事業承継というものを第三者に託して進めていくうえでの考え方が,それほど社会の一般常識と離れてはいないことがおわかりいただけたと思う。

　今後,最良のM&Aアドバイザーとめぐり会うための参考としていただければ幸いである。

第2章

事例でわかる会社の終活

―売り手・買い手の対応,
税務・会計・法務のポイント

ケース1 事業承継①

プラント製造業の事業承継
～異業種への株式売却

売り手　A社社長　取引銀行の支店にて

「支店長さん，亡くなった兄とともに私がこのプラント製造を請け負う会社を創業してから，もう50年になります。思えば長い年月を従業員と一緒に汗水たらして働いて，何とか安定的に年間10億円は売り上げて，そんなに儲かりませんけど，何十年も赤字を出さないでやってきました。私の会社のステンレス加工技術は随分と評判がいいんですよ。当初はいろんな会社とお付き合いをしていましたが，そのうちにウチの職人の腕と，納期をきっちり守る我が社の取引仕振りにほれ込んで，ご存知の大手上場プラント製造会社が毎年相当量の発注をしてくれるようになりました。10年ぐらい前からはそこの下請業者会の会長なんかもやってるんですよ。で

もねぇ，一人息子は大学を出てからサラリーマンになっちまって会社は継がねえ，って言ってるし，もう自分も来年80歳で役員はじめ社員はみんな年寄りばかりだし，少し先のことを考えたら会社はどうなるのかなぁって。従業員の生活もあるし，元請け先にも長年お世話になった義理はあるし，こんな問題を解決するうまい方法はありませんかね。」

第2章　事例でわかる会社の終活

売り手	A社	買い手	B社
業　種	プラント機器製造業		総合電気工事業
年商／上場区分	10億円／非上場		38億円／非上場
M&Aの目的	事業承継		異業種参入・事業拡大

買い手 B社社長　取引銀行の支店にて

「どうもどうも支店長さん。いやぁ，お蔭様で今期も順調に売上が伸びています。ご案内のとおり，発注元の大手都市ガス会社からの注文で十分に食べていけるんですが，当社の主業務である電気工事業はかなりつぶしが効くことから，最近は道路工事やビルメンテナンスの会社からの受注も徐々に増えているんですよ。うれしい悲鳴とでもいうのでしょうか。ただずっと抱いている私の夢なのですが，ゆくゆくは当社の株式を公開して，もっと事業を伸ばしたい。そのためには，私は現在の電気工事業という『一本足打法』で会社をやっているままではダメだと思うのです。私が発注元の協力会社親睦会の役員をやっていることから，最近は同業の小さい会社から，会社を買ってくれないかと持ちかけられることもあるのですが，そんなチマチマしたやり方ではどうもねぇ。当社の事業と必ずしも同じでなくてもいいので，しっかりとした取引先と技術を持っていて，信頼できるような会社を紹介してもらえませんかね。」

39

❶背景，経緯

- ◎ 本ケースはA社，B社の社長がそれぞれ同時期に，取引銀行の支店長（別の支店）に対して，後継者難の問題と，事業拡大のための方策として買収対象となる企業のあっせんを依頼したことから始まった。依頼を受けた銀行では，このような情報を銀行内で独自のデータベースとしてまとめており，マッチングを推進するべく常時情報の更新を行っていた。
- ◎ 銀行がノンネーム（名前が特定できないような扱い）で両社に相手方の概略を伝えてから3カ月後に双方で守秘義務契約書を締結し，本件を口外しないことを確認したのちに両社の初回面談が実施された。その後は詳細な財務情報の開示，デューデリジェンス（DD：買収精査）の実施，株式譲渡契約書の締結と進み，両社が最初に面談を行ってから約6カ月間で株式譲渡と資金決済を行うクロージングを迎えることができた。
- ◎ A社の社長を含む関係親族10名が保有する株式100％がB社に譲渡され，従業員や取引関係も一切従前のまま継続されることとなった。

❷このエピソードの特徴と問題点

- ◎ 両社をマッチングさせた銀行は，利益相反関係を避けるため，M&A専門部が買い手であるB社のフィナンシャル・アドバイザー（FA）に就任し，A社のFAは長年の取引関係があった顧問税理士が務めることになった。当初A社は，B社側に銀行がアドバイスすることへの不満を漏らしたが，銀行は，M&A専門部は善管注意義務を遵守してこのM&A取引のために起用されるので，従前の取引関係を悪用するおそれはないこと，また利益相反関係の重要性の理解を求めることに努め，A社の納得を得た。

  問題点①　財務担当者の退職：B社のFAが会社評価のため詳細な資料の提出をA社に求め始めた時点から，それまで財務責任者として銀行取引の窓口だったA社の総務部長が「病気」との理由で頻繁に会社を休むようになった。その後総務部長は1カ月以上の長期欠勤をするに至り，結局最後までM&A交渉の場に出てこないまま退職してしまった。

問題点②　疑義のある資産勘定：DDを進める中で，A社の資産上の貸付金と仮払金の実態が疑問視された。実際のところこの貸付金は，過去この業界で見られた発注元への"付け届け"的な性質の支出（一種の上納金として，発注元の労働組合が運営する遊興施設に支払われていた）であった。一方仮払金は，A社がプラント工事の元請けを務める際の再委託先（下請け先）との関係での支出（帳簿に載せられないような下請け先への接待交際費）で，相当長期間にわたってこうした取扱いが続いていた。

問題点③　一部株主からのクレーム：上記の疑義のある資産を適正価格で再評価したことによって減額された株式価額をめぐって，A社株主（10名）のうち現社長の兄である先代社長（故人）の一族3名が，株主を兼ねている現経営陣の経営責任であるとの主張を行って，経営に直接関与してこなかった自分たちに対する有利な取り分を要求するに至った。

❸問題点への対応

◎　その後もA社総務部長の消息がつかめず，また長年税務申告をアドバイスしてきた顧問税理士もほとんど会社の実態を把握していなかった。さらにその後の調査で，貸付金・仮払金以外でも，減価償却費の計上が規則的になされていない点，会計方針が頻繁に変更されてきた点などが判明し，A社の会計処理方法が不適切であることが明らかになった。

◎　この事態を重くみた取引銀行は，A社に対してこのような事案の扱いに精通した専門の税理士を紹介した。この税理士はまず過去5年間の決算書を分析し，株式売却に向けて決算と実際の財務状態を整理し，譲渡を円滑に行えるよう約1カ月間精力的に財務資料のクリーンアップに注力した。

◎　経営に直接携わってこなかった3名の株主（先代社長の一族）の「有利な取り分をよこせ」という主張に対しては，株主を兼ねるA社の現経営陣が，本来支給されるべき退職金額を大幅に減額することによって決着し

た。
　株式の譲渡価格は役員の退職金や未払債務など事前に債権債務関係を清算したのちに最終的に確定されることになるが，現社長とともに株主を兼ねていた経営陣（専務と常務）の退職金を調整し，最終的な譲渡株式全体の価値を上げることによって，理解を得るに至った。

❹成功のためのポイント

- ◎　売り手と買い手の"肌合い"（ケミストリー，ともいう）は大事である。両社が異業種であったため，両社長はなかなかお互いに相手を理解することができず，当初はよそよそしい関係で始まった。何回かの面談ののち，お互いに別々の下請業者の協力会で苦労してきたことがわかり，そこからはより相手を理解しようとする態度に変わっていった。お互いの共通点を見つけることができれば，会社の売却という難しい話も円滑に進んでいく。
- ◎　表面上健全な財務状況が，実は"お化粧"した会計処理によることが判明した時点で外部の専門家を招請できたことが，本ケース成功の要因の1つである。対象会社や長年の付き合いのある顧問税理士はなかなか外部人材を入れたがらないが，しがらみのない専門家の指摘は的確であった。
- ◎　買い手側の理解と協力も大事なポイントである。売り手企業に財務・税務上の問題が露見した場合，買い手は萎縮するか必要以上に厳しい条件を突きつけることが多い。本ケースではB社の社長が，忍耐強く状況を見守ったことと，終始紳士的な態度で交渉に臨んだことが大きかった。
- ◎　M&A取引では一般的ではないが，A社社長が交渉中に長年苦楽をともにした社員へ適切に情報開示し，協力を求めたことで，買収後にB社へ円滑な引継ぎができた。状況や事情に合った対応を柔軟に行うことも大事である。
- ◎　B社FAの取引銀行は，不慣れなA社FAの顧問税理士をよくサポートした。中小企業間のM&Aではこのような状況が起こることもあり，FA同士が対立より協働を心がけることも場合によっては必要なことであ

る。

税務・会計の観点から

1．財務デューデリジェンスの重要性

　財務デューデリジェンスとは，会社を買収するにあたって，買い手が，売り手企業の財務状態や損益の状況，事業計画（将来の損益）について，調査をすることをいいます。財務デューデリジェンスは，公認会計士などの外部専門家に依頼するケースが多くみられます。

　本ケースでは，貸付金及び仮払金の資産性の疑義，さらに，減価償却費の計上が規則的になされていない，会計方針が頻繁に変更されてきたなどの会計不正が判明し，A社の会計処理方法が不適切であったことが明らかになったようです。このように，財務デューデリジェンスは，買収対象会社の過去の財政状態及び経営成績が適正かどうかを確認するだけでなく，会社の不正を発見することもあります。M&Aのプロセスの中で省略できない重要な手続であるといえます。

2．資産上の貸付金と仮払金

　本ケースは，財務デューデリジェンスにおいて，貸付金と仮払金の資産性・回収可能性について疑義が生じました。貸付金は，実態的に，発注元への上納金，仮払金は，実質的に発注元への接待交際費に該当するものであり，これらの支出は，帳簿書類では，交際費や寄付金などの勘定科目で処理されるのが一般的です。これらの支出は発注元の労働組合が運営する遊興施設を迂回して発注元へ付け届けされたものであり，また，帳簿に載せられないような支出であったことから，税務上は，使途不明金や使途秘匿金として認定されてしまうかもしれません。

　使途不明金とは，交際費，機密費，接待費等の名目で，支出額や支出先はわかっているものの，その目的が明らかでない支出をいいます。使途不明金と認

定されると，税務上は，損金に算入できません。

　一方，使途秘匿金とは，相手方の氏名，使途（使い道）を帳簿書類に記載していない支出をいいます。使途秘匿金は，税務上は，もちろん損金に算入できませんが，使途を秘匿する制裁として，支出額に対して40％の課税が追加して課せられます。

　さらに，使途不明金でも使途秘匿金でも，隠ぺい，帳簿書類の改ざんが行われたと認定されると，重加算税（追徴税額に対して税率35％で課税）の対象にもなります。

　また，これらの使途不明金と使途秘匿金は，役員がその金銭を受け取った事実がある又はあると推認された場合には，役員に対する賞与とみなされ，損金不算入のうえ，源泉所得税漏れが認定されることもありえます。

　このように，使途不明金や使途秘匿金は，M&A後の税務調査での税務リスクを抱えることが多く，買い手の立場からは，財務デューデリジェンスでこれらの支出がないかを把握するのが肝要です。検出された場合には，税務上どのように対応すべきか税理士などの専門家に相談したほうがよいでしょう。また，株式売買契約書の租税債務保証条項や，表明保証条項に，これら支出に対する税務リスクを明確に織り込むこともポイントです。

3．仮装経理の場合の更正の請求

　計算上の誤りや事実認識の違いによって申告による法人税額が過大になっているのであれば，申告期限から5年以内に限り，税務署に対し更正の請求を行うことができます。それが認められれば，法人税の還付を受けることができます。

　ただし，粉飾決算などの仮装経理を行っていた場合には，仮装経理の影響額を前期損益修正損として特別損失計上し，その期の確定申告書を提出して，はじめて更正の請求の手続をすることができます。さらに，更正の請求が認められたとしても，すぐに法人税額の還付はされません。仮装経理により過大に納付した税額を，翌期以降の税額から5年にわたって控除することによって取り

戻します。5年を超えて控除しきれない税額があれば，その時点で還付を受けることができます。

なお，ここでいう仮装経理とは，架空売上の計上や仕入，経費の過少計上が対象となります。減価償却費の過少計上や引当金の過少計上は，税務上は，単に損金にする権利の放棄であり，仮装経理の対象にはなりません。

4．株式譲渡価額と役員退職金について

本ケースでは，A社の株主は，A社の社長を含む関係親族10名と分散しており，株主の一部と現社長を含む経営陣とが会社を売却することによって得る資金の取り分についての争いがありました。最終的に，現社長とともに株主を兼ねていた経営陣（専務と常務）の退職金を大幅に減額し，現社長の兄である先代社長（故人）の一族3名を含む株主に対する株式の譲渡価額を上げることによって，理解を得るに至りました。

M&Aの際には，株式譲渡前に役員退職金や配当金を支払うことにより会社の純資産を減少させ，企業価値を引き下げたあとに，株式を譲渡することがよくあります。役員退職金を支給すると会社の純資産が減少し，ひいては，株式の譲渡価額が引き下がるため，役員退職金の支給と株式譲渡価額はトレードオフにあるといえます。

役員退職金は，受け取った役員にとっては退職所得となり，退職所得は，退職所得控除が取れるうえに，所得の金額を2分の1とする特例もあるため，税務上優遇されています。一方，株式の譲渡所得は，株式の譲渡収入から株式の取得費を控除した譲渡益に対し20.315%（所得税及び復興特別所得税15.315%，住民税5%）の税率で課税されます。

売り手企業の株主を兼ねる現役員は，M&Aにあたり，株式譲渡金額の一部を役員退職金で受け取るか，株式の譲渡対価のみ受け取るかによって，税務上の有利不利があることから，事前のシミュレーションが必要といえます。

法務の観点から

1．秘密保持契約（守秘義務契約）／基本合意書の締結

　M&A取引は，当事者のみならず対象会社の事業・資産・従業員・取引先等に大きな影響を与える出来事であるうえ，対象会社は決算書や各社との契約書，雇用関係の資料等の重要な機密を買主に提供することになるので，事前に秘密保持契約を締結することが一般的です。➡第4章Ⅰ2参照

　あわせて，交渉段階において，最終の買収契約の締結に先立ち，その時点における当事者の了解事項を確認し，いくつかの基本的な事項について合意する目的で，基本合意書を取り交わすことが多いです。➡第4章Ⅰ3参照

2．法務デューデリジェンスの実施

　M&Aにおいては，秘密保持契約や基本合意書の締結とあわせて，対象となる企業や資産の価値・リスクなどを調査することが不可欠です。この調査をデューデリジェンスといいます。「デューデリ」「DD」などと略称されます。

　デューデリジェンスの中心となるのが，財務DDと法務DDです。

　法務DDの概要については　➡第4章Ⅱ1参照

3．M&Aの手法～株式譲渡について

　デューデリジェンスを経て，当事者間で取引合意のめどが立ったならば，最終契約書を取り交わして，取引を実行（クロージング）します。

　本ケースでは，売り手が対象会社の発行済株式を譲渡することによって会社の経営権を買い手に譲り渡すという，株式譲渡契約が締結されています。

　株式譲渡には，次のようなメリットがあります。
　①　主要な手続が株主間での株式譲渡契約の締結であり，簡易かつ迅速。
　②　対象会社の株主が買主に変わるだけで，対象会社の法人格や組織には何ら変動がないことから，対象会社が締結している契約，所有する資産にも原則として変更が生じないし，許認可業務等を営んでいる場合には，原則

としてその許認可を維持することができる。
③　株主構成のみが変動するので，対象会社の従業員の地位に変更は生じないし，従業員と対象会社との間の雇用条件も当然には変更されない。

中小企業におけるM&Aの手法として，株式譲渡は最も多く用いられているといえます。⇒第4章Ⅰ 1 参照

株式譲渡は，主に株主間での株式譲渡契約の締結によって成立しますが，対象会社がいわゆる譲渡制限会社である場合には，一定の手続が必要となります。⇒第4章Ⅲ 1 参照

4．表明保証

本ケースでは，A社の総務部長が急に会社に来なくなって辞めてしまった，顧問税理士も会社の実態を把握していなかった，後の調査でA社の会計処理方法が不適切であることが明らかになったとの問題点が出てきています。

対象会社の会計・税務に関する事項はその企業価値の計算に直結する重要な意味を持つことから，最終契約書において，最終契約日及びクロージングの日の時点で，A社の財務諸表（決算書）及び会計帳簿に虚偽記載はないこと，財務諸表が適切な会計原則に従って作成されていること，貸借対照表上引当計上されていない偶発債務（保証債務等）が明らかにされたもの以外に存在しないことなどをA社をしてB社に表明させ，かつその内容を保証させることが有効です。そのような条項を表明保証といいます。⇒第4章Ⅲ 2 (3) 参照

○◆まとめ◆○

- 売り手・買い手の円滑な関係構築は，お互いの共通点を見つけることから。
- 不稼働資産はきっちり精査して差し引くことを忘れずに。
- 売却対価の受取方法は工夫の宝庫。
- FA同士の協力体制は成功への第一歩。

ケース2 事業承継②

化粧品製造業の事業承継
～株式・事業資産の譲渡

売り手　C社社長　県内の同業他社との懇親会にて

「ご商売はいかがですか。私どもはいわゆるインバウンド消費の影響で，取引先からの増産要請に必死で応えている状況です。化粧品受託製造会社といっても，御社のように大量生産が可能な工場があればいいのですが，我が社はなにせ少量多品種製造が売り物なので四苦八苦していますよ。お蔭様で業績は順調なものの，最近悩むことが多くて。お取引先から感謝されて，忙しくしていることはむしろ幸せなことですし，社員も自分たちで勉強会を開いたりして，熱心に仕事に取り組んでくれています。ただ大学院に進んで留学している一人娘がね，薬学専攻で将来を託そうと期待していたのですが，あちらの生活が楽しいらしくて帰ってくる気配がないのです。社員から後継者を見つけられるかというと，研究家肌の人材が多くて経営を担えそうな者がおりません。ここしばらく会社の行く末をじっくりと考えてみたのですが，工場の敷地や建物は私の一族で所有していますし，誰かが会社を引き継ぐと手を上げてくれたとしても，金額的に相当な負担を強いることになりそうで，困っています。」

第2章 事例でわかる会社の終活

	売り手 C社	買い手 D社
業　種	化粧品受託製造	買収ファンド（PE）
年商／上場区分	50億円／非上場	非公開／非上場
M&Aの目的	事業承継	会社買収（ファンド資金運用）

買い手 D社の投資担当取締役　社内でのミーティングにて

「C社の分析資料は…これか。ふむふむ、非公開会社だから推測の部分はあるが、50億円程度の売上に対して利益率も高いし、ずっと増収増益を続けている。取引先からのヒアリングを参照しても、技術力が高く、伸びしろのある会社だと称賛のコメントが目白押しだね。唯一の懸念材料が後継者問題、というのは我々にとっていい仕事をさせてもらえる可能性が高いということだ。この情報を早めに入手できたのは何よりだ。おそらく同業のプライベート・エクイティ・ファンド（PE）に気づかれたら、C社への猛烈な攻勢が始まるに違いない。すぐに提案書を準備して、C社社長へアポイントを取ってくれ。バリュエーションはEBITDAマルチプルで2桁近くなるだろうし、DCF法で評価しても相当いい線になるから売り主には納得してもらえるだろう。ただ提案書はできるだけ横文字を使わないように気をつけて。我々の強みである、"ハート・トゥ・ハート"を強調するように。エグジットは我々のポートフォリオ先の、紫外線吸収剤を作っている会社とのロールアップがIPOより現実的かもしれない…」

49

❶背景，経緯
- ◎ C社は地方に所在し，少量多品種製造が得意な化粧品受託製造会社で，技術力が高く内部留保も十分といった堅実な経営を続けていた。ただ社長が1人で経営全般を見ているような状況で，後継と頼んでいた一人娘に会社の将来を託すことは難しいと考えるようになっていた。
- ◎ D社は中堅・中小企業を買収し，価値を高めたうえで将来的にエグジット（EXIT："出口戦略"ともいう）して投資資金を回収するPEで，特にオーナー系企業の買収を得意としていた。
- ◎ 両社の接点は，D社がC社の同業者からC社社長の悩みを伝え聞いたことで，面談を直接申し入れたことによる。D社の投資先（"ポートフォリオ先"ともいう）の1社にC社の商材に近い製品を扱う会社があったため，D社担当役員の業務に対する理解は深く，C社社長は好感を持って迎えた。
- ◎ だが議論を進めるうちに，株式の売却価額よりも会社の存続と社員の今後に腐心するC社社長の思いと，他のファンドに参入機会を与えないため，高い買収価額を提示して早期の決断を迫るD社の考えにズレが生じるようになり，買収交渉が頓挫するおそれが出てきた。
- ◎ これに危機感を持ったD社は，C社社長の優先事項を再確認し，買収後もC社社長が一定期間経営を担うことや社員の処遇を確約するなど，条件面で配慮することとした。この結果，約1年間の交渉期間を経てD社によるC社の100％買収が完了した。

❷このエピソードの特徴と問題点
- ◎ 本ケースは，業績が順調で株式価値の高い優良企業が身内以外の後継者を見つけることが難しい点，そしてこうした企業が買収ファンドにとっては垂涎の投資対象であった点において，ファンドによるバイアウト型の典型的な事業承継案件だった。

問題点①　社長一族が保有する不動産の取扱い：C社工場の不動産と設備

は，C社社長の親族（本人含む）が出資する合資会社が所有していた。それぞれC社の事業継続のためには不可欠な資産であるが，D社のファンドの規定では買収対象は有価証券（＝会社株式）に限られ，不動産は買い取れない決まりとなっていた。

問題点②　双方の"文化背景"の違い：最初のアプローチでD社がC社の製品と技術に理解を示したため，C社社長はD社による会社へのコミットに期待していた。ところがD社は「高い価格で会社の株式（価値）を現金化できる」という点を強調し，特殊用語（EBITDAマルチプル，ポートフォリオ会社，ロールアップなど）を駆使して理解を求めようとしたため，技術家肌でお金には比較的恬淡としていたC社社長に違和感が生じた。

問題点③　双方の思惑の齟齬：D社は傘下の投資先の１つに紫外線吸収材生産で国内シェアトップの企業を抱えており，この会社はシナジー効果の高い新規事業を求めていた。ファンドによる買収のエグジットは通常，株式上場（IPO）か他社への売却（別のファンド又は事業会社など）となることが多いが，C社の買収は将来的に両社を統合して主力商品である紫外線吸収材を活用した化粧品の商品化を狙う要素もあった。D社はC社の成長戦略としてこのアイディアを示したが，C社社長にとっては社員と築き上げてきたものが失われるという危機感が募った。

❸問題点への対応

◎　売り手にとって会社の譲渡とは，当然事業そのものが一体化した形での取引を想定している。ところが本ケースのようにファンドによる投資の対象には制約があるため，事業資産の一部を買い取れない事態が起こる。

◎　ただこうした状況も相互の理解と取引形態の工夫で解決が可能である。本ケースにおいては，事前に売り手一族の合資会社が保有する不動産の鑑定を綿密に行って価額を算定し，C社株式の売却と同時に，C社が合資会社から事業に関連する土地・建物を買い取る契約を結び，不動産取引に伴

う手数料や税金支払額も織り込んで，最終的な株式譲渡価額を決定した。
- ◎ 本ケースで直面した当事者間の"ささくれ"については，ファンド（D社）側が丁寧に内容や考え方を説明することによって，C社側の誤解や思い込みを解くことができた。たとえばD社の既投資先との統合もあくまでアイディアであって，C社の独立性と社員の待遇の確保を約束する観点から，D社は買収後も一定期間C社社長に現職にとどまってもらい円滑な承継を進めることを提案し，C社社長もこれに応じた。

❹成功のためのポイント

- ◎ 多くの中堅・中小企業にとって，事業承継とはすなわち「会社を現在のまま，どのように次世代に引き継ぐか」を意味する。ところがファンドによる会社買収のケースでは，承継した企業に一段の価値の積み上げを求める点が通常とは大きく異なる。そのためこうした概念が腹落ちするまで交渉にはじっくりと時間をかける必要があり，これが成否を左右する。
- ◎ 特に本ケースのように売り手の事業が順調な場合には選択肢も多く，買い手側が拙速に事を進めようとするのは禁物である。根気強く買収（売却）の意義を説明し，相互のニーズの一致をみない限り成功はおぼつかない。
- ◎ 化粧品受託製造業の業界は意外に狭く，業界内で本件に関する情報が漏えいしないよう細心の注意を払った。同業他社の参入を回避したいとの買い手の意向もあり，案件の進行状況が外部に漏れにくかったことが奏功した。このほか，同族会社で事業資産の一部を保有しているケースは少なくないが，本ケースのように会社株式の譲渡と同時に処理することが最良の対応策である。

税務・会計の観点から

1．プライベート・エクイティ・ファンド（PE）の株価評価

　M&Aにおける特殊用語を簡単に解説します。

　プライベート・エクイティ・ファンド（PE）は，多くの機関投資家や個人投資家から集めた資金を使って，上場していない会社の株式（プライベート・エクイティ）を取得し，企業の経営に関与して企業価値を高めたうえで株式を売却し，利益を獲得することを目的とした投資ファンドをいいます。

　ロールアップとは，囲い込みともいい，同じ業種の企業を次々に買収し，買収した企業の経営資源を統合することにより企業価値を高める手法です。

　ポートフォリオとは，分散投資（異なる分野，業種などへの投資の組み合わせ）を意味します。PEファンドは，ファンドのポートフォリオ戦略によって投資先を決定しています。また，PEファンドの投資手法として，会社の支配権を獲得しないマイノリティー投資と，会社の支配権を獲得する（企業全体を買収する）バイアウト投資があります。

　PEファンドは，一般の事業会社が対象会社を買収する際の企業価値の見方とは異なった見方をします。PEファンドでは，対象会社の事業のキャッシュに着目し，NPV法，IRR法，回収期間法により，投資判断をすることが多いようです。PEファンドの買収後のエグジット（出口）は，IPO（株式上場）による株式の売出しや市場売却，M&Aによる株式売却を想定しています。

　EBITDAマルチプルとは，EBITDAの倍率（=マルチプル）であり，企業価値がEBITDAの何倍かということを示す指標です。EBITDAは，Earnings Before Interest, Taxes, Depreciation and Amortizationの略であり，直訳すれば，「利息，税金，有形・無形固定資産の減価償却費の控除前の利益」という意味です。具体的には，下記の算式で算定します。

EBITDA＝当期純利益＋税金＋支払利息＋有形・無形固定資産の減価償却費

いってみれば，EBITDAは営業キャッシュ・フローに近い概念であり，営業キャッシュ・フローで何年で回収できるかという指標です。EBITDAマルチプルの目安は，8倍から10倍といわれています。

DCF法とは，ディスカウンティッド・キャッシュ・フロー法（Discounted Cash Flow Method）であり，その事業で稼得するキャッシュを現在価値に割り引いて企業価値を算定する方法であり，理論株価といわれています。

⇒第3章Ⅴ参照

2．不動産の譲渡に関する税金

本ケースでは，C社株式の売却と同時に，C社が売り手一族の合資会社から事業に関連する土地・建物を買い取っています。対象会社が事業に関連する不動産をすべて所有しているとき，対象会社の株式を取得すれば，事業に関連する不動産もすべて自動的に取得することになりますが，対象会社以外の者が事業に関連する不動産を所有している場合には，株式の譲渡とともに，不動産の譲渡を受けることになります。

この不動産の譲渡は，株式の譲渡以外の税金が発生することになるため，M&Aを検討する際には，忘れずに考慮しなければならないポイントです。

合資会社において譲渡した土地・建物に含み益があれば，合資会社において，固定資産譲渡益が生じます。合資会社に税務上の繰越欠損金がない場合には，合資会社のタックスプランニングが必要となる場合もあります。

また，土地・建物を取得したC社においては，不動産の取得に係る登録免許税及び不動産取得税が生じます。登録免許税及び不動産取得税の概要は，下記のとおりです。

① 登録免許税

内　容	課税標準	税　率
土地の売買による所有権移転登記	不動産の価格	1,000分の20 1,000分の15（2021年3月31日まで）
建物の売買による所有権移転登記	不動産の価格	1,000分の20

② 不動産取得税

内　容	課税標準	税　率
土地	不動産の価格 2021年3月31日までに宅地等（宅地及び宅地評価された土地）を取得した場合，不動産の価格×1/2	100分の3 （2021年3月31日まで）
建物 （非住宅）	不動産の価格	100分の4

法務の観点から

1．株式譲渡と許認可

本ケースでは，M&Aの手法として株式譲渡が用いられています。

株式譲渡は，対象会社の支配株主が買主に変わるだけで，対象会社の法人格や組織には何ら変動がないことから，対象会社が許認可業務等を営んでいる場合には，原則としてその許認可をそのまま引き継ぐことができます。

C社は化粧品受託製造業者であり，後述のとおり化粧品製造業は許可が必要となりますから，株式譲渡が適しているといえます。

2．化粧品製造業と許可

化粧品（通常の化粧品のほか，シャンプー，顔・からだ用石鹸，歯磨き粉，日焼け止めやリップクリーム，香水なども含まれます。）を製造するためには，化粧品製造業許可が必要です（医薬品，医療機器等の品質，有効性及び安全性の確保等に関する法律（いわゆる薬機法，旧薬事法）13条）。通常の化粧品製造のほか，出荷前の化粧品の包装や保管のみを行う場合にも許可が必要です（前者は一般区分，後者は包装・表示・保管区分）。

さらに，製造した化粧品を国内に流通するためには，別途，化粧品製造販売業許可が必要となります（同法12条）。

許認可は，法務デューデリジェンスにおける重要な対象です。許認可を要する対象会社の事業について必要な許認可が取得されているか，許認可が将来的に取り消されるおそれはないか，M&A取引の実行に伴い許認可に係る事業を引き継ぐことができるか等を主に調査することになります。⇒**第4章Ⅱ6 参照**

3．不動産の取扱い

　法務DDでは，対象会社が保有又は使用している不動産の調査は不可欠です。⇒**第4章Ⅱ4 参照**

　ところで，本ケースでは，対象会社となるC社の工場・設備は，C社の所有ではなく，同社の社長一族の出資する合資会社が所有しており，他方で買主となるD社のファンドの規定では買収対象は株式に限られています。

　そこで，C社に，合資会社から不動産を買い取らせることが重要となります。

　対象会社の使用している不動産を，同一親族が運営する会社が所有していることはしばしばあります。買取後も対象会社から不動産をそのまま借り受け続けるのは，①買収前の対象会社と同族会社は同一親族が運営する会社同士であるので，相場から見て公平でない借地契約や，使用貸借にもとづく利用権限の設定がなされていることが多いこと（いわゆるアームズ・レングスでない。⇒**ケース12【法務の観点から】4参照**），②そのような利用権限では土地の利用権者がその利用権限を第三者に対抗できなかったり，対抗はできても契約上の権利が弱く利用権限を維持できない可能性が高いこと，③利用権者と利用権設定者が親族間であればそのような弱い利用権限でも問題ないが，買収が完了し対象会社と合資会社の親族関係がなくなった場合には問題が顕在化するおそれがあること，といったことが懸念されます。

　そのため，本ケースのように，対象会社をして不動産を買い取らせるか，それができない場合でも，土地の利用権設定契約を締結し直すなどして利用権者の権限を強化する必要があり，そのような買取りや契約の変更が，最終契約書においてクロージングまでの義務及びクロージングの条件とされるべきでしょう。

4．対象会社の従業員・役員の取扱い

　株式譲渡の場合，対象会社の法人格自体に影響はなく，建前としては，雇用契約，就業規則といった労働関係はそのまま買主側に引き継がれます。

　しかしながら，本ケースでは，D社の思惑として，C社の買収後，将来的に同社とD社の傘下企業とを統合したいということがあり，この統合（組織再編）の手法によってはC社の従業員の待遇に影響が及ぶことがあります。

⇒**第4章Ⅱ 5 参照**

　雇用の維持や労働条件の維持義務を最終契約書において誓約条項として規定する（⇒**第4章Ⅲ 2 参照**）ことにこだわる売り手と，買収後の見通しが必ずしも万全とは限らず将来の雇用や労働条件の維持をできるだけ確約したくない買い手との間では，しばしば激しい交渉が行われるところであり，通常，義務を負う期間を一定期間に限定したり，努力義務にとどめる形で妥結する場合が多いともいえます。

　また，買収前の対象会社の役員が，買収後も会社に残るか否かも，しばしば論点となります。

　買収前の役員の知見が必要である等，買主が当該役員に会社に残ってもらうことを希望する場合には，買収後の待遇等について，基本合意書締結の段階あたりから検討しておく必要があり，さらに，こうした待遇についてまとめた経営委任契約の締結を行うことがしばしばあります。

⇒**ケース9【法務の観点から】5参照**

○◆◇ まとめ ◇◆○

- ⦿　M&Aの成否は，相手先の会社カルチャー（社風）の尊重が大きく影響する！
- ⦿　「相互理解に十分時間をかけること」＝「ハッピーエンディング」。
- ⦿　業界内は「壁に耳あり障子に目あり」。情報漏えいには細心の注意を！

ケース3　事業承継③

装置メーカーの事業承継
～同業メーカーとの株式交換

売り手 E社の決算書を作成している公認会計士
E社の社長室にて

「社長さん，今期の決算も非常にいい形で締めることができましたね。まずはお疲れ様でした。ここ何年かで技術革新や納入先からの大幅な仕様変更があったために，売上こそピーク時の半分になっていますが，逆に技術力を磨いて利益率を高めることによって，財務体質が強化された，なんていうのは並みの会社ではできない芸当です。公認会計士の私にとっても貴重な経験をさせてもらっています。ところで以前からお伺いしている会社の承継については進展がありましたでしょうか…　そうですか。やはり相手先は御社の現預金が大きすぎることに懸念を示しているのですね。早めに処理したほうがいいとはお伝えしていましたが…　配当として先に現金化することも考えられますが，税金面で頭が痛いですよね。こう言っては失礼ですが，今までのように社長が個人的にご存知の何社かに声をかけて打診するだけでは，なかなか問題解決につながらないと思います。もう少しアプローチする方法を見直してみて，いろいろなアイディアを試してみたらどうでしょうか。もちろん喜んでお手伝いしますので。」

第2章 事例でわかる会社の終活

	売り手　E社	買い手　F社
業　種	自動制御装置製造販売	変減速機等製造販売
年商／上場区分	20億円／非上場	300億円／上場
M&Aの目的	事業承継	技術取得・規模拡大

買い手　F社親会社を担当する大手監査法人のパートナー
自社の応接室にて

「(左記E社の公認会計士に対して) 久しぶりだな。同期のお前がここを辞めて独立してからもう10年か。中小企業相手はなかなか大変だろうけど，ウチのように大企業だけ担当するよりは，随分とやりがいもあるのだろう。あぁそう。その担当先は，他社もうらやむ技術力があるのに，現預金がありすぎて事業承継がうまくいかないというわけね。確かに同規模の会社には荷が重いのだろう… 待てよ，何を作っているんだっけ？ 自動車の制御装置か。そういえば私の担当先の上場会社のトップがその分野を強化したいと言っていたな。ただ実際にその製品を扱っているのはその子会社の上場企業なんだよな。おっと，でもお前の担当しているその会社は株主が結構分散していて，オーナー社長は会社を畳むことになったら，株主にどうやって会社の価値を分配するか気をもんでいるという話だったよね。これはもしかするともしかするかもしれない。非上場会社は上場会社と株式交換をすれば，株主にはみなし配当課税は生じないからな。少し我々で検討してみないか。もちろん守秘義務契約は結ぶよ。」

59

❶背景, 経緯

◎ E社は中規模ながら技術力の高い会社で, ピーク時と比べると売上高は半減したものの, 取引先の絞り込みとマージンの高い受注に特化してきたことで利益率を向上させ, 企業体質の改善を図ってきた。一方でE社社長には後継者がおらず, ひそかに複数の同業他社に会社の売却を打診していた。

◎ ところがE社は資産に占める現預金の割合が非常に大きく, これがほぼ内部留保と見合っていた。このためE社からの要請で買収を検討していた相手先は, いずれも財務規模と実質資産のかい離の大きさや, 最終投資額の不透明感などから買収を見合わせていた。

◎ F社はE社が生産している種類の製品も含めた変速機・減速機を製造販売する上場メーカー企業で, シェア拡大のための事業展開を目論んでいた。別の上場会社の傘下にあったが, 親会社経由でE社の売却情報がもたらされ, 事業拡大の好機とみたF社は早速買収の検討を始めた。

◎ ビジネス上のフィット感は良かったものの, 買収交渉ではやはりE社の現預金の大きさが障害となった。これに対してF社を会計面でサポートした監査法人から, 株式の譲渡対価としてE社の株主（社長を含む親族数名）に対して, 上場しているF社の株式と交換する案が示された。

◎ F社には株式交換に利用できる自己株式があり, またF社株式の市場での流動性も高かったため, E社の株主もこれを受け入れ, 当事者同士で交渉をスタートしてから約9カ月でクロージングに至った。

❷このエピソードの特徴と問題点

◎ 本ケースは, 売り手企業の財務内容は良好なものの, 資産の中身が現預金に偏りすぎていたことによって, 売却先の確定に時間を要したケースである。

問題点① 会社資産の大部分を占める現預金：E社の売上高はピーク時と比べると大幅に減っていたが, 利益体質の強化により株主資本は直近

の売上高の約3倍にも及び，株主資本比率は7割にも達していた。資産のほとんどは現預金といういびつなバランスシートだった。

問題点②　株式交換に対する親会社の認識：F社がE社買収の対価として考えた自社株との交換について，上場親会社からは懸念が表明された。具体的にはF社が自社株のみで譲渡対価を支払うと，新たにF社の株主となる現在のE社の株主の持分が既存株主の持分割合に大きなインパクトを及ぼし，大株主の順位変更が起こるのではないかというものだった。

問題点③　資本市場にかかわる情報リスク：F社とその親会社はともに上場会社だったため，交渉の長期化に伴ってインサイダー情報リスクや，情報漏えいのリスクが生ずるおそれがあった。

❸問題点への対応

◎　売り手・買い手双方が，潤沢すぎるE社の現預金をどのように扱うか，換言すれば"どうやってM&A取引に影響がないように扱うか"が本件を進めるうえでの最も重要な命題であった。加えて株式の譲渡が現金による単純な売買によるものではなく，資本市場を通した取引になる点で慎重を期す必要があった。

◎　当初F社は買収対価をすべて自社株でまかなおうと考えていたが，親会社からの懸念表明とともに，売却に伴う現金収入を期待していたE社の株主の一部からも，まったくキャッシュの実入りがないことへの不満の表明があった。そこで7割を自社株（による交換）で，3割をキャッシュで買い取るという折衷案を示して，すべての関係当事者から承諾を得た。

◎　情報リスクについて最も脆弱な部分は，上場企業の株式の扱いに不慣れなE社の株主であった。そこでF社はE社社長の協力を得て，E社の株主それぞれから「交渉中はF社とその親会社，グループ会社の株式を売買しない」という誓約書と，「両社がM&A交渉をしているという事実関係を含めて一切の状況を口外しない」という守秘義務契約書を差し入れて

もらって対応した。また本ケースの取引金額が上場企業の適時開示義務に該当する規模だったため，基本合意書を締結した時点で社外へ情報開示をし，その後も適切なタイミングで追加の情報開示を行った。

❹成功のためのポイント

◎　一般的には，技術力があって利益水準の高いE社のような会社は，早期に相手先が見つかり希望に近い形で株式の売却が完了できる。ところが本ケースにおいては，技術力とそれに伴う売上や利益を生み出す"装置"としての会社組織のみを正当に評価して取引を行いたいところ，必要以上の資産としての現預金がそれを阻むことになってしまった。

◎　「自分の資産形成＝会社の余剰現預金」と考え，利益はすべて会社に残すというのは日本の中小企業経営者の典型的な発想である。ただ本ケースから導き出される学びは，利益を内部留保として蓄積することが，状況次第ではマイナスに働いてしまうという点だった。

◎　本ケースで売り手は保有株式を，上場企業株式との交換とキャッシュによる組み合わせで受け取ることによって，会社売却の対価受領に伴う過度な税金の支払いを繰り延べることができ，将来的なキャピタルゲインの恩恵も享受できた。長い目で見て即時の全額キャッシュインよりも利点が多くなるのを売り手側が理解したことが，案件の成約を後押しすることになった。

◎　一方買い手側にとっては，保有している自社株の効果的な活用ができ，またキャッシュアウトを抑えられる点で十分なメリットがあった。E社の中に現金が残っているため，将来的にこれを事業面で利用できることも買い手にとっては魅力の1つだった。

税務・会計の観点から

1．株式交換の税務

　上場会社が非上場会社を買収するにあたって，金銭による買収ではなく，株式交換による買収を行うことがあります。株式交換とは，買い手が売り手の株主に対し金銭を渡す代わりに，自社の株式を渡す方法です。これにより売り手は買い手の完全子会社となります。

　株式交換は，税務上は，一定の要件（税制適格要件）を満たすか否かによって，適格と非適格に区分されます。適格か非適格か，金銭を交付するか否かによって，完全親法人となる法人（買い手），完全子法人となる法人（売り手），完全子法人の株主（売り手の株主）のそれぞれに課税が生じることもあるため，税務上の影響を十分に検討する必要があります。

　税制適格要件は，親法人となる法人と子法人となる法人との資本関係（完全支配関係（100％），支配関係（50％超），共同事業要件（50％以下））によって，異なります。

　中小企業をM&Aする場合における株式交換は，親法人となる法人と子法人となる法人とは一般的には資本関係がないことから，共同事業の要件（①対価，②事業関連性，③事業規模又は経営参画，④従業者従事，⑤事業引継，⑥支配株主継続保有，⑦支配関係継続）を満たすかどうかを検討します。

　完全子法人となる法人の株主（売り手の株主）は，株式交換の対価が完全親法人となる会社の株式のみであれば，適格・非適格にかかわらず，完全子法人の株式を帳簿価額により譲渡したものとみなされ，課税が生じません。しかし，株式交換の対価が現金であれば，完全子法人となる法人の株式を時価で譲渡したものとして譲渡損益が認識され，課税が生じます。なお，みなし配当課税は生じません。

　完全子法人となる法人（売り手）は，適格であれば課税は生じません。非適格の場合には，子法人となる法人は，自己の有する時価評価資産（固定資産，土地，金銭債権，有価証券，繰延資産。ただし，含み益が資本金等の額の2分

の1又は1,000万円のいずれか低い額を満たさない資産は除かれます。）を時価評価しなければならず，株式交換を行った期に含み損益が実現し，含み益がある場合には課税が生じます。

完全親法人となる法人（買い手）は，適格・非適格にかかわらず，課税は生じません。子法人となる法人の株式の受入価額は，適格の場合には，完全子法人となる法人の株主数の数によって異なります。完全子法人となる法人の株主数が50名以上の場合には，完全子法人の簿価純資産額，50名未満の場合には，完全子法人の株主の取得価額（帳簿価額）の合計額となります。非適格の場合には，完全子法人の株式等の時価（交付した財産の時価）となります。同額が税務上の増加する資本金等の額となります。

本ケースでは，対価の一部として現金が支払われることとなっているため，対価要件を満たさず，非適格の株式交換となります。

完全子法人となる法人の株主に株式の譲渡損益が認識され，課税が生じます。

完全子法人となる法人においては，時価評価資産の評価替を行い，評価損益を認識します。

完全親法人となる法人においては，完全子法人となる法人の株式を時価で受け入れ，一部自己株式を対価として交付していることから，交付した自己株式の帳簿価額及び交付した金銭等の額を取り崩すとともに，その差額を税務上の資本金等の額として計上します。

2．株式交換の会計

買い手であるF社は上場会社であり，E社の株式交換について，適正な会計処理が必要となります。株式交換を含む組織再編などの取引は，会計上，「取得（時価取引）」又は「共通支配下の取引（簿価承継）」のいずれかの方法で処理しなければなりません。「共通支配下の取引」は，親子会社の株式交換や子会社同士の株式交換などグループ企業における組織再編の会計処理になりますので，一般的なM&Aの場合には，「取得」の会計処理によります。

「取得」は，株式を交付した親会社となる株式の時価により子会社株式を評

価し，その相手勘定である資本金及び資本剰余金は，株式交換契約で定めた額となります。株式交換契約で資本金の額を一定額とし，資本剰余金は法令で定める額とすることによって，資本金の額を株式交換契約で定めた額，資本剰余金の額を差額とすることができます。

本ケースでは，グループ外からの株式取得であり，「取得」に該当するため，完全子会社株式を取得の対価（交付した完全親会社の株式の時価＋交付した金銭等の額）で受け入れます。また，株式の一部に自己株式を交付していますので，子会社株式自己株式の帳簿価額及び交付した金銭等の額を減額し，その差額を資本金及び資本剰余金の額とします。完全子会社となる会社は，株主が変わるだけであり，特段の会計処理はありません。

法務の観点から

1．M&Aの手法～株式交換について

M&Aの手法として，本ケースのように，対象会社（株式被交換会社，特定子会社）の既存株主の保有株式を買い手となる会社（株式交換会社，特定親会社）に移転し，買い手となる会社はその対価として自社株式を対象会社の既存株主に割り当てるというものがあります。すでに存在している会社を特定親会社とするのが株式交換，新たに特定親会社を設立するのが株式移転です。

株式交換の手続は，大まかには次のとおりとなります。

① 株式交換契約の締結（会社法767条，768条）

⬇

② 事前開示：株式交換契約に関する書面等の備置・閲覧等（同782条，794条）

⬇

③ 株式交換の承認：原則として株主総会特別決議が必要（同309条2項12号，783条1項，795条1項）。ただし，簡易手続（同796条3項）・略式手続（同784条1項，796条1項）では不要。

⬇

④ 反対株主・新株予約権者には株式・新株予約権の買取請求権あり（同785条，797条，787条）

⑤ 債権者保護手続

⑥ 効力発生（同769条）

⑦ 事後開示：株式交換に関する書面等の備置・閲覧等（同791条，801条）

　債権者保護手続については，合併などの場合と異なり，株式交換においては原則として不要ですが，株式交換の対価が会社法施行規則198条に定めるもの以外の財産である場合（子会社の株主に交付する金銭等の5％以上の現金など）には，債権者保護手続が必要です（会社法799条1項3号）。

　本ケースでは対価として株式7割，現金3割が支払われることとなっていますので，債権者保護手続が必要となります。そこで，スケジューリングに際して当該手続（1カ月間）の期間を考慮に入れる必要があるとともに，債権者の異議がある場合には，当該債権者に対し，会社法799条5項所定の手続（弁済，相当の担保の提供又は相当の財産の信託）が必要となります。

　株式交換のメリット・デメリットについては　⇒第4章Ⅰ1参照

2．上場会社とのM&Aにおける注意点

　本ケースでは売り手のE社は非上場会社ですが，買い手のF社は上場会社です。M&Aの当事者が上場会社である場合，主に次の各制度に注意が必要です。

　① 臨時報告書の提出

　上場会社において，親会社及び特定子会社の異動があったとき，主要株主の異動があったとき，重大な合併契約や事業譲渡があったとき等には，臨時報告書を財務局長等に遅滞なく提出する必要があります（金融商品取引法24条の5第4項，企業内容等の開示に関する内閣府令19条）。

② インサイダー取引規制

上場会社における内部者情報に接する立場にある者が，その立場を利用して当該上場会社の業務等に関する重要事実を知り，その重要事実が公表される前に当該上場会社の株式等を売買することは，証券取引の公正を損なうので，禁止されています（金融商品取引法166条）。これをインサイダー取引規制といいます。M&A取引に関する決定事実は「重要な事実」にあたり得るものです。違反した場合には刑事罰が科されます（同法197条2項，207条1項）。

E社の役員等関係者にあっては，買収発表後のF社の株価の高騰を期待して，買収発表前にF社の株式をマーケットで取得することで一儲けし得るので，インサイダー取引の誘惑はあります。それゆえにF社はE社の株主それぞれから誓約書と守秘義務契約書を差し入れてもらうこともあります。もっとも，E社がそのような誓約書を差し入れる義務まであるのかは争いもあるところです。

③ 適時開示

上場会社は，投資者の投資判断に影響を及ぼす情報を，金融商品取引所の規則に従って投資者に適時に開示しなければならないとされています。M&A取引に関する決定事実などは，適時開示が必要となることが多いです。

上場会社においては，適時開示義務が発生することを懸念して，基本合意書の締結を避けるケースも見られます。

◯◆まとめ◆◯

- 会社にため込みすぎたキャッシュ（現金）は，M&Aの障害になることも！
- 上場企業が相手方のM&Aは，「インサイダー情報」の"かたまり"！
- 当局対応を甘く見ない。念には念を入れて準備すること！

ケース4 事業承継④

学習塾の事業承継
～同業者への株式売却

売り手 G社の所在地の市長　高校の同窓会にて

「（H社の社長に対して）やあH君，元気かい。私？　いやぁ，地方の自治体の首長ほど大変な仕事はないよ。冠婚葬祭から小中学校の各種催しへの参加や，行政区域別のタウンミーティングなど，本業以外にもいろいろな仕事が多いからね。ところで君が経営しているH学習塾も随分大規模に展開しているよね。いま生徒さんは何人ぐらいになっているんだい？　え，2万人？　それはすごいな。我々同期のみならず，我が高校出身者の中でも指折りの実業家だね。喜ばしい限りだよ。そういえばG社のことは知っているよね。そうそう，県下でも有数の進学塾だけれども，社長をよく存じ上げているんだ。本業の延長とかで地域活動に熱心に取り組んでくださって，毎年市からも表彰しているんだ。ただご本人は『生徒が伸びていく姿は励みになりますが，最近は年を取ったなと感じることも多くなり，塾の行く末が心配です。家族や従業員に悩みをぶつけてみてもなかなかまともに取り合ってくれず，どうしたものかと悩んでいます』なんて言ってたな。おっとこれはオフレコにしてくれと言われているが。」

第2章　事例でわかる会社の終活

	売り手　G社	買い手　H社
業　種	学習塾経営	学習塾経営
年商／上場区分	10億円／非上場	80億円／非上場
M&Aの目的	事業承継	本業拡大・弱小部門強化

買い手　H社の社長　高校の同窓会にて

「（左記G社所在地の市長に対して）ウチの塾かい？　お蔭様で業容は順調に拡大しているよ。教育熱心な県だけあって，家庭内支出をやりくりしてでも塾には何とか通わせたいという親心が事業拡大の支えになっているね。ただ生徒数は増えているものの，塾の開設時から目標としている『難関一流校進学部門の強化』が，講師不足やウチの"補習塾"的なイメージが邪魔するのか，あまり進んでいないんだ…　え，なんだって？　あの有名進学塾のG社の社長を知っているのかい？　ご高名はかねがね耳にしていてお会いしたいと考えていたんだが，同業でもあって，かえってなかなか機会が見つからなかったんだ。G社長はご高齢だがエネルギッシュで，今も生徒さんたちから慕われているときいている。優秀な講師が多いし，将来のことでお悩みだとは想像していなかったけれど，もしかしたら我が社として何らかのお手伝いができるかもしれないな。ぜひとも紹介してくれないか。"市長さん"からの紹介だったら，あちらさんもあまり構えることはないんじゃないか。」

69

❶背景，経緯

- ◎ G社は優秀な講師と長年にわたる一流校への進学実績で定評があり，所在する県では名の通った進学塾だった。70歳を過ぎたG社社長は40年前にこの塾を立ち上げたオーナー経営者。時折教壇に立つ以外は塾の運営に注力していたが，地元自治体に懇請され教育関係の民間選出委員など複数の要職を兼ねていたため，塾経営に専念できない環境が続いていた。

- ◎ 近時は体力の衰えも感じるようになり，事業の承継を本気で考えるようになっていたが，身内や従業員に事業を託せそうな人材が見出せず，また事業承継というセンシティブな内容でもあるため相談相手がおらず，1人で悶々と悩む日々を送る状況だった。

- ◎ H社は塾生約2万人を擁し，G社と同じ県に所在する大手の総合学習塾で，「地元での基盤強化」と「難関一流校コースの強化」を経営課題として掲げていた。業容は順調に拡大していたものの，後発のH社は難関校向けの優秀な生徒の獲得については，G社や他の進学塾の後塵を拝していた。

- ◎ このような状況のもと，H社社長の同級生で両社の所在する市の市長のとりなしで，「情報交換」と称し両社社長が面談する機会が作られた。当初G社社長は同業他社に会社を売却する意向はなかったが，何回か面談を続けるうちに，H社社長の誠実で熱心な人柄を評価するようになり，売却を決意した。最初の数カ月間はスローペースだったが，G社社長の決断後に交渉はスピードアップし，そこから約5カ月でクロージングを迎えた。

❷このエピソードの特徴と問題点

- ◎ 学習塾業界は，"顧客数"が通塾可能な範囲の小中高生の合計人数に限られてしまうため，ゼロサムゲームの一面を持つ。そのため同じ圏内で生徒を募集する場合に競合同士でし烈な戦いとなる場合も多い。本ケースではM&Aの時点でほぼG社・H社のすみ分け（進学塾と補習塾）ができていたため，お互いを敵視する状況ではなかったことが幸いした。

問題点①　情報漏えいの懸念：以上のとおり「生徒の取り合い」の一面もあるため，学習塾業界においては評判の高い有名進学塾の動向を，同業者は常に注視している。そのため「M&Aを検討中である」といった噂や情報が外部へ流れることのないよう，しっかりとした情報統制を敷く必要があった。

問題点②　G社幹部職員，従業員のプライドの高さ：G社は進学塾としての名声を得ていた老舗だったため役職員のプライドも高く，突然の経営権譲渡の発表に及べば一気に人材が流出することが懸念された。またH社は規模や売上高でG社をしのいでいたが，G社役職員は業界の後発参入組（＝H社）に対する優越感や「新興企業に追い越された」という嫉妬にも似た微妙な感情を持っていたため，企業文化の融合が危ぶまれた。

❸問題点への対応

◎　所在地の市長による"私的な"面談設定から始まった両社トップの交流だったが，いよいよ本格的に株式譲渡に関する具体的な議論を始める段になると，過去金融機関に勤務していた市長のアドバイスに従って，双方ともフィナンシャル・アドバイザー（FA）を起用した。

◎　G社は事業承継案件を数多く扱っていた地元の公認会計士事務所，H社は取引銀行のM&A担当部をFAとした。双方のFAは案件内容の繊細さに鑑み，両社長に「"家族や腹心の部下などにも相談を控える"ぐらいの慎重さで臨むように」と説いて，情報管理の大切さへの理解を求めた。こうしたアドバイスを経て関係当事者を極力絞り込み，交渉を進めていった。

◎　役職員への対応については，実際に行われている交渉の状況は伏せながら，両社の社長が音頭を取って，それまで交流のなかったG社とH社の経営幹部を，数度にわたって懇親会や情報交換会，勉強会という名目で引き合わせた。そして株式譲渡交渉のめどが立った時点以降に両社の経営幹部に状況を説明し，協力と理解を求めるステップを踏んで譲渡の実行に至った。

❹成功のためのポイント

- ◎ 本ケースはサービス（教育）産業のM&Aである。比較的案件数の多い製造業のM&Aにおいては，製品や技術といった「モノ」も重要な要素となることと比べると，サービス産業では圧倒的に「ヒト」の要素が成否を分ける。
- ◎ こうした"ヒューマンファクター"は2つの面があり，1つはトップ同士で信頼感が醸成できるか，そしてもう1つは売り手と買い手の従業員が，M&Aの後に相互に協力し合って統合効果が発揮できるかどうかである。
- ◎ 本ケースではまずG社とH社のトップ同士が交流を続ける中で，お互いに信頼感と相手へのリスペクトの感情が生まれたことが大きかった。中小企業のM&Aにおいては，ビジネス上の補完関係よりむしろ「同じ価値観を共有できるか」という点が大事である。それを踏まえて，売り手は「この人に会社を託せるか」，また買い手は「この会社を引き継いだ後に問題は起こらないか」を事前に確認することができるからである。
- ◎ またG社の評価は，売上高や利益，在庫や商品価値といった有形の資産ではなく，信用と実績という無形の資産に力点が置かれた。それゆえ「教育」というサービスを提供する講師，職員など人材の善し悪しがポイントとなり，これは入塾希望者数や地域における評判で容易に判断できた。
- ◎ 以上のようなさまざまな準備が功を奏し，売り手は経営と従業員の円滑な引継ぎと顧客基盤の存続が可能となり，買い手は基盤の拡大と進学部門強化という重要な経営課題を充足できた。両社の社長の人生観や人間性を反映して，双方の経営体質（社風）が近かったことも，本件を成功に導いた要因の1つであった。

税務・会計の観点から

M&Aにあたっては，会計処理や財務数値についても業界特性を見極めて，調査することが肝要です。

本ケースは学習塾のM&Aですが，学習塾ビジネスは会計処理や財務数値に特性があります。学習塾は，入塾する際に一定額の支払いを受けることが多く，いわゆる前受金ビジネスです。受領した対価は，前受金として会計処理されます。財務デューデリジェンスにあたっては，収益認識基準と前受金の返金可能性についての検討が重要です。前受金はすでにキャッシュを入金しているものです。買収後は，キャッシュの入金はなく，収益だけが認識されることになります。買収後に銭足らずにならないよう，会社がどのように収益を認識しているかを確認しておく必要があります。受講期間に応じて（役務の提供が終わったつど），収益を認識するのが適正な会計処理です。

　会社によっては，収益認識を前倒しして，前受金の受領時に収益認識していることもあります。このような場合には，適正な会計処理をした場合の実績や将来の利益計画を引き直して企業価値を判断する必要があります。また，収益認識を前倒ししている会社は，資金繰りが厳しい会社も多いため，資金収支も調査の対象となります。本来であれば，前受金相当額の現金について，他の資産と分離して分別管理することが望ましいといえます。現金があったとしても，それに対応する授業料等の未受講分がどのくらいあるかを適正に把握する必要があります。

　さらに，1年契約などの長期の契約となっているケースで，途中解約の場合の返金の契約条項がどのようになっているかも確認する必要があります。契約条項では返金しないとされていたとしても，実態として返金しているケースもあります。このような場合には，買収後においても，返金要請があれば返金をせざるを得ない可能性があります。したがって，実際に返金している実績があるかどうかという実態まで調査する必要があります。返金の可能性のある額が多額であれば，企業価値を算定する際に，事業価値から控除して，その企業を評価すべきです。

　前受金に注意すべき業種には，学習塾のほかにも，カルチャースクール，定期購読契約（雑誌，新聞，DVD，CDなど），フィットネスクラブ，エステティックサロンなどがあります。

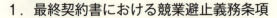
法務の観点から

1. 最終契約書における競業避止義務条項

　本ケースは、G社もH社も業種は学習塾経営であり、いわば同業者同士の事業承継です。仮に、M&A取引の後に、売主のG社が譲渡した事業のノウハウや人脈を利用して競業を行うならば、H社はM&Aの目的を果たせなくなります。このように競業のおそれがある場合に問題となるのが競業避止義務です。

　競業避止義務とは、ある一定の者が、自己又は第三者のために、その地位を私的に利用して、営業者の営業と競争的な性質を有する取引をしてはならないとする義務をいいます。

　会社法では、事業譲渡の場合に規定があります。すなわち、事業を譲渡した会社は、当事者の別段の意思表示がない限り、同一の市町村の区域内及びこれに隣接する市町村の区域内において、その事業を譲渡した日から20年間は同一の事業を行ってはならないとされます（会社法21条1項）。特約がある場合には30年間まで延長されます（同2項）。不正競争の目的をもって同一の事業を行うことは、期間に関係なく禁止されています（同3項）。

　このように明文の規定のある事業譲渡の場合に限らず、M&A取引で売り手が売却した会社と同じ内容の事業を展開すると、買い手の買収した会社の顧客を奪うことになり、買い手がM&A取引により得た事業価値を毀損することになりかねません。

　そのような事態を避けるため、最終契約書において、誓約条項等として、競業避止義務条項を盛り込むことが一般です。⇒**第4章Ⅲ 2 (4) 参照**

　競業避止義務条項を盛り込む際には、競業避止義務の主体（売主のみか、関連会社も含まれるか。）や地理的範囲の設定の有無、競業行為の範囲（同一又は類似事業の経営以外にどのような行為が競業行為に含まれるか。）等に留意する必要があります。

　期間については、上記の会社法の規定のような長期間を設定することはまれ

であり，2，3年程度とすることも多いです。

2．人事労務に関する留意点

　対象会社であるG社は，優秀な講師と長年にわたる一流校への進学実績で定評があり，所在する県では名の通った進学塾であるとされます。

　かように本ケースでは，対象会社における従業員（講師）に大きな価値があることから，人事労務に関するデューデリジェンスがとりわけ重要な意味を持ってきます。人事労務に関するDDについては　⇒**第4章Ⅱ 5 参照**

　本ケースではM&A取引の手法として株式譲渡が用いられているところ，株式譲渡の場合，対象会社の法人格自体に影響はなく，雇用契約，就業規則といった労働関係はそのまま買主側に引き継がれるのが建前です。

　そうではありますが，本ケースでは，G社の優秀な講師が，H社とのM&Aに消極的な感情を抱いて，辞めてしまうおそれもあるでしょう。

　この点，株式譲渡の場合，合併等と異なり，買主の従業員と対象会社の従業員とが混ざり合うわけではないので，買主の従業員と対象会社の従業員の待遇に差をつけ，後者をより好待遇にするなどして，その離反を防ぐということもあるかもしれません。

　なお，反対に，対象会社の従業員がM&Aの後も雇用の継続や雇用の維持を希望する場合には，最終契約書において，対象会社の従業員の雇用や雇用条件の維持等を誓約条項として盛り込むといった手当をなすことが考えられます。⇒**第4章Ⅲ 2 参照**

○◆まとめ◆○

- ⊙　M&Aの情報は，家族にも徹底的に内緒に！（浮気はバレても，バラすなM&A情報！）
- ⊙　M&Aにはキャッシュ・フローの観点も大事。
- ⊙　買収の成果は，売り手の従業員の理解と協力次第！

ケース5　事業承継⑤

老舗料飲店の事業承継
〜教育業者への売却

売り手　I社の社長　自宅にて妻に対して

「あぁ，ここへ来てお座りよ。おやもう11時近くだね。今日も遅くまで大変お疲れさん。私が修業していた店を飛び出して，お前さんと一緒に<u>この店を持ってからもう40年</u>にもなるかな。最初はちっちゃい構えだったけど，鉄道が敷かれる前だったからこのあたりの土地が安く買えたのは幸いだったね。店も増築・新築して，今じゃ従業員十数名を抱えて，ベッドタウンになったこの辺じゃ<u>有名な高級和食店の老舗</u>，てなもんだ。お前さんも私も子供もつくる暇なく働き詰めでここまでやってきたが，ファミリーレストランなんぞも増えてきて，このままのやり方じゃあダメかなぁ，なんて考え始めているんだ。誰ぞこの店を引き受けてくれないかな，とお世話になっている会計士の先生にちょっと相談してみたら，なんだか<u>私の個人名義のこの土地と建物のほうがお店（注：法人）よりも随分価値がある</u>そうで，難しい顔して腕組みしてたなぁ。店をつぶして土地を売ったほうがよほど実入りがありますよ，なんて言われたけれど，従業員の生活もあるし，そんなわけにもいかないしねぇ。」

第2章 事例でわかる会社の終活

	売り手　I社	買い手　J社
業　種	飲食業	教育業（予備校）
年商／上場区分	1億円／非上場	20億円／非上場
M&Aの目的	事業承継	異業種参入・事業用不動産取得

買い手　J社の社長　某月某日I社の店舗にて

「いやいや，I（社の社長）さん，もう今日は店じまいでしょ？　こっちで一緒に飲みましょうよ。今日も遅くまでお疲れ様でした。私もこの町で受験予備校を起業してから四半世紀（25年），毎晩疲れた体にここで美味しい料理とお酒を"補給"することで，何とか働いてきました。これからも末永くこのお店が繁盛するよう，私設応援団長を買って出ますから… え？　お店を続けるのが難しそうですって？　いやー，それは困ったな。私だけでなく，この町にとっての大損失ですよ。考え直してもらえませんかね… まてよ，実は私は企業経営者として温めていた構想があります。日本の少子高齢化は待ったなしで，予備校業もこれから大変になります。一方教育産業の端くれにいる者として，将来の子供たちに『安全な食』を届けたいと願っており，飲食店経営はそれを実現するための最良の方法と考えていました。どうでしょう，できればこのお店を引き受けさせてもらって，私の構想を実現する起点とさせてもらえないでしょうか。経営指導を受けながらじっくりとノウハウを継承したいのです。」

77

❶背景，経緯
- ◎ I社は地元の街の発展とともに，約40年にわたって徐々に規模を広げてきた独立系の高級和食店であった。お店は繁盛していたものの，店の切り盛りに人生を捧げてきた創業オーナー夫妻に子供はなく，店は続けたいが年齢的に引退もしたいという心理状況にあった。
- ◎ I社社長はごく親しい知人や専門家に個人的な思いをぶつけていたが，個人名義で保有している土地と建物（駐車場と店舗）が鉄道駅と近いために相当の価値が見込まれる一方，立地的な諸条件から現業以外へ業態転換が難しいこともわかったため，進退に窮してしまった。
- ◎ そんな中で，お店の常連客だったJ社社長がこの窮状を知ることになり，I社をそのまま引き継ぎたいとの意欲を示した。J社はI社と同様に，地場で成長してきた中高生を対象とする予備校。業績は順調なものの人口統計上今後の生徒数の伸びは期待できないため，J社社長は飲食業への進出を志向しており，I社をそのテストケースとできるのではないかと考えた。
- ◎ 双方が十分に話し合った結果，和食店運営に関連する一切の業務と資産をJ社が承継することとなった。I社の株式とI社社長個人所有の土地・建物を一括して譲渡する手続が必要だったため，J社社長の信頼する弁護士と不動産業者が契約書の作成と資産価値の算出を行い，I社の指名した公認会計士がそれを検証することとした。事前準備と話し合いが十分になされたため，取引自体はスムーズに進み，本格検討から約5カ月でクローズした。

❷このエピソードの特徴と問題点
- ◎ 結果的にまったくの異業種同士の組み合わせとなった，珍しい案件だった。M&Aの事案としては，通常の取引とは異なる難しさと，そのほかの取引でも起こりうる一般的な問題点の両面に取り組む必要があった。

問題点① 異業種からの参入に対する売り手の躊躇：J社社長とは懇意にしていたものの，当初I社社長は飲食業の素人からの「買収したい」と

いう申し出に対して,「馬鹿にされているのではないか」という負の感情を抱いた。自分が何十年もかかって築き上げた"作品"である和食店を「カネで換算して譲る」という事実に,同業であれば感じなかったであろう違和感を持ち,前向きに考えられなくなってしまったのである。

問題点②　会社価値より多大な個人資産価値：Ｉ社の和食店舗経営は,売上１億円に対する営業利益率が10％に届かない水準である一方,Ｉ社社長個人所有となっていた店舗の土地・建物は会社価値の何倍にもなるとの試算結果が出ていた。"社長の道楽"ではなく,事業としてＩ社買収を成り立たせたいＪ社にとってＩ社事業をそのまま継続することはかなり困難だった。

❸問題点への対応

◎　M&Aには予期せぬ問題が起こりうる。本ケースのように売り手が事業譲渡を望んでいても,それが想像の範疇を超える相手先であると,感情面でいろいろと考えてしまうような事態もその１つである。このケースでは,隠し事ができない性分のＩ社社長が,自分の不安と違和感をＪ社社長にストレートに伝えたことが,かえって状況を好転させることになった。

◎　Ｊ社社長はＩ社社長の懸念に理解を示し,時間をかけて受け入れてもらえるような手はずを整えた。まずかねてから準備していた飲食業に関する膨大なファイルや研究の記録などを示し,個人的にアドバイスを求めていた著名な料理人などをＩ社社長に引き合わせた。さらに人口動態と「食」に関する自説を繰り返し伝え,現業（予備校）から飲食業に通じる道筋を説明した。Ｉ社社長は腰を据えて話を聞くうちにＪ社社長の本気度と熱い思いを理解して売却を決意し,譲渡後も可能な限り協力することを約束した。

◎　かい離する会社価値と個人資産価値への対応は,前者をＪ社が買収し,後者をＪ社社長が個人で購入することで決着した。Ｊ社社長の思惑は,比

較的余裕のある敷地の有効活用（→Ｉ社の本業の拡張，飲食関連事業の展開など複数案あり）を通じて，当初は土地建物を賃貸しながら買収したＩ社の価値を高め，徐々に会社で土地建物を買い取っていくという時間をかけたやり方で解決するというものであった。

❹成功のためのポイント

◎ 事業承継のニーズはまず売り手側に生じるが，本ケースでも見られたように最終的に成功するM&Aの実現は，買い手側の対応にかかっている。すなわち売り手の会社や事業に対して敬意を払い，納得が得られるよう会社の今後について明快に語ることが不可欠である。言い換えれば，買い手には「情熱」と同様に「理（ことわり）」が備わっていることが必要となる。

◎ 取引手続に関しては，今回は双方の間に信頼関係が構築されていたため，フィナンシャル・アドバイザー（FA）を介さず，法律，会計，不動産等の専門家のサポートによって譲渡手続を完了することができた。これは決して珍しいケースではないが，価格や条件の交渉で混乱することも多いため，できる限りFAの利用を考えたほうがよい。また売り手／買い手のどちらかが一方的に合意価格を決めるのではなく，本ケースでは買い手側の提示内容に対して売り手側が検証したように，必ず双方でチェックし合えるプロセスを入れることが大事である。

◎ Ｉ社社長が最初に事業承継を相談した専門家は，公認会計士以外にも店舗開発業者や不動産業者など，飲食店経営に造詣の深い人々だった。ところが皆一様に，店舗が１つしかなく発展性に欠ける点や，相場価値の高い個人所有不動産（土地・建物）上で会社が運営され，一体購入では買い手が採算をとるのが難しい点などを指摘し，M&Aでは売却が困難であると意見した。Ｉ社社長が諦めずに相手先を探していたところ，こうした条件が飲食店経営をテスト的に始めたいと考えていたＪ社社長の考えに合致し，双方にとってハッピーな結果となったことは，まさにM&Aの妙といえる。

税務・会計の観点から

1．借地権の課税に注意

　M&Aの対象となる会社において，建物は会社が所有しているものの，その敷地は社長個人のものであったり，別会社が所有していたりすることがよくあります。M&Aにおいては，借地権の税務上の取扱いに留意する必要があります。敷地を借りて建物を建てる場合には，一般的に建物を建てた者に借地権が発生するという考えにもとづくものです。

　本ケースにおいては，Ⅰ社の株式をJ社に譲渡すると同時に，Ⅰ社の社長個人が所有しているⅠ社の飲食店の敷地をJ社の社長に譲渡しています。このような場合には，Ⅰ社とⅠ社の社長の借地権の税務上の取扱いが過去においてどうだったかを確認する必要があります。

　個人が地主，法人が借地人の場合には，権利金の授受や，相当の地代の授受がない場合には，権利金の認定課税が生じる場合があります。ただし，「土地の無償返還に関する届出書」を税務署に提出している場合には，権利金の認定課税は行われません。

　過去において，土地の無償返還に関する届出書を提出していない場合には，税務上Ⅰ社に借地権があるものと考えられ，本ケースにおいては，Ⅰ社の社長個人には建物の譲渡収入と敷地の譲渡収入が生じます。Ⅰ社の社長個人が所有する敷地の譲渡収入は，借地権部分を除いた底地価額となります。このように，個人が地主，法人が借地人の場合には，土地の課税関係にも注意が必要です。

2．個人の不動産譲渡所得

　個人が土地や建物を譲渡した場合には，給与所得などの他の所得とは合算せず，分離して課税されます。不動産の譲渡所得に対する課税は，具体的には，次の計算式により計算します。

$$\{収入金額-（取得費+譲渡費用）-特別控除\}\times 税率$$

収入金額は，土地及び建物の譲渡代金です。固定資産税・都市計画税は1月1日現在所有者に課税されますが，譲渡日までの経過期間に応じて精算金をやりとりする慣習があり，その精算金も収入金額に含めます。

　取得費は，実際の取得対価と取得に要した費用の合計です。建物は減価償却費相当額を控除した金額となります。また，譲渡収入金額の5％によることもできます。実際の購入対価より譲渡収入金額の5％のほうが高い場合にも，譲渡収入金額の5％を採用することができます。

　譲渡費用は，土地及び建物を譲渡するために直接かかった費用です。

　特別控除は，収用による譲渡，マイホームの譲渡などに適用があります。

　税率は，短期（譲渡の年の1月1日で所有期間5年以下）は39.63％（所得税30.63％，住民税9％），長期（譲渡の年の1月1日で所有期間5年超）は20.315％（所得税15.315％，住民税5％）です。10年超所有のマイホームを譲渡した場合には，軽減税率の特例があります。

法務の観点から

1．小規模同族会社と法務デューデリジェンス

　I社は，40年ほど前に設立された年商1億円規模の飲食業を営む株式会社であり，社長と妻が経営する同族会社です。

　小規模の同族会社にあっては，法律上開催が予定されている株主総会や取締役会（平成18年5月の会社法施行前は，取締役会は株式会社に必置の機関でした。）がこれまできちんと開催されていないとして，法令上必要とされる手続を欠く行為が法務DDにおいてしばしば発見されます。

　M&A取引を進めるにあたって，それらの瑕疵を手当てする必要があります。たとえば，対象会社の代表取締役が法令上必要な決議にもとづかずになした行為が発見された場合，対象会社が非上場会社であれば株主総会や取締役会の開催が比較的容易ですから，法務DDの実施期間中に株主総会又は取締役会の追認の決議を得るなどです。あわせて，対象会社の株主が真の株式の所有者であ

るかどうかがしばしば問題となります。⇒**第4章Ⅱ 2 参照**

　人事労務面では，隠れた債務が問題となります。隠れた債務の主なものとして，時間外労働・休日労働等の割増賃金の未払いがあります。

　小規模同族会社にあっては，十分な労務管理がなされておらず，その結果，サービス残業が行われていたり，時間外労働・休日労働等に対する割増賃金が正当に支払われていなかったりすることが，しばしば見受けられます。

　未払いの割増賃金は，債務として認識されていないために簿外債務となっており，対象会社の価値に影響を及ぼし得ることから，その有無の確認・調査が不可欠となります。⇒**第4章Ⅱ 5 参照**

2．複合的取引の処理

　本ケースでは，売り手であるⅠ社の社長は，Ⅰ社の株式とⅠ社社長個人所有の土地・建物を一括して譲渡することを希望しており，前者に関する株式譲渡契約と後者に関する不動産売買契約とが複合的な取引となっています。

　Ⅰ社の社長としては，どちらか一方の契約だけ成立することは望まないでしょうから，異なる契約書が締結される2つの取引のうち一方だけが成立しないよう，契約上の建付けを工夫する必要があります。株式譲渡契約書において，取引成立の条件としてⅠ社社長個人所有の土地・建物をJ社社長が購入することを盛り込むであるとか，これが履践されない場合には当該株式譲渡契約を白紙撤回する旨を定める等です。最終契約書の条項は　⇒**第4章Ⅲ 2 参照**

○◆ **まとめ** ◆○

- 「情」も「理」もM&Aには不可欠な要素。
- 「株式譲渡」は，簿外債務が最大の懸念事項。
- 契約書が複数になる場合は，すべて同時に成立することが基本！

ケース6 事業承継⑥

不動産賃貸業の事業承継
～M&Aを活用した手法

売り手 K社社長の友人で同業の不動産管理会社会長 K社にて

「Kさん，珍しく弱気なことをおっしゃるが，いよいよあなたも引退の2文字が現実化してきたということかな。世の中には我々のように後期高齢者でも張り切って会社経営している人は多いですが，やっぱり後継者がいないとね。ウチは早々に息子が仕事を継いでくれたからいいんだが… そういえば，乗馬がご趣味で『あたしの恋人は乗馬トラックにいるの』と言っておられた一人娘のお嬢さんは…？ なんと乗馬クラブの近くに一人住まいされて，ご自宅にもなかなか帰ってこないと。小さいころから知ってい

ますが，失礼だがもうかなりのお年だし，確かにKさんにとってはこのあたりが潮時でしょうな。それで都心にお持ちの自社ビルを2棟とも売却したいと。ええ，私は不動産管理をしていますから大手の不動産業者との付き合いはいろいろありますよ。でもこういうケースでビルをそのまま売った人はあまりいないですね。不動産そのものではなく，相手さえ見つかれば会社ごと売却するほうが有利になるようなので，私の知り合いの銀行マンを紹介しますから，相談してみたらいいでしょう。」

第2章 事例でわかる会社の終活

	売り手 K社	買い手 L社
業　種	不動産賃貸業	総合メディア業
年商／上場区分	13億円／非上場	280億円／非上場
M&Aの目的	事業承継	資産運用・事業用不動産取得

買い手 L社の常務取締役　自社にて取引銀行の担当者に対して

「そう，ずいぶん長いこと大手から中小まで，数多の不動産屋さんに当社が望むような物件を持ってきてくれ，と言っているんだが，どれも帯に短しタスキに長し，なんですよ。やっぱりスペックが厳しすぎるのかな？　都心の一等地のこれこれのエリアで，権利関係が複雑ではなく，一棟買いができ，しかも圧縮記帳が使えそうな物件ね。このご時世で不動産に積極投資するような会社はあまりないでしょうし，銀行さんも優良不動産を子会社や関係会社で抱えているのだから，いいものを見つけてきてくださいよ。見返りと言っては何だが，いい物件を紹介いただいたら，もちろん買収費用は融資してもらうようにしますから。当社はロケーションがよければ路面部分は主力のディスプレイ事業に使えるし，現状は別のテナントが入居していても，契約更改時にできるだけご退出いただいて，分散しているオフィスを集約することもできるしね。本業のほかに力を入れている不動産投資事業にもプラスの効果になると思うんだ。とにかく当社のニーズに合う物件，お願いしますよ。」

85

❶背景，経緯

◎ 本ケースの発端は8年前にさかのぼる。都心の一等地に自社所有の賃貸ビルを2棟保有するK社社長は当時60代後半だった。一人娘が事業を継ぐ意思がなかったため，事業の整理も考えて保有するビルの鑑定を業者に依頼したところ，2棟とも都心部の再開発予定地域に立地していたことから，不動産としての価値は売上高の数倍にもなるとの算定結果を得た。

◎ ところが再開発によって将来さらに価値が上がると考えたK社社長は，この時点での売却意向を取り下げた。その後再開発計画の協議は進展せず，当該地域の不動産価格は逆に下落してしまった。8年後に70代後半を迎えたK社社長は体調も思わしくなく，早期の売却を希望するようになった。

◎ L社はコンテンツ制作を中心とする伸び盛りの総合メディア業者だったが，都心の一等地にランドマーク的な不動産を購入して，都内に分散するスタジオやオフィスを集約したいとのニーズがあった。資産運用手段の一環として不動産関連事業も営んでいたため，シナジー効果も視野に入れていた。

◎ K社社長は友人の同業者のとりなしで銀行に相談したところ，すでに持ち込まれていたL社のニーズとマッチしたため早速両者面談がセットされた。価格面と取引形態（不動産売買か会社売買か）で折り合いがつくかが懸念されたが，この時点での不動産相場価格を考慮したうえで，L社によるK社株式の100％買収で取引が成立した。交渉過程で売り手から種々のリクエストは出たものの，双方とも早期の決着を望んでいたこと，K社の財務状況が良好だったことから，初回面談から4カ月でクローズに至った。

❷このエピソードの特徴と問題点

◎ 帳簿価格上の不動産価値が低く抑えられている会社にとって，これを処分する際に発生する売却益への課税は頭の痛い問題である。特に老舗企業や第二次世界大戦後の早い時期に都心部に不動産を取得した企業などは，

バブル崩壊による地価の調整を経たとはいえ，簿価と時価の差はいまだ大きい。

◎　本ケースの売り手は一代で財を成したものの後継がおらず，東京の地価の浮き沈みに翻弄されて歳月を重ねることとなった。だが最後には資産を現金化（＝会社売却の対価）することで自身の"成果"を享受したのである。

問題点①　希望する取引形態の違い：本ケースにおけるL社のそもそものニーズとは，別の場所に保有していた不動産が収用にかかったため，その売却から生じた譲渡益の控除が可能となる，圧縮記帳の利用できる不動産物件を購入したいという点にあった。他方K社は，簿価が低く時価の高い社有ビルを売却した場合に発生する，多額のキャピタルゲインに対する高額の税金支払いを恐れていた。そのため不動産の売買ではなく，不動産を保有する会社そのものを売却することを強く希望していた。

問題点②　K社の財務内容と譲渡対価の振り分け：K社は業容に比し実態上は資産規模が大きく，自己資本比率が90％を超える無借金企業であった。会社の資産を"守ってきた"という意識の強いK社社長の税金に対する感度は非常に高く，取引形態以外にも譲渡対価の一部を役員退職金として考慮してほしいなどと，さまざまな希望をL社に持ちかけた。このため交渉の雲行きが怪しくなる状況が生じた。

❸問題点への対応

◎　一般的に簿価が著しく低い不動産を保有する会社にとっては，不動産売却後に会社を清算して最終配当を受け取るよりも，株式譲渡のほうがはるかに有利となる。そのためK社にとってM&Aという取引形態は譲れない線だったが，会社買収を経験したことのないL社にとっても，そのままこの要求を受け入れることへのハードルは高かった。ただ最終的にK社の財務内容の健全性，物件の立地条件，株式譲渡メリットに応じたK社側の価格の歩み寄り（ディスカウント）を総合的に勘案して，不動産の購入

ではなく会社買収という方法を受け入れた。
- ◎ 一方，譲渡対価について株式代金以外にも柔軟な形で受け取れるよう希望していたK社社長は，最終的に税務上の扱いに不透明な点があることや，L社が取引形態で譲歩したにもかかわらず，自分の要求に固執しすぎてこの取引が頓挫するのは得策でないと考えるようになった。その結果柔軟な姿勢に転化し，株式の売却代金のみでの対価の受取りを応諾した。このように問題点の解決は双方が歩み寄って決着した。

❹ 成功のためのポイント

- ◎ 本ケースを進めるうえで最も懸念されたのは，今回の売却交渉の8年前に取得した不動産の鑑定評価額と，今回の交渉時点での相場価格との大幅なかい離を，K社社長がどのように受け止めるかという点であった。最終的には現在の時価を参照し，ピーク時点から大幅に減価したベースでの合意価格となったが，K社社長の"潮時"の意識が案件成約の最大の要因だった。
- ◎ この他にも，人生の"残り時間"を意識せざるを得なくなったK社社長に対して，買い手が速やかに納得のいく買収価格を提示したことも大きい。すなわち売り手がほかの買い手候補を物色することなく，相対取引で本ケースをスムーズに進めることができたのである。
- ◎ 取引の焦点は対象会社の保有する資産（不動産）の価値をどう見るか，という点に絞られていたことから，通常のM&A案件に比して当事者同士の接点は薄かったものの，条件面でのほどよい「痛み分け」や「譲り合い」が図れたことも本ケース成功の要因の1つとしてあげられる。

税務・会計の観点から

1．不動産M&Aの有利不利

一般的には事業の取得を目的としてM&Aが行われますが，不動産の取得

を目的として行われる M&A が不動産 M&A です。会社の持つ不動産を売買するのではなく，不動産を有する会社ごと売買するというものです。

会社が不動産を売却すると，譲渡価額と帳簿価額との差額が譲渡益となり，法人税等が課税されます。適用税率は，法人税の実効税率ですから，おおよそ35％ぐらいになります。また，土地の売却収入は消費税法上非課税売上とされており，土地の売却収入が生じると課税売上割合が下がり，消費税の計算上，仕入税額控除できる額が少なくなってしまい，消費税の納税額が期せずして増加してしまうこともあります。たまたま土地の譲渡があった場合の課税売上割合に準ずる割合の適用承認申請制度があるため，この適用ができるかどうかも検討します。

また，不動産譲渡の契約書には，印紙税がかかります。

一方，不動産 M&A は，個人株主であれば，株式譲渡所得に対する所得税が課されるのみです。譲渡価額と取得費との差額が譲渡益となり，その税率は，20.315％（所得税 15.315％，住民税 5％）です。

不動産 M&A は，買主にもメリットがあります。会社の株式を取得するため，土地・建物の名義が変更されるわけではありません。土地・建物の不動産取得税や登録免許税がかかりません。

また，株式譲渡の契約書には，印紙税がかかりません。

もちろん，不動産 M&A にもデメリットがあります。会社における簿外債務や，承継したくない資産・負債，権利・義務まで承継しなくてはなりません。また，会社が有する資産に含み益がある場合に，将来その資産を処分した際の譲渡益に対する課税負担を引き継ぐことになります。

不動産 M&A か不動産の譲渡かは，あくまでもケースバイケースで検討する必要があります。

2．会社が所有する不動産に収用等があったときの課税の特例

会社が所有する不動産が収用され，補償金の交付を受けた場合には，原則として益金に算入され，課税が生じます。ただし，収用があった日から2年以内

に代替資産を取得すれば，損金経理により代替資産の帳簿価額を減額することにより，減額した金額を損金に算入することができます。代替資産は，譲渡資産と同じ種類の資産，譲渡資産と同じ効用を有する他の資産又は事業の用に供する減価償却資産若しくは土地等が対象です。この特例を適用しない場合には，一定の要件を満たせば，5,000万円（譲渡益を限度とします。）まで損金算入する所得の特別控除を適用することができます。

法務の観点から

1．チェンジ・オブ・コントロール条項

　K社は都心の一等地に自社所有の賃貸ビルを2棟保有しており，K社を貸主とする賃貸借契約が複数締結されていますが，株式譲渡によりK社の支配株主がL社に変わっただけですので，従前の賃貸借契約には原則として変更が生じないとも思われます。

　しかしながら，賃貸借契約，ライセンス契約，代理店契約，フランチャイズ契約等の継続的契約にあっては，取引先の支配権が変わる場合の影響に鑑みて，他方当事者に契約を継続するか否かを検討する機会を与えるべく，チェンジ・オブ・コントロール条項が規定されていることがしばしばあります。

　チェンジ・オブ・コントロール条項の内容としては，契約の一方当事者の支配権が変動した場合に，それを契約の解除事由と定める・支配権の変動について他方当事者に通知する・他方当事者の事前承諾を得る等です。

　K社を貸主とする賃貸借契約においてもこの規定が存する可能性が高く，そうであれば手当をする必要があります。⇒第4章Ⅱ 3 参照

2．自社所有の賃貸ビルと法務デューデリジェンス

　K社は自社所有の賃貸ビルを2棟保有していますが，法務DDの観点からは，不動産に対するDDを実施することはもちろん，自社ビルをめぐる契約関係（主に賃貸借契約）についても，契約書等関係書類を入手したうえで，DDを

実施します。賃貸借契約の期間，賃料，賃料滞納の事実の有無，無断転貸借の事実の有無等を確認することが不可欠ですが，本ケースで問題となり得るものとして，建物賃貸借契約に中途解約権（解約留保特約）が規定されている場合があります。

L社は都内に分散するスタジオやオフィスをK社所有の賃貸ビルに集約したいと考えているので，K社（賃貸人）が有する解約留保特約を行使したいところです。

しかしながら，中途解約権があるからといって当然にこれを行使することはできず，別途，解約の申し入れが認められるための正当事由（借地借家法28条）が必要であると解されています。その正当事由の有無の判断要素として，明渡料・立退料の提供があります。

L社が中途解約権を行使する場合，高額な立退料が発生する可能性がありますので，この点を最終契約時の売買価額に織り込むことも検討に値します。

⇒ケース9【法務の観点から】2，第4章Ⅱ4 参照

◯◆◇まとめ◇◆◯

- 売り手・買い手相互の"ほどほどの"譲り合いは，M&A成約の近道。
- 簿価の低い不動産の扱いは，M&Aの妙味。
- チェンジ・オブ・コントロール（株主変更）に伴う手続には万全の対策を！

ケース7　業績不振①

航空貨物業者の売却
～総合物流業者による買収

売り手　M社の社長　訪問してきた取引銀行の担当者に対して

「これまでいろんなゴタゴタもありましたが，お宅（銀行）の皆さんには本当によくしてもらって，随分と大きな仕事もしてきました。以前はウチのような小回りの利く会社は，それなりに重宝がられていたんですが，<u>最近は何から何まで一気通貫で荷がさばける"総合力"っていうんですか，大手に仕事が集約</u>しちまって，業績がどうにも上向かないんです。最近は<u>体もいうことをきかなくなって</u>，カミさんとごく少数の事務員と切り盛りしてますが，<u>跡取りもいない</u>からいま私に何かあったらお取引先に大変な迷惑をかけちまう。ここまで何とか今までの貯えで食いつないできましたが，もう厳しいね。ウチの価値は，小体の割にはしっかりとした会社さんとの取引口座をいっぱい持っていることと，<u>IATA（国際航空運送協会）代理店業務の免許を持っている</u>ことだと思うんです。まぁこの免許は全国でもせいぜい百数十社しか保有していないから，いい取引があるわけなんですけどね。こんな会社ですが，興味を持って引き継いでくれる会社はないでしょうかね。」

第2章 事例でわかる会社の終活

売り手 M社	買い手 N社
業　種 ▶ 航空貨物代理店業	▶ 倉庫業，港湾・海上・陸上運送業
年商／上場区分 ▶ 7億円／非上場	▶ 300億円／上場
M&Aの目的 ▶ 事業承継・業績不振	▶ 事業拡大・免許取得

買い手　N社の社長　父親で創業者である同社会長に対して

「…そういうわけで会長，祖業である倉庫業と，そこから業務範囲を広げてまず陸上運送，そして港湾と海上運送に至ったという，これまで当社が強みとしてきた事業はほぼ完成形を描くことができました。本州のみならず北海道・四国・九州，そして沖縄に至るまで，当社のトラックとコンテナが行きわたっています。これもお父さん，いえ，会長が寝食を忘れて従業員の皆さんと取り組んできた業容拡大方針の成果でしょう。そこで社長を引き継いだ私の<u>ミッションは，この勢いをさらなる成長につなげ，総合力を強化すること</u>です。日本企業は否応なくグローバル化に直面し，海外との取引を避けて通れない中，長年検討していた<u>国際航空貨物の分野に進出すること</u>が，その解だと考えます。国際海上輸送は大手事業者の寡占化を崩すことが難しく，航空貨物の分野はまだ成長の余地があります。<u>その実現のためにはIATA免許の取得が前提</u>となりますが，最も効率的なやり方は，<u>免許を保有する業者を買収する</u>ことです。具体的な対象企業がありますので，それをこれからご説明します…」

❶背景，経緯
  ◎ M社社長はかつて大手の貿易商社に勤務していた。若くしてスピンアウトし，業界の黎明期にいち早く航空貨物事業に特化したことにより，M社は日本全国で百数十社にしか認められていないIATA（International Air Transport Association：国際航空運送協会）代理店業務の免許を保有していた。
  ◎ M社はそのメリットを生かして，かつては独立系業者として業界の中でも目立った存在だったが，近年は大手業者の総合力に対抗することが難しくなり，こうした中で後継者の不在に悩んでいたM社社長に追い打ちをかけるように本人の健康問題が生じた。長期にわたって低迷する業績と財務内容にも歯止めがかからず，M社は取引先の銀行に会社売却を相談した。
  ◎ N社は倉庫業をベースとして，港湾・海上・陸上の物流業務を営むオーナー系の上場企業だった。国内での物流網はほぼ完成していたが，取引先からのサービス拡大の要請にもとづき，海外事業への展開が急務であった。これに応えるため，N社は自律的な成長だけでなく，M&Aをも活用した事業拡大によって，総合力を高めることを企図していた。
  ◎ N社が多方面に案件の紹介を働きかけていたところ，M社の売却意向をキャッチした取引銀行より本件が持ち込まれた。業績面，財務面いずれも問題含みだったため検討に時間を要したものの，IATA業務免許を保有し，国際航空貨物分野へ確実に展開できるM社の有用性を十分に理解したN社は，約1年後にM社社長が保有していた株式100%の買収を完了した。

❷このエピソードの特徴と問題点
  ◎ 近年，我が国でも政府の主導によって規制改革が叫ばれ，各方面で規制の緩和が話題となっているが，ビジネス上では依然としてライセンスや既得権益を有することによる優位性は存在している。このような状況から，M&Aの中には特定の事業を営むために必要な許認可を取得する目的で実

施される買収があるが，本ケースはこうした事例の1つである。

問題点① IATA代理店免許の継承：N社によるM社買収の動機は，国際航空貨物事業に進出するためのIATA代理店業務の免許取得だったが，加盟業者が一律に結ぶ契約書には，株主が変更される場合はIATA本部の許可が必要であるとの記載（チェンジ・オブ・コントロール条項）があり，単にM社を買収するだけでは免許が引き継げないおそれがあった。

問題点② 業界内の競合関係：新興企業で成長力の高いN社が海外展開を企図していることは業界内で噂されており，同業他社による警戒感が強い状況だった。そのためM社を買収しても，実質的にN社主導の体制が整う前に，M社の商権が他社の草刈り場となってしまうおそれがあった。

問題点③ M社の累積損失：近年の売上低迷による業績不振のほかにも，M社には(1)バブル経済の最盛期に本社を建設したことによる償却負担，(2)過去に役員だったメンバーの背任行為によって会社資産の流用があったこと，などによって会社の規模に比べると相当の累積損失が存在していた。

❸問題点への対応

◎ IATA代理店の免許獲得が本件取引の肝であったため，N社は国際商取引に詳しい弁護士を起用し，株主変更によるライセンス継続の可否をIATA本部へ問い合わせた。事前の照会では「問題なし」とのことであったが，慎重を期し株式の譲渡契約書調印と並行して同本部宛てに株主変更申請を提出し，その認可取得をクロージングの条件とした（最終的に問題なく認可は取得できた）。

◎ 競合他社による介入への対策としては，N社によるM社の買収が上場企業の適時開示義務における軽微基準に該当するものだったため，外部発表は見合わせた。さらに買収後1年間はM社の商号を変更せず，M社社長

は続投しながら徐々に業務の引継ぎを行い，N社主導の体制を固めていった。1年後にM社の子会社として社名を変更し，他社による干渉を排除して，念願の国際貨物分野への"ロケットスタート"を切ることができた。

◎　M社の財務状況は相当危機的で，N社の前にM社に興味を示していた大手の同業者は財務的なリスクから検討を取りやめたほどだった。父親から社長職を引き継いだばかりのN社社長も，デューデリジェンス後にM社買収をあきらめかける一幕もあったが，会長から「バランスシートではなく，免許を買うのだ」というアドバイスを受け，買収の決断に至った。

❹成功のためのポイント

◎　本ケースは実質的な「買収の対象」が会社の事業そのものではなく，対象会社に属するライセンスであった。一方でM&Aにおける買収対象は会社又は事業であるため，この種の案件における買い手は，形式と実体のバランスをしっかり認識しておく必要がある。

◎　前述の発言からもわかるとおり，N社の会長はこの点をよく理解しており，買収によるメリットとリスクを天秤にかけて最終的な判断を下したのである。ただしサラリーマン経営者にとってこのような判断は難しい部分があり，上場企業ではあるものの，買い手側のオーナー経営者が自らの責任で買収を決断したことが取引の成約につながった面も大きい。

◎　このほか，売り手のM社社長が長年構築してきた取引先基盤と信用力が堅固だったことも，成功の大きな要因として特筆される。というのも買収後1年間のN社による引継ぎと体制固めのための準備期間に，ほぼすべてのM社の既存顧客が取引の継続を確約し，この間の情報漏えいを防ぐことに協力してくれたのである。買収目的は許認可であるにせよ，その実効性を担保するのは，やはり対象会社（経営者）であることも忘れてはならない。

税務・会計の観点から

　会社を買収する場合には，その会社が有する資産及び負債を時価評価した純資産額が企業価値の基本となります。しかし，会社には有形の資産だけではなく，無形の資産もあります。IFRS（国際財務報告基準：International Financial Reporting Standards）では，無形資産をマーケティング，顧客，芸術，契約，技術の５つの区分で例示しています。

　無形資産には，以下のものがあります。

① マーケティング（商標権，商号，商品名，インターネットドメインなど）
② 顧客（顧客リスト，受注残，顧客との契約，顧客との関係）
③ 芸術（書籍，雑誌等の権利，音楽作品，映画等のコンテンツ）
④ 契約（ライセンス契約，フランチャイズ契約，販売権，許認可など）
⑤ 技術（特許技術，特許製法，特許権）

　本ケースは，買い手が許認可という契約の無形資産に価値を見出し，買収に至ったというケースです。このような無形資産の取得を狙ったM&Aも多く実行されています。会社を売却するにあたっても，自社にとってこの５つの区分においてどのような価値があるかを考えてみるのもいいかもしれません。

　無形資産はどのように評価されるのでしょうか。PPA（プーチェス・プライス・アロケーション）における無形資産の評価方法を紹介します。PPAとは，買収後に，買収価額を資産，負債の時価評価を基礎として配分する手続です。無形資産及びのれんも識別されます。

　コスト・アプローチは，再調達原価法とヒストリカルコスト法があります。再調達原価法は，現時点で再度取得する場合に要するコストの総額で評価する方法です。本ケースのように，IATA（国際航空運送協会）代理店業務の免許のような特許権では，コストだけでなく，取得の困難性（いわゆる参入障壁）も加味されることになります。

　マーケット・アプローチは，実際の類似取引価格との比較によることになります。とはいえ，取引事例も少なく，また，実際の類似取引価格を知りうるこ

とはあまりなく，見聞程度でしか類似取引価格を把握することができないのが実情です。

インカム・アプローチは，将来の収益（インカム）により評価を行う方法です。評価方法には，ロイヤリティ免除法，超過収益法，利益分割法などがあります。

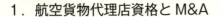
法務の観点から

1．航空貨物代理店資格とM&A

M社は，国際航空運送事業（航空貨物代理店）を業として営んでいます。

航空運送代理店業を営もうとする者は，航空会社から代理店認可を取得後，国土交通大臣に届出をする必要があります（航空法133条1項）。

航空貨物代理店には，国際航空運送協会（IATA）に認可されたIATA貨物代理店とサブ・エージェントがあるところ，IATA貨物代理店以外は，IATA加盟航空会社（世界の国際航空貨物輸送の9割以上を運んでいます。）の代理として航空貨物運送サービスを提供することはできません。

最初に，M&Aの手法と許認可の関係が問題となりますが，本ケースでは，株式譲渡の手法が用いられているところ，株式譲渡の場合は対象会社の法人格自体に影響はなく，事業に関する権利義務の承継が生じないことから，新たに許認可を取得しなくて済むケースが一般的です。

しかしながら，本ケースでは「加盟業者が一律に結ぶ契約書には，株主が変更される場合はIATA本部の許可が必要であるとの記載があり，単にM社を買収するだけでは免許が引き継げないおそれがあった。」との事情があることから，このチェンジ・オブ・コントロール条項についての手当が必要となります。⇒第4章Ⅱ 3 (1) 参照

具体的には，最終契約書において，売主であるM社の義務としてIATA貨物代理店の資格の承継の可否について必要な手続を確認してクロージングまでに履践することや，N社がIATAの承認を得てIATA貨物代理店としての認可を受けることを取引実行の前提条件として盛り込む等することが考えられま

す。⇒第4章Ⅱ6参照

あわせて，M社の既存顧客との取引契約関係においてもチェンジ・オブ・コントロール条項が盛り込まれている可能性がありますので，この点についても手当が必要となります。

2．上場会社とのM&Aにおける注意点

M社の取引相手となるN社は上場会社です。上場会社とのM&Aにおいては，臨時報告書の提出やインサイダー取引規制といった制度があることに留意する必要があります。⇒ケース3【法務の観点から】2参照

3．対象会社の財務状況と表明保証

対象会社であるM社は，会社の規模に比べると相当の累積損失を抱えており，危機的な財務状況にあります。

そこで，最終契約書において，最終契約日及びクロージングの日の時点で，M社の財務諸表及び会計帳簿に虚偽記載はないことや，貸借対照表上引当計上されていない偶発債務（保証債務等）が明らかにされたもの以外に存在しないこと等について，表明保証条項を盛り込むことが不可欠です。
⇒第4章Ⅲ2(3)参照

○◇ **まとめ** ◇○

- 事業の円滑な承継は，売り手の積極的な協力があってこそ！
- 許認可の引継ぎは，手間のかかる"ガラス細工"。くれぐれも慎重に！
- 表明保証条項は転ばぬ先の杖。

ケース8　業績不振②

不動産広告業者の売却
〜地図製作業者への譲渡

売り手　○社の社長
大学の同窓で個人事務所を経営している公認会計士に対して

「いや，よく来てくれた。お互いかなり年を取ったが，"士業"はやっぱり何歳になっても忙しいんだろ？　そうか，頼りにしてくれるお客さん次第か。君のことだから今も頼られることが多いのだろうな。ところで相談というのは，そろそろ僕も『会社の終活』をしたいと思ってね。うん，ウチの会社を売却したいんだよ。ご存知のとおり自分で起業して<u>不動産業者さんから広告図面の印刷や集配の注文をいただくというニッチな業務</u>を請け負ってきたが，ここにきてOA化の進展やネットですぐいろんな情報が手に入るようになって，僕らのような"<u>情報を足で稼ぐ</u>"ような零細業者は駆逐されつつあるのだよ。しばらく業績も厳しくてね。でも小さいながらも<u>23区内の不動産業者さんとのつながりは相当なものがあるし，ノウハウを持った社員もいる</u>。こういう価値を理解してくれる会社はないものかな。会社の株は僕が全部持っているのだが，それをそっくり売りたいと思っているので，<u>自社ビルや社員もそのまま引き継いでもらいたい</u>。不動産はそこそこ価値があるはずなんだがね。」

第2章 事例でわかる会社の終活

	売り手 O社	買い手 P社
業　種	不動産広告業	地図製作・販売
年商／上場区分	6億円／非上場	100億円／非上場
M&Aの目的	後継者不在・業績不振	異業種参入・事業拡大

買い手 P社の専務執行役員
社内の新規事業推進会議でメンバーに対して

「…次の検討課題に移ろう。我が社の主業務の地図の製作と販売を一層進めるためにはどのような施策が必要か。我が社はこれまで営業力の強さで，正確な地図を更新の頻度を上げながら提供してきたが，それだけでは生き残りが難しいだろう。なぜなら現在はネット上で，世界中のどんな場所でも一瞬で見ることのできる世の中になっているからだ。ではどうするか。それは展開する分野を絞り込んで，潜在顧客の見えないニーズに応えることだ。具体的には，①ニーズの多い東京の都区内で，②付加価値の高い住宅地図を，③不動産仲介業者に提供する，ことを進める。インターネットやAIなどのテクノロジーや，ビッグデータの活用は当たり前のこととして，ネット上の無機質な地図からだけでは得られない，地域ごとに特有の情報をどのように収集し，それを付加価値として商品に落とし込むのか，知恵を絞ってほしい。自社のリソースだけに頼らなくてもいい。外部から必要なモノを持ってくる，買ってくるという発想も大歓迎なので，さまざまなアングルから検討するように。」

❶背景，経緯

◎　O社は東京都区内を中心に，首都圏の不動産業者を顧客として広告図面の印刷・集配を主要業務とする業界の老舗であった。ただし近年は，業界全体でインターネットを活用した動きが一般化した影響を受け，業績は低迷（直近期の売上高は2期前の水準から半減）していた。また社長自身も高齢を強く意識するようになり，会社の売却を決意した。

◎　そこでO社社長は，個人で公認会計士事務所を経営する学生時代の同級生にアドバイスを求めた。その公認会計士は丁寧に対応したが，O社の売却先を見つけるには限界があったため，O社社長の了解を得て大手都市銀行のM&A関連部にこの情報を持ち込んだ。

◎　P社は地方に本拠を置く大手住宅地図製作・販売業者。自社ノウハウを活用した不動産関連業種への進出を企図し首都圏への橋頭堡となるような会社の買収を検討していた。対象となる先を自社のメインバンクである地方銀行を通じて探していたところ，この銀行とO社が頼った都市銀行の間でのノンネームベースの情報交換において，両社ニーズのマッチングができた。

◎　P社はO社が築いてきた不動産仲介業者との密接な取引関係に着目し，O社を(1)首都圏における住宅地図販売の直系代理店として活用する，(2)不動産情報関連業への進出を推進するフロント企業とすることを目的として買収を決定した。本ケースの情報が両社にもたらされてから約半年間で株式譲渡契約が調印され，クロージングを迎えることができた。

❷このエピソードの特徴と問題点

◎　インターネットとSNS（ソーシャル・ネットワーキング・サービス）の普及によって，旧来型のビジネスモデルを展開してきた企業の淘汰は今後ますます進むと思われる。これに対応するためにはビジネスモデルや業態の転換が必至だが，本ケースのように自ら新たなスキルセットを身につけるのではなく，他社が認める「会社の利点・価値」をアピールして会社

自体を売却することも1つの方策として考えられる。
- ◎ 本ケースにおけるO社の「価値」とは、通常のM&Aで最も重視される収益性や売上高、希少性の高い資産などではなく、O社の持つ営業上のリレーションや立地の優位性、さらにP社が未進出の分野をO社がカバーしていることによる、P社にとって「時間を買う」ことができる点であった。本ケースに限らず、これらは中堅・中小企業へのM&Aの投資対効果を考える買い手にとって、十分考慮に値する買収目的である。

  問題点①　従業員の扱い：買収にあたってP社は、家族的な経営という社風と、いわば"どんぶり勘定"に近い会計や経費のやりとりに慣れていたO社の従業員が、営業成果を問われ、計数管理もしっかりしているP社のやり方に拒絶反応を起こすのではないかと懸念していた。

  問題点②　O社の資産に占める不動産の割合の高さ：O社は都心部に所在する本社屋を自社保有しており、O社社長はこの不動産の価値について強気の見方をしていた。東京での拠点が必要だったものの、この不動産はP社にとって買収価額を不必要に高める要因でしかなかった。

  問題点③　譲渡対価の支払方法：O社社長はキャピタルゲインへの課税をできるだけ抑えたいと考え、会社株式売却の対価をぎりぎりまで役員退職金に寄せる形で受け取りたいと希望していた。P社は連結決算を重視しており、役員退職金はO社からの支出となるため、買収後のO社の損益計算書を悪化させるやり方には難色を示した。

❸問題点への対応

- ◎ 売り手と買い手の希望や思惑のズレを調整することは難しい。加えて会社の成り立ちを反映した社風やビジネススタイルを短期間で変えることは至難の業である。本書でも類例は多いが、最終的には両者がM&Aの成立に向けお互いの優先事項を明確に示し、譲歩する姿勢が必要となる。
- ◎ 本ケースで焦点となったのは文字どおり「ヒト・モノ・カネ」すべてであった。P社はクロージング時に全従業員をこれまでと同じ条件で引き継

ぐこととし，全員と個別の面談を行って丁寧に社内研修制度やＰ社グループについて説明した。不安感が強かったＯ社従業員もこの措置に納得して買収後の職責や会社方針の変更に理解を示したため，ほとんど混乱はなかった。
- ◎ 社有不動産の価値と株式譲渡対価の配分については，Ｐ社は正式な不動産鑑定を取得しフェアな価値を示して理解を求める一方，退職金の過度な支出は残る従業員に重荷を負わせることになる，とＯ社社長を説得し，双方が合意できる最低限度の退職金支給額とすることで決着した。

❹成功のためのポイント

- ◎ 本ケースの売り手企業は資産に占める不動産の割合が高く，積極的な営業攻勢で顧客を獲得する"リレーション営業"が主流で社内ＯＡ化や情報処理への投資が手付かずの状態だったことから，当初は社有不動産をアピールするマーケティングが考慮された。ところが関係の深い銀行間での情報交換で買い手のニーズがキャッチされ，早期の成約にこぎつけることができた。
- ◎ 守秘性を保ちながら広範に買い手候補先をサーチするのは難度の高い作業だが，本ケースでは相談を受けた公認会計士が売り手の希望を十分に理解し，より多くの買収ニーズ情報を持つ組織にタイミングよくつないだことが成功の一因といえる。今回は銀行間のネットワークが最適情報選定の役割を果たしたが，現在ではこうした情報ネットワークの構築が多方面で進んでおり，地域的な側面や自社に適した情報が集まっているかなど内容を見極めたうえで，こうしたネットワークを活用していくことが望まれる。
- ◎ ただし，たとえば会社同士のマッチングだけで法外な紹介料を要求してこないかなど，情報ネットワークを利用するためのコストや条件をしっかり確認することも，納得のいく「会社の終活」のためには重要である。

税務・会計の観点から

　本ケースでは，P社は非上場会社ながらも連結財務諸表を作成しており，役員退職金はO社からの支出となるため，買収後のO社の損益計算書を悪化させるやり方には難色を示したとあります。

　買い手が連結財務諸表を作成している場合には，連結財務諸表にいつから取り込むかという技術的な論点があり，それによりスキームが修正される場合もあります。

　連結財務諸表の作成にあたっては，株式を取得した日（支配獲得日）に，その会社の資産及び負債のすべてを支配獲得日の時価で評価し，親会社となる会社の取得した株式の取得価額と，これに対応する取得した会社の資本（資本金，資本準備金，その他資本剰余金）とを相殺消去します。

　株式の取得日が，取得した会社の決算日と同一の日であれば，株式の取得日の子会社となる会社の財務諸表を使って，連結財務諸表を作成します。同一の日でない場合には，その日の前後いずれかの決算日に支配獲得，株式の取得が行われたものとして処理することができます（みなし取得日）。四半期連結財務諸表を作成するにあたって，いずれかの四半期決算日等に支配獲得，株式取得が行われたものとみなして処理することができます。

　たとえば，親となる会社と取得した会社は3月決算とします。

　取得した会社を5月1日に取得し，6月末日をみなし取得日とした場合には，親会社の第1四半期末（6月末）の連結財務諸表は，取得した会社の6月末の貸借対照表のみを連結することができます。第2四半期末（9月末）の連結財務諸表は，取得した会社の9月末の貸借対照表及び7月〜9月の損益計算書を連結します。つまり，5月，6月の損益計算書は連結財務諸表に取り込まれないことになります。

　親会社の決算日と取得した会社の決算日と連結決算日とが異なり，その差異が3カ月を超えない場合には，子会社の決算日現在の財務諸表にもとづき連結決算を行うことができます。

たとえば、親となる会社は3月決算、取得した会社は12月決算とします。

会社を5月末に取得し、6月末をみなし取得日としたときは、3月決算の親会社の第1四半期末（6月末）の連結上、子会社の6月末の貸借対照表のみを連結。第2四半期末（9月末）の連結財務諸表上も、子会社の6月末の貸借対照表のみを連結し、第3四半期（12月）の連結財務諸表では、子会社の7月から9月の損益計算書及び9月末の貸借対照表を連結することになります（連結財務諸表における資本連結手続に関する実務指針62-2）。年度末（3月）の連結財務諸表では、7月から12月の損益計算書と12月末の貸借対照表を連結することになります。

本ケースは、どのような会計処理が行われたかは不明ですが、退職金の支給日を株式の取得日の前日としたり、みなし取得日を利用したりした場合には、この役員退職金の支出を連結財務諸表に取り込まないことができます。

P社とO社がともに3月決算で、5月1日に株式を取得し、6月末日をみなし取得日とした場合には、親会社の第1四半期末（6月末）の連結財務諸表は、取得した会社の6月末の貸借対照表のみを連結することができます。役員退職金を株式譲渡日の前日である4月30日に支出した場合には、支給した役員退職金を費用として計上した損益計算書は、連結財務諸表に取り込まれません。

法務の観点から

1．役員の退職慰労金と株主総会決議

O社社長が役員の退職慰労金を受け取るには、覚書等では足りず、O社の株主総会の普通決議が必要となります。⇒ケース18【法務の観点から】2参照

2．M&Aの手法～会社分割について

P社にあって、O社所有の不動産は買収価額を高めるので不要と考えるのであれば、O社に会社分割を行わせて、子会社を新設させ（その際、不動産はO社に残す。）、その子会社から株式譲渡を受けるという手法もあり得るでしょう。

会社分割の手続は，大まかには次のとおりとなります。

① 吸収分割契約の締結／新設分割計画の作成（会社法757条／同762条）

② 労働者保護手続（分割会社，労働契約承継法）

③ 事前開示：吸収分割契約／新設分割計画についての書面等の備置・閲覧等（同782条，794条，803条。新設分割設立会社には義務なし）

④ 吸収分割契約／新設分割計画の承認：原則として株主総会特別決議が必要（同309条2項12号，783条1項，795条1項，804条1項）。ただし，簡易手続（同796条3項）・略式手続（同784条1項，796条1項）では不要。

⑤ 反対株主／新株予約権者には株式／新株予約権の買取請求権あり（同785条，797条，787条，808条）

⑥ 債権者保護手続（同789条，799条，810条）

⑦ 効力発生（同759条，764条），変更登記（同923条，924条）

⑧ 事後開示：吸収分割／新設分割に関する書面等の備置・閲覧等（同791条，801条，811条，815条）

◯◆まとめ◆◯

- 不安は大敵－売却される会社の従業員にはより丁寧な説明を。
- 工夫をすれば，退職金も有効な支払手段になる。

ケース9 業績不振③

食品雑貨商社の売却
～単品輸入業者への株式譲渡

売り手　Q社社長　訪問してきた信用金庫の担当者に対して

「あ，おはようさんです。今日も集金ご苦労さま。今期の業績の見込みですか？　いや，厳しいね。このままだと<u>今年も営業赤字</u>だな。円高も進んできて我々のような零細で輸出比率の高い会社は大打撃ですよ。それにウチが扱っている小ロットの食品や雑貨の輸出なんか，これまで大手業者は手を出してこなかったんだけれど，百円均一ショップ向けの商売が伸びているとかでずいぶん手広くやりだしていて，ウチはだんだん隅に追いやられているよ。本当はいい商流はあるんだし，会社保有の賃貸不動産を処分して<u>本業に集中すれば，まだまだ成長軌道に戻せる</u>と思うんです。でも過去も何か新しいことをやろうとして，積極的に許認可を取りにいったりしたけど，会社の株を半々で持っている<u>亡くなった前社長の奥さんと，前社長の友人だった米国人</u>からは全然評価もされないし。そりゃ現場をわかっていなくて，値の付くうちにこの会社を売りたいと思っていたらそんなものでしょう。<u>信金さんが私の手腕を買って融資を続けてくれているのはありがたいが，もうバンザイしたい気分ですよ。</u>」

第2章 事例でわかる会社の終活

	売り手　Q社	買い手　R社
業　種	食品・雑貨輸出入	洋酒の輸入販売
年商／上場区分	10億円／非上場	6億円／非上場
M&Aの目的	業績不振	事業拡大・免許取得

買い手　R社の親会社の社長
顧問のコンサルタントとのディナーの席上にて

「今期の業績見込みもほぼ出そろって，傘下のグループ企業5社とも，何とか黒字は確保できそうです。この中でも，燃料と周辺商品を扱う本業の4社は取引関係もしっかりしていて不安はないのですが，私の趣味が高じて始めたワインを輸入しているR社がね，なかなか業績が安定しないのですよ。"良質のワインを日本人の食卓に"というコンセプトは間違っていないし，玄人筋の間では当社の商品は非常に好評なのです。このワインもいい味でしょう？　でもやっぱり商売面も考える必要があってね。輸入専業では限界もあるし，R社に事業の幅を持たせて本業からの"ミルク補給"なしに自立させたいのですよ。特に為替に影響されることが多くて，今は多少円高の局面にあるからいいですが，過去かなりの市場の振れで，販売価格を何度も見直したこともありました。それと今のところ業者への販売しかしていませんが，もっと多くの人々に当社のワインを届けたいのです。そのためにはショップの運営も視野に入れていますが，酒類販売のライセンスも必要なため，いろいろ考えなければなりません。」

❶背景，経緯

- ◎ Q社は，日本食の食材を扱う海外の小売店向けに独自のルートをもつなど，小規模ながらニッチな分野で強みのある輸出入業者だった。近年は自社の得意とする分野や地域へ大手業者の展開が進み，対応に苦しんでいた。

- ◎ 創業者だった前社長（故人）の後を継ぎ，長年Q社を支えてきたのが現社長で，取引先や金融機関が太鼓判を押すアイディアマン・実力の持ち主だった。ところがQ社の主要株主は，47％を保有する外国人（前社長と事業上のパートナー関係にあった個人）と，48％を保有する高齢の前社長夫人（Q社の取締役）で，現社長は5％しか株式を保有していなかった。

- ◎ "雇われの身"のQ社社長はこの状況でも努力を怠らなかったが，両主要株主は日ごろから会社の売却意向を表明しており，業績回復に向けてさまざまな打ち手を考える現社長に理解を示すことはなかった。こうした状況が会社の業績にも影を落としていた。

- ◎ 一方R社親会社の社長は，取引先からの情報を通じてQ社の存在を知った。初回の面談で，R社にはない営業力と新規事業開拓への情熱をQ社社長に見出し，ほぼ即断で買収を申し入れた。Q社社長の人柄のほか，Q社・R社の事業上の補完性や，Q社の保有する許認可の活用など，常々R社事業を強化したいと考えていた親会社社長の頭に"欠けているパズルのピース"が明確に浮かんでいたことも，この素早い決断を後押しした。

- ◎ Q社保有資産の扱いや，会社と縁遠くなっていた主要株主との調整に手間取ったものの，売り手・買い手双方の利害が一致していたため交渉はスムーズに進んだ。両社のコンタクト開始から約8カ月で，R社がQ社を100％買収することで契約が成立した。

❷このエピソードの特徴と問題点

- ◎ 資本主義の原則ともいえる"資本と経営の分離"がはっきりしないのが中小企業の常であるが，本ケースでは分離できていること自体が会社運営の阻害要因となっていた。株主の過干渉は論外だが，無視や無関心，放置

という事態も，健全な企業発展に大きな問題をもたらすのである。

問題点①　Q社の保有する不動産：バブル時期前に廉価で購入したマンションが2戸あり，いずれも個人に賃貸していた。R社による買収は，Q社の事業を獲得することが目的だったため，物件継承の是非が問題となった。

問題点②　外国為替及び外国貿易法（外為法）との関連：外国人が日本の会社の株主となっている場合，株式の譲渡を実行するにあたって外為法上の規制に留意する必要がある。Q社においては，外国人の主要株主が株式の売却代金を異動するという取引が，こうした規制の対象となった。

問題点③　Q社社長の進退：Q社は実質的に現社長が1人で営業，総務，財務のすべてを切り盛りしていた。そのためR社による買収後にQ社事業を円滑に統合し，またこれまでの業務をさらに拡大するためには，現社長の留任が必須だった。ところがやり手として知られていた現社長にはこのタイミングで多方面から引き抜きの声がかかっており，Q社社長の進退次第では取引が成立しないおそれがあった。

❸問題点への対応

◎　本ケースでは，売り手側の主要株主二者による早期売却の意向が強かったため，条件面で相応の譲歩をした。まず賃貸中の2物件の取扱いについては，R社が対象物件を賃貸ではなくグループ企業内で活用したいと考えた。そのため譲渡前に処分せずそのままQ社の資産として引き継ぐこととしたが，売り手側の責任で賃借人を退去させることを条件とした。そこで売り手が株式譲渡代金の一部を預託し，賃借人が退去した時点でその預託金を返還することを取り決め，売り手のアクションを促すという方法をとった。

◎　本ケースでは，外国人の株主が本国へ株式譲渡代金を資金異動させることが，外為法上の報告制度の対象となった。後顧の憂いがないように，買収完了前から買い手は，必要書類の作成や手続の確認などに関して，本件

取引に影響を及ぼさぬよう細心の注意を払って対応した。
- ◎ R社の親会社の社長は，R社の業績が伸びない一因は，親会社から出向してきた"腰かけ"社長が運営していたことにあると考えていた。そこで買収にあたってQ社社長にR社社長の兼務を求め，俸給を大幅に引き上げることを提案した。進退に迷っていたQ社社長は意気に感じ，この申し出を受け入れてQ社にとどまることを決意した。

❹成功のためのポイント

- ◎ 何を実現したいかが明確になっていることは，M&A成功のために特に重要な点である。本ケースの売り手（主要株主）にとっては，「売却による会社株式の現金化」がそれにあたるが，買い手（R社及び親会社）はQ社に財務上の魅力は一切感じなかったものの，会社の持つライセンスやノウハウ，そしてR社とのシナジー効果を認めたことに意義があった。
- ◎ 具体的にR社親会社の社長は，(1)Q社が保有している酒類販売業免許，(2)Q社社長の持つ営業力や業界内での人脈，(3)輸出入取引の組み合わせによる外国為替のマリー（相殺：輸出と輸入で円高・円安の効果は真逆になる）などの活用により，本件がもたらす多岐にわたる効果を思い描いたのである。
- ◎ それを実現するためにはQ社社長の存在が欠かせないことから，処遇と人事配置で本人のやる気を引き出し，引き留めにも成功した。もともとは輸入専業のR社に事業の幅を持たせたいとの考えでM&Aの検討を始めたが，停滞するR社の経営も任せて事業へのコミットを得ることができたため，結果的に買収の相乗効果は何倍にもなった。
- ◎ 活用されずに会社に眠っている"宝"は意外なほど多い。本ケースにおけるQ社のライセンスや"人財"などに光が当たったことを考えるにつけ，「会社の終活」とは単に会社を継承するだけでなく，眠れる宝を磨いて活用できることにもつながると実感できる。

税務・会計の観点から

本ケースは，売り手の株主に非居住者がいたケースです。

日本国内にPE（恒久的施設）を有しない非居住者は，国内源泉所得のみが課税対象とされます。日本国内にPEを有しない非居住者が株式を売却した場合には，国内源泉所得に該当しないため，日本において課税されないのが原則です。

ただし，売却した株式が，事業譲渡類似株式や不動産関連法人株式などの場合には，株式等の譲渡による所得は日本で課税されます。具体的には，次のイ〜への株式等の譲渡による所得に該当する場合には，課税の対象となります。いわば，日本で事業譲渡した，あるいは，不動産を譲渡したものと実態的に変わりなく，国内源泉所得があったとされるものです。

- イ　買い集めによる株式等の譲渡
- ロ　事業譲渡類似の株式等の譲渡（一定（25％）以上の株式を所有し，非居住者を含む特殊関係株主等が5％以上の株式を譲渡した場合）
- ハ　不動産関連法人の一定の株式の譲渡
- ニ　国内ゴルフ場の株式形態の株式の譲渡
- ホ　非居住者が日本に滞在する間に行う内国法人の株式等の譲渡
- ヘ　税制適格ストックオプションの権利行使により取得した特定株式等の譲渡

本ケースは，Q社の株主である外国人（前社長と事業上のパートナー関係にあった個人）が株式を売却したケースです。所有割合は発行済株式総数の47％とのことですから，事業譲渡類似の株式等の譲渡に該当するものと考えられます。また，Q社は，バブル時期前に廉価で購入したマンション2戸を保有していたとのことです。このマンションの譲渡時の時価は不明ですが，これらのマンションが高騰し，その資産価値の50％以上が日本の不動産により構成される法人であれば，不動産関連法人株式（その法人の資産価値の50％以上がその締結国（日本）内に存在する不動産により直接又は間接に構成される

法人の株式）に該当する可能性があります。譲渡した株式が事業譲渡類似の株式等又は不動産関連法人の株式に該当する場合には，国内源泉所得として課税となることになります。

次に，これらに該当する場合であっても，租税条約により日本で課税されないことがあるため，租税条約の確認をします。

本ケースは，米国に居住する外国人であり，日米租税条約を確認します。日米租税条約では，原則として，居住地での課税（源泉地国は免税）とされていますが，不動産化体法人株式（その法人の資産価値の50％以上がその締結国内に存在する不動産により直接又は間接に構成される法人の株式）は源泉地国（法人の所在地国）での課税と定めています。

本ケースでは，事業譲渡類似の株式等の譲渡に該当したとしても，租税条約で居住地での課税（源泉地国は免税）とされているため，日本国では課税されず，米国でのみ課税されることになります。不動産化体法人の株式の譲渡に該当する場合には，源泉地国（法人の所在地国）である日本国で課税されます。

法務の観点から

1．酒類販売業と許可

　酒類販売業を行うためには，酒類販売業免許を受ける必要があります（酒税法9条）。許認可は，法務デューデリジェンスにおける重要な対象です。

　株式譲渡の場合，対象会社の許認可に原則として影響はありませんので，本ケースでも株式譲渡が用いられています。⇒第4章Ⅱ6 参照

2．借地借家法の適用がある賃貸建物の明渡し

　Q社はその所有するマンション2戸を個人に賃貸していたところ，R社にマンションを引き継ぐにあたり，売り手であるQ社の責任で賃借人を退去させることがM&A取引の条件とされています。期間の定めのある賃貸借の場合，一方当事者の意向のみでは中途解約できないのが建前ですが，実務上は，期間

内に解約する権利を留保する特約が定められていることが多いです。

　そこで，Q社としては，解約権を行使して中途解約するか，賃貸借の期間満了後に更新を拒絶することによって，賃借人を退去させたいところです。

　しかしながら，建物の賃貸借については，民法の特別法である借地借家法が適用されるところ，同法によると6カ月前までに賃貸人に対し解約申し入れや更新拒絶の通知をしなければならないうえ（同法27条，26条），さらに「正当の事由」がなければ賃貸借を終了させることができないとされています（同28条）。

　「正当の事由」は，建物の使用を必要とする事情，建物の賃貸借に関する従前の経緯，建物の利用状況，建物の現況，財産上の給付（明渡料，立退料）を総合考慮してその有無が決せられますが，重要なのは建物の使用を必要とする事情であって，明渡料単体では正当事由にならないと解されています。

　したがって，賃借人との間で明渡しの合意が成立しない場合には，明渡料の提供だけでは，当然には賃貸借を終了させることはできないことになります。

　このように，借地借家法の適用がある賃貸建物の明渡しは必ずしも容易でない場合もあることから，R社の立場からすると，Q社の責任で賃借人を退去させることを誓約条項や前提条件として契約書に盛り込むことが考えられます。
⇒第4章Ⅲ2参照

3．エスクローについて

　本ケースでは，問題点①への対応として，「売り手が株式譲渡代金の一部を預託し，賃借人が退去した時点でその預託金を返還することを取り決め，売り手のアクションを促すという方法」が採られています。

　近時用いられる同様の手法として，エスクロー（Escrow）があります。

　これは第三者預託などと訳されますが，売り手と買い手との間に第三者を介して，条件付きで譲渡代金を決済する仕組みです。M&A取引においては，買い手を委託者，売り手を受益者，第三者（エスクロー・エージェント）を受託者として，譲渡価額の一部を信託し，当事者間で合意された条件が満たされた

場合には売り手が信託された一部の代金を引き出すことができるというように設計されることが多いです。

本ケースでは，売買代金のうち立退料として想定される金額相当額について，クロージング日にR社がQ社に支払わないで信託受益者にプールすることとし，Q社保有マンションの賃借人との間で合意による退去が成立して，想定された立退料の支払いが不要であることが確定した段階で，R社の指図によりプールされた金員をQ社が受け取ることができるようにするという手配をすることも検討に値します。

あわせて　⇒ケース20【法務の観点から】2参照

4．外国為替及び外国貿易法（外為法）の規制

Q社の主要株主は，前社長の友人であった米国人です。

ところで，外為法は，居住者と非居住者との間の資本取引（外為法20条各号。居住者による非居住者からの証券の取得も含まれます。）について，事後報告を義務づけています（同55条の3）。また，外為法は，①本邦外国間での支払い，及び②本邦又は外国における居住者と非居住者との間の3,000万円を超える支払いについて，事後報告を義務づけています（同55条）。

非居住者とは，経済的本拠が日本以外にある者をいい，外国に居住する外国人や外国にある外国法人のほか，日本人であっても外国にある事務所に勤務する目的で出国し外国に滞在する者や，2年以上外国に滞在する目的で出国し外国に滞在する者や出国後外国に2年以上滞在している者も含まれます。

反対に，外国人であっても，我が国にある事務所に勤務する者や我が国に入国後6カ月以上経過している者は原則として居住者とされます。

M&A取引において当事者に非居住者がいる場合には，外為法の規制の有無，内容を確認し，課されるところの義務を履行することが不可欠です。本ケースでは，Q社の主要株主である米国人が非居住者に該当する場合，R社が当該米国人株主からQ社株式を取得する取引が資本取引に該当し，R社が事後報告義務を負担する可能性があります。また，本ケースでは，R社の米国人株主に

対するQ社株式の売買代金について，海外口座宛送金する場合はもちろんのこと，国内口座宛送金する場合でも当該米国人株主が非居住者である場合には，R社は，（上記資本取引の報告と別に）当該支払いについて報告義務を負担する可能性がある点に注意が必要です。

5．対象会社の経営者に留任してもらうための手当

本ケースでは，Q社社長が買収後もQ社に留任することが必要となっています。実際，対象会社の経営者の知見が必要である等の理由により，M&A取引後も当該経営者に留任してもらう必要がしばしば生じるところです。

そのための手当として，当該経営者の待遇等について，基本合意書締結の段階あたりから検討しておくとともに，最終契約において，当該経営者についての経営委任契約の締結をクロージングまでの売主の義務及びクロージングの前提条件とすることが考えられます。⇒**第4章Ⅲ 2 (5) 参照**

あわせて，本ケースのように対象会社の経営者が対象会社の株式の一部を保有している場合，当該経営者がM&A取引後も留任するのであれば，同人の保有する株式については買収を留保し，後日のタイミングで買い取るということをあらかじめ規定しておくことも有用です。

○◆ま と め◆○

- 新たなオーナー（買い手）によって，"目覚める"会社の価値もある！
- 外国人株主の持分売却は曲者－外為法にも十分な目配りを！
- エスクロー（第三者預託）の有用性は，"ヤフオク"で証明済み！

ケース10 業績不振④

運送業者の売却
～内製化を狙った製造業への売却

売り手 S社の社長の甥（M&A専門会社に勤務）
S社社長に対して

「叔父さん，お久しぶりです。ここしばらくお正月の親族会にも参加されていませんね。仕事が忙しいと伺っていましたが，折り入っての相談というのは？ …そうですか，予期していましたがやはり会社が大変なんですね。物流業界は好景気に沸いていますが人材不足。でも，叔父さんのところのような<u>精密機械配送に特化した車両を抱える会社</u>は，確かになかなかつぶしが効かないですね。それで会社売却を考えたいと。<u>売上は3億円，決算までの資金繰りも厳しい</u>，ですか。以前税金や減価償却も少しいじらなきゃなと言われていましたが…会社の実質的な資産は，車両以外にはゴルフの会員権と叔父さんの乗っている外車ねぇ。確かに<u>従業員の皆さんは真面目でよく働くし，今の苦境は取引先の事情</u>であることはよくわかるの

ですが。うーん，私の会社もいろいろな企業のお手伝いをしてきましたが，この財務状況でこの規模だとそもそも売却価格が算定できるかなぁ。正直なところ，私自身がビジネス上でお相手するのはちょっと無理だと思います。別のルートはないものかな。」

第2章 事例でわかる会社の終活

	売り手　S社	買い手　T社
業　種	運送業	通信・電子機器製造業
年商／上場区分	3億円／非上場	15億円／非上場
M&Aの目的	業績不振	事業拡大

買い手　T社の社長　商工会議所の事業引継支援センターにて

「ええ，左様です。客先からの受注もコンスタントに増えており，弊社の業績は非常に順調です。技術力には自信がありますからね。大手のメーカーさんは技術革新や合従連衡が進んで大変とは聞いていますが，我々のような基幹部品を扱う会社は，実はマージンもそこそこ取れますし，"隠れた優良会社"だと自負しているのです… おっと，自慢話ばかりしてもしょうがないですね。万事うまくいっているようでも悩みはあります。現在弊社の製品は昔からの外注配送業者に頼んで取引先に納入しているのですが，これがうまくいっておりません。精密機器なので丁寧には扱ってもらってはいますが，他社の製品と混載したりして，搬送時にときどき事故も起こるような状況です。このご時世では業者さんに専用仕様を要求しても難しく，何とか製品輸送を内製化できないかな，と考えているのです。いろいろあたってみたのですが，物流業界は小規模な会社でも囲い込みが激しいとかで，なかなか相手にしてもらえません。こんな特殊なお願いですが，そちらに何かいい情報はないでしょうか。」

119

❶背景，経緯

◎ S社は十数台のトラックを保有し，精密機器安全輸送業務に特化する運送会社である。社長はもともと大手物流会社のドライバーから身を起こして今でも自らハンドルを握る，40代後半の少壮経営者だった。率先垂範のリーダーシップは取引先から一定の評価を得ており，利益が出ると従業員にそれを分け与える気前の良さから，従業員のモチベーションも高かった。

◎ 一方でこのような性格からS社社長の生活は少し派手なところがあり，また数字には弱くどんぶり勘定に近い状態で会社を回していた。事業面でも1年前より，携帯電話市況に影響を受ける主要取引先数社から徐々に取引解消と解消予告を受けることが続いていた。売上減少により前年決算期は赤字に転落，当期決算末での資金ショートも必至な状況で，取引銀行に借入金の一部の債権放棄を申し入れたが断られるというありさまだった。

◎ そこでS社社長が地元の商工会議所に支援を求めたところ，ちょうど自社で製造する精密機器を運搬する外注先業者に不満があり製品輸送の内製化を模索していたT社社長を紹介され，両社面談に至った。

◎ T社社長は，財務面での健全性には欠けるものの社有トラックの有用性と従業員の勤勉さを評価して，S社社長が100％保有する株式の取得によるS社の買収を決意した。T社による買収は銀行取引上の信用力の向上にもつながったため，S社は追加資金支援を受けることができ，資金ショートを回避できた。両社の初回の接触からクロージングまでは約半年間だった。

❷このエピソードの特徴と問題点

◎ 営業力に抜きんでていて，社員からの信頼が厚い"親分肌"の中小企業経営者には，数字面を後回しにする傾向がみられる。信頼のおける公認会計士や税理士が懐刀としてしっかり企業を支えている場合は別として，往々にしてこうした会社運営は，後年そのつけを払うことになる。

問題点①　決算操作と会社の価値：Ｔ社による買収精査（DD）によって，Ｓ社決算の過年度と当期分の車両の減価償却が規則的に実施されていなかったことが判明した。結果的に車両価値の合計が約70％減額される修正が必要となり，実態ベースでＳ社は債務超過になった。Ｓ社社長に会計知識が不足していることと，"罪の意識"が欠如していることが問題となった。

問題点②　従業員：両社が交渉している過程で，Ｓ社社長は従業員に対して自分の経営力のなさを詫び，Ｔ社による買収が進んでいることを話して理解を求めた。ところが同社長の鷹揚さを好ましく思っていた従業員には動揺が走り，ドライバーが集団でＳ社を退社しようとする動きが起こった。

問題点③　会社資産の扱い：営業用車両以外の主なＳ社の資産は，Ｓ社社長個人名義のゴルフ会員権と，Ｓ社社長が社用車として使用していた高級外車のみだった。債務超過に陥った会社であり，これらの資産は買収交渉中に現金化の可能な処分対象としてリストアップされたが，Ｓ社社長は「顧客との取引関係上必要である」と主張していた。

❸問題点への対応

◎　総じて本ケースは，多くの場面で買い手側オーナー経営者の決断力に救われたことが特筆される。実態上は債務超過となっていたＳ社に価値を見出すことは難しく，内実はＳ社側が"お金を払って買収してもらう"べき状況であった。ところがＴ社社長はＳ社社長の体面にも配慮し，DDでの検出事項も飲み込んでリスクを取るとの判断を下し，株式額面価額（300万円）を買収対価として支払うこととした。

◎　さらにＴ社社長は，Ｓ社社長の事業における手腕とあいまって，一連のＳ社従業員による動きから社長に対する忠誠心が高いことを見て取った。最善の策として，買収後もＳ社社長を引き続き"雇われ社長"として留任させることとしたため，従業員も納得し全員同じ条件で引き継ぐこ

とができた。

- ◎ S社の強化策としてT社社長は，自らが非常勤の取締役としてS社をサポートし，長年T社社長を支えてきた腹心の経理担当役員を数カ月S社に送り込み，決算や会計手順の立て直しを図った。その後もT社から経理担当者を送り，S社社長と従業員は運送業務に集中できるよう取り計らった。
- ◎ 会社資産の社用車とS社社長名義のゴルフ会員権は，本来個人が引き取るべき筋合いのものであったが，本人に資金調達手段がなく，引き続きS社に留め置いて従来どおり使用することが認められた。

❹成功のためのポイント

- ◎ 実質的に債務超過に陥っていても，売り手側の社長が身を切る思いなしに，ぜいたく品といえそうなゴルフ会員権や高級外車に固執していることはままある。こうした場合，買い手は買収を躊躇するケースが非常に多いが，自らもオーナー経営者で，実力主義に根差したT社社長にとってはS社社長の"やんちゃさ"は些末な事であった。本ケースの成功の要因としてはまず，買い手の社長が売り手企業の業種に理解が深く，また仕事以外の個人の倫理行動に対しては寛容だったことがあげられる。
- ◎ その他の留意事項として，特に"情報"の扱いについて注意喚起したい。従業員など交渉の当事者以外への情報共有は，あらかじめ十分に準備したシナリオに従って，買収決定後に行うべきである。本章のケース1の事例とは逆の作用となったが，かわいがってきた従業員（特にドライバーたち）を裏切れないという思いにかられてS社社長が不用意に交渉の最中に話をしたことは，本来守秘義務違反行為で，案件が頓挫するおそれがあった。情報統制の観点からも，M&A実現のためには「必要なタイミングで必要な情報を共有」という基本線をしっかり守る必要がある。

税務・会計の観点から

　固定資産の減価償却は，法人税法では任意ですので，減価償却費を計上しないこともできます。ただし，中小企業会計基準では，毎期継続的規則的な減価償却の計上が求められています。税法基準と中小企業会計基準では会計処理が異なりますが，多くの中小企業は税法基準で決算書を作成しているケースが多く，減価償却費を必ずしも規則的に計上しているとは限りません。

　特に，中小企業では，引当金を適切に計上しているケースはまれです。貸倒引当金，賞与引当金や退職給付引当金，資産除去債務の計上は税法では認められていないため，計上をしている会社は少ないといってよいでしょう。

　本ケースは，Ｓ社決算の車両の減価償却が規則的に実施されていなかったことが判明し，結果的に車両価値の合計が約70％減額される修正が必要となり，実態ベースでＳ社は債務超過であったとのことです。

　中小企業のM&Aにおいては，財務デューデリジェンスが重要だといえます。財務デューデリジェンスでは，あるべき会計基準に引き直して，会社の純資産価額を求めます。会社の決算書が中小企業の会計基準に準拠して作成されているかは，個別注記表の記載で確認することができます。

　法人税法で定める会計処理と中小企業会計基準で定める会計処理の違いは，下記のとおりです。

	税法基準	中小企業会計基準
減価償却	任意償却。減価償却費を計上しないことも可	毎期継続的規則的な償却が必要
貸倒引当金	一括評価債権，個別評価金銭債権に区別して評価計上	一般債権，貸倒懸念債権，破産更正債権等に区分して評価計上
賞与引当金	損金算入不可	翌期の支給額のうち，当期の期間に対応する見積額を計上
退職給付引当金	損金算入不可	退職金規程がある場合は，自己都合期末要支給額を計上

法務の観点から

1．財務デューデリジェンスと表明保証

　本ケースでは，財務 DD の結果，S 社決算の過年度と当期分の車両の減価償却が規則的に実施されておらず，実態ベースで S 社は債務超過となっていることが判明しています。このように，財務 DD の結果，しばしば対象会社の財務状況に問題が存することが発見されます。

　その場合の手当として，財務諸表や会計帳簿が正確に作成されていること，倒産原因が存在しないこと等を表明保証の対象とすることが考えられます。

　また，買主が，売主に表明保証違反があることについて知っていた場合に，買主が売主に対し損害賠償請求ないし補償請求をすることを，サンドバッギングといいますが，本ケースにおいても，財務 DD の結果，買主が知った事実について，買主に表明保証責任の追及を認めるか否かが当事者間で問題となり得るところです。⇒第 4 章Ⅲ 2 (3)参照

2．対象会社の従業員の大量離脱と買主側の対抗策

　S 社社長は従業員に対して T 社による買収が進んでいることを話し，その結果，S 社のドライバーが集団で退社しようとする動きが起こっています。そのような問題が現実化した場合，買主側はどのように対抗できるでしょうか。

　まず，当事者間で秘密保持（守秘義務）契約が締結されているのが通例ですから，S 社社長に対して守秘義務違反の責任を追及することが考えられます。

　また，M&A 取引においては，しばしば MAC（Material Adverse Change，Material Adverse Effect，MAE ともいう）条項が定められます。これは，対象会社の事業等に重大な悪影響を及ぼす事由が発生したときには，買主は取引から撤退等できるとするものです。ここで何が MAC にあたるかは解釈の問題となりますが，T 社としては，S 社のドライバーの大量離脱が MAC にあたるとして，S 社との M&A 取引を取りやめる旨を主張することも考えられるでしょう。⇒第 4 章Ⅲ 2 (5)参照

他方，未だ現実化していないのであれば，従業員の離反を防ぐべく，後述するようにS社の社長に留任してもらう手配をすることも有用です。

3．対象会社の経営者に留任してもらうための手当

本ケースでは，買収後もS社社長を引き続き留任させることとしたため，従業員も納得し全員同じ条件で引き継ぐことができたとの事情があります。

このように，M&A取引後も対象会社の経営者に留任してもらう必要はしばしば生じるところであり，そのための手当が必要となります。

⇒ケース9【法務の観点から】5参照

4．オーナーの個人資産の取扱い

中小企業にあっては会社の保有資産とオーナーの個人資産とが混在しがちですので，M&A取引においてオーナーの個人資産の取扱いが問題となります。

素直に考えるならば，クロージング時，あるいはクロージング後（ポスクロ，Post Closingともいう）に，オーナーが対象会社から個人資産を買い戻すこととなりますが，オーナーが買主から受領すべき株式の売買代金と相殺するアレンジメント（いわゆる三角相殺）にすれば，オーナーに資金がなくともオーナーの個人資産を対象会社から除外することが可能です。

○◆ まとめ ◆○

- DDの必要度は，財務情報がどれだけ整理されているかによる。
- 減価償却と引当金の扱い次第で，買収対価は大きく動く。
- 売り手オーナーの個人資産は，公正な視点でフェアな扱いを。

ケース11 業績不振⑤

珈琲豆焙煎業者の設備売却
～喫茶店チェーンへの譲渡

売り手 **U社の社長**
訪問してきたM&A仲介会社の担当者に対して

「あなたも熱心だね。まぁ毎日毎日よく訪ねてくるもんだよ。もう名刺が何枚溜まっているのかな。いやいやお話ししているとおり，ウチのコーヒーのファンだっていうのはありがたいと思ってますよ。それでもね，いろいろ調べておられて大したもんだが，ウチは会社を売る気はないよ。確かに業績は厳しいが，先々代からこの場所で小さいながらも焙煎とショップを続けてきて，なじみのお客さんや長年働いてくれている従業員がいるんだ。ファミリー・ヒストリーそのものである会社は，あんたたちが簡単に考えているように右から左へとすぐに売れるようなものじゃないんだよ。まぁお金を貸してくれる銀行さんには，あんまりこんな話は通じないんだけどね。え，焙煎設備の稼働率が上がるように，紹介だけでもさせてくれって？ そういうことなら話は別だが，あんたたちの商売にならないんじゃあないの。業務提携？ それは乗っ取り，っていうことじゃないんだよね。まぁいいや。あなたも熱心に通ってくれてるし，まず商売上の話ができるのかどうか，とりあえず紹介だけでもしてもらいましょうか。」

売り手 U社	買い手 V社
業　種 ▶ コーヒー豆焙煎・店舗経営	▶ 喫茶店チェーン経営
年商／上場区分 ▶ 1億円／非上場	▶ 150億円／上場
M&Aの目的 ▶ 業績不振	▶ 本業拡大・仕入コストの低減

買い手 V社の経営企画部長　　取引銀行の担当者に対して

「今日はひとつご相談があってお越しいただきました。御行のご指導もあり，遊休資産の売却や退職給付引当金不足額の充当など，長年の懸案事項を解決することで，当社の財務状況はここ数年で見違えるように安定しました。ただBS（貸借対照表）項目が改善した一方で，PL（損益計算書）は今後の課題として残っています。具体的な対策は，まず当社の最大の購入品であるコーヒー豆の仕入原価を抑制すること，そしてチェーン展開をする当社のような会社にとって最も効果が上がる"焙煎工程の内製化"が急務であると考えています。仕入のコストは大量購入で対応できる一方で，焙煎については今から用地を確保して設備を導入して…　という時間軸ではとても間に合いません。時間を買うという観点からM&Aが最も効果的だと役員会でも賛同が得られたので，早速取り掛かりたいのです。対象となる会社の情報と今後のステップについてご指導いただけませんか。会社の規模にはこだわりませんが，当社の営業地域内に所在していることと，対象となる会社を100％買収できることが条件と考えています。」

❶背景，経緯

◎ 首都圏を中心に喫茶店を多店舗展開しているV社はかねてより，コスト低減のために焙煎工程を内製化したいと考えていた。取引銀行をはじめ各方面にこのニーズを伝えていたところ，小規模ながら自社で焙煎工場と技術者を抱え，品質に定評のあるU社を紹介された。U社は家族経営の限界に行き当たっており，近年業績が伸びず焙煎設備稼働率の低下によって赤字体質に陥り，抜本的な業務改善策を必要としていた。

◎ 苦境にあったものの，昔気質のU社社長は自社のブランドと独立性にこだわり，会社そのものの売却や出資を受け入れる意向はなかった。他方V社は「M&Aは100%買収で」というスタンスで臨んでおり，認識ギャップの大きさから交渉自体が一時棚上げされることになった。

◎ しかしその後も，両社ともに直面する問題を解決する方法が見つからなかったため，頃合いを見計らって双方のフィナンシャル・アドバイザー（FA）が話し合い，お互いの希望を折衷する試案を作成した。両社はこの試案をもとに改めて交渉のテーブルにつくことになり，最終的にU社の生産設備をV社へ譲渡するとともに，V社がU社に焙煎加工に関する業務委託をすることで決着した。交渉の難しさのほか，お互いのニーズのすり合わせという前工程や，提携内容の確定という後工程にも時間を要したため，案件がクローズするまでに約1年半という時間がかかった。

❷このエピソードの特徴と問題点

◎ 本ケースでは，厳しい財務状況であるにもかかわらず資本参加を認めたくない売り手側の論理と，100%買収で対象会社を傘下に収めたいという買い手側の論理がぶつかった。それぞれの主張に一定の合理性があるため長期化したが，他のケースでも補完性はありながら意見対立が解消せず合意に至らないものが多い中で，M&Aが成功した幸運な事例である。

問題点①　資本参加をめぐる攻防：資金繰りに窮する売り手は一般的に，少額出資を受け入れて買い手との関係を築く方法をとる。ところがU

社は経営権に影響を及ぼさない数パーセントの出資さえかたくなに拒否し，別の形による提携関係を希望した。これはファミリービジネスによくみられる会社と個人間の支出入の混同を，U社自身が認識していたためである。出資を受け入れる際のデューデリジェンスを回避したい点，そして「他人に自分の懐を覗かれたくない」という心理面の両方が影響したと思われる。

問題点②　工場の土地建物は賃借：U社は技術と品質の向上を優先してきたため，会社規模の拡大や会社資産の獲得には興味がなかった。そのため不動産を所有しておらず，焙煎工場の生産設備は自前であるものの，土地と建屋は賃借していた。つまりV社にとってはU社の100％買収をしても，焙煎工場そのものを所有できないことが交渉中に明らかになった。

❸問題点への対応

◎　双方の要望（「会社組織への第三者からの資本注入を避けたいU社」，「焙煎の生産設備と技術を内製化したいV社」）を最大限に尊重し，会社自体の買収や譲渡ではなく，以下の形で決着した。

(1)　U社からV社に生産設備を譲渡すると同時に，工場の賃借契約を引き継ぐ

(2)　技術指導料を対価としてU社からV社に3年間焙煎技師を派遣する

(3)　V社が3年間焙煎加工をU社宛に委託する

◎　すなわちU社は独立企業として今までどおりショップ事業を続けるが，焙煎事業に関しては，生産設備と賃借中の工場の土地建物をV社に譲渡して事実上撤退することとした。この経過措置として3年間は焙煎技師をV社に派遣して技術指導と技術導入を図り，同時にV社所有となった生産設備をU社が使用し委託を受けて焙煎加工を行うことで，主要事業の譲渡による売上の激減を緩和したのである。

◎　この解決策はV社にとっても，3年間でU社の既存設備を利用しなが

ら技術導入と内製化を進めることができ，この間新たに自社工場を建設して将来的にはそちらをメイン工場とするという方針策定にもつながった。つまり当面の課題の解決と，今後の規模拡大への対応が可能となったのである。

❹成功のためのポイント

- ◎ 売り手・買い手双方のニーズが平行線をたどる限りM&Aは成約しないが，アドバイザーが粘り強く両者の納得できる落着点を考察して，提案を続けていくことの大切さを再認識させるケースだった。本ケースでは双方のFAが時に協働しつつ，メリット・デメリットを痛み分けできるポイントを第三者として押さえたうえで，タイミングを見計らって折衷案を提起した。

- ◎ これは売り手と買い手という利益相反のある各々の当事者にアドバイスしながら，同時に中立的な観点から対立点を抽出し，相互の納得につなげていくという，FAの大事な役割の１つが発揮されたのである。

- ◎ 通常のM&Aは買収を通じて対象会社の経営権，すなわち会社そのものをどのように（現金か株対価か），どの程度（出資割合は）掌握するかがポイントとなる。ところが今回のケースは売り手が"生産設備を譲渡して，技術指導を行いつつ生産委託を受ける"というかなり特殊な結末となった。

- ◎ 売り手にとっては同族企業の独立性を守りながら財務体質が強化された。買い手は"時間を買う"ことで，自前の焙煎設備を整えてコストを低減できるほか，製品・半製品の即納体制を構築できた。この"当事者同士が何を譲れて何が譲れないか"を突き詰めれば，本ケースのようにストラクチャーの工夫次第で解決策を導き出せるということも，本ケースからの学びの１つである。

税務・会計の観点から

　本ケースは，いくつかの取引を織り交ぜながら事業を移転していったケースといえます。これを分解すると，①Ｖ社からＵ社への生産設備の譲渡，②工場の賃貸契約の承継，③Ｕ社からＶ社への技術指導の委託，④Ｖ社からＵ社への生産設備の賃貸及びＶ社からＵ社への焙煎加工の委託の４取引からなります。

①　生産設備の譲渡

　生産設備の譲渡は，通常の固定資産の譲渡の取扱いによります。Ｕ社においては，譲渡した生産設備の帳簿価額と時価との差額について，譲渡損益が計上されます。消費税も資産の譲渡価額に対して課されます。生産設備を受け入れたＶ社においては，税務上，中古資産としての受入れが可能です。耐用年数を，法定耐用年数ではなく，それ以後の使用可能期間として見積もられる年数とすることができます。見積りが困難であるときは，次の簡便法により算定した年数によることもできます（１年未満の端数は切り捨て，２年未満は２年）。

　イ　法定耐用年数の全部を経過した資産
　　法定耐用年数×20％
　ロ　法定耐用年数の一部を経過した資産
　　（法定耐用年数－経過年数）＋経過年数×20％

　設備資産の譲渡価額は，適正な償却計算をした場合の帳簿価額によることが多くみられます。

②　工場の賃貸契約の承継

　工場などの不動産の賃借契約は，賃貸人との間で賃借人の地位を承継する契約が必要になります。この場合の差入保証金等の取扱いについても賃貸人と取り決めをする必要があります。差入保証金をそのまま承継する場合と，いったん旧賃借人に返済し，新賃借人が新たに差し入れる場合もあります。税務上は

特別な取扱いはありません。

③ U社からV社への技術指導の委託，V社からU社への生産設備の賃貸をしたうえでV社からU社への焙煎加工の委託

本ケースは，V社からU社へ生産設備を賃貸したうえでV社からU社への焙煎加工の委託をするという取引を実行しています。法人間での寄付金認定等を避けるために，これらの取引は適正な価格によることが求められます。この生産設備の賃貸にあたっては，生産設備の賃貸料が無償であっても，生産設備から生産されるすべての焙煎加工製品を引き取ることを前提として，適正な賃貸料相当額を控除して加工委託料が決定されていることを合理的に説明できれば，寄付金等としての認定を受けることはないでしょう。

法務の観点から

1．M&Aの手法〜事業譲渡について

本ケースでは，U社は，その手がけていた焙煎加工事業とショップ事業のうち前者のみをV社に売却しています。対象会社の事業の全部又は一部を他の会社に譲渡する手法を事業譲渡といいますが，ここに「事業」とは，「一定の営業目的のため組織化され，有機的一体として機能する財産」の全部又は重要な一部であり，譲渡会社がその譲渡の限度に応じ会社法21条に定める競業避止義務を負う結果を伴うものと解されます（最判昭40.9.22民集19巻6号1600頁）。本ケースは事業譲渡にあたるか，単なる財産の譲渡なのか悩ましいところですが，前者とみて解説します。

事業譲渡の手続は，大まかには次のとおりとなります。

> 譲渡会社・譲受会社いずれも取締役会の決議（会社法362条4項1号。取締役会非設置会社で2人以上の取締役がいる場合には取締役の過半数による決定，同348条2項）

⬇

> 株主総会決議
> 譲渡会社：事業の全部又は重要な一部を譲渡する場合には，株主総会の特別決議が必要（同309条2項11号，467条1項1号，2号）。ただし，譲渡会社が譲受会社の議決権の10分の9以上を有している場合，及び，譲渡資産の帳簿価額が譲渡会社の総資産の5分の1を越えない場合は不要（同468条1項，467条1項2号）。
> 譲受会社：事業の全部を譲り受ける場合には，株主総会の特別決議が必要（同309条2項11号，467条1項3号）。ただし，譲渡会社が譲受会社の議決権の10分の9以上を有している場合，及び，譲渡会社の事業の全部の対価として交付する財産の帳簿価額の合計額が譲受会社の純資産額の5分の1を越えない場合は不要（同468条1項，2項）。

> 事業譲渡契約の締結

> 効力発生日の20日前までに株主に対する通知・公告（同469条3項,4項）

> 反対株主には株式買取請求権あり（同469条）

> 効力発生

　事業譲渡は，株式，ひいては経営権の移転を伴わずに，事業の一部だけを移転できるというメリットがあります。また，取引の対象とされた資産のみが移転するので，原則として簿外債務を引き継ぎません。会社分割のように債権者保護等の手続が不要であるのもメリットです。

　反面，デメリットとして，事業譲渡は資産の売買にすぎないことから，対象会社が締結していた契約について個別に引き継ぐ手続が必要となります。それゆえ，少なくない契約関係を譲渡するのであれば，会社分割のほうが使い勝手がよいかもしれません。⇒**第4章Ⅰ 1 参照**

本ケースでは，U社は会社そのものの売却や出資を受け入れる意向はないとする一方，焙煎設備稼働率の低下によって赤字体質に陥っており，当該事業の切り離し等は課題となっていました。また，焙煎加工事業をめぐる契約関係は比較的シンプルであり，V社への引継ぎはそれほど煩雑ではありません。他方，V社にとっても，焙煎加工工場の土地建物は賃借物件であり，100％買収をしても工場を所有することはできません。

　そのような両当事者の事情や思惑からすると，本ケースにおけるM&Aの手法としては事業譲渡が最適であったと思われます。

　ところで，事業譲渡の手続上の留意点として，譲渡の対象となる事業が対象会社の事業の全部，又は重要な一部の場合には，株主に与える影響が重大であることから，対象会社において，原則として株主総会の特別決議による承認が必要となります（会社法467条1項1号，2号。なお，例外については133頁の枠内を参照）。U社にとって焙煎加工事業は重要な事業であるといえるので，その譲渡には，同社の株主総会の特別決議による承認が不可欠です。

　事業譲渡に反対する株主は，会社に対し株式買取請求権を行使することができます（同469条）。

　また，事業譲渡には，会社法上，競業避止義務が課されています（同法21条）。
➡第4章Ⅱ3(2)参照

2．賃借不動産と法務デューデリジェンス

　本ケースでは，U社は工場の土地建物を賃借しており，これらをV社に引き継ぐことがM&A取引の重要部分となっています。

　法務DDでは，対象会社が使用している不動産の確認，調査が不可欠ですが，本ケースのように対象会社が建物及び土地を賃借している場合，その使用権原である賃貸借契約を中心に調査を実施していくことになります。

　具体的には，賃貸人の確認，賃貸借期間の確認，中途解約権の確認，敷金等の確認，無断譲渡・転貸の有無の確認等です。➡第4章Ⅱ4参照

　ところで，賃借権の場合，借地権を第三者に譲渡・転貸する場合には原則と

して賃貸人の承諾が必要となる（民法612条）ところ，事業譲渡による場合は，賃借権も譲渡されることになるので，原則として賃貸人の承諾が必要となります（なお，株式譲渡等により会社の構成員や機関に変動が生じても，賃借権の譲渡にはあたらないとするのが判例です。）。

　賃貸人から承諾を取り付ける際，いわゆるハンコ代を請求されることがあり得ます。そこで，そのような可能性の有無や，仮に一定金額を支払うこととなった場合にいずれの当事者が負担するかを，契約上取り決めておいたほうがよいと思われます。

3．関連する契約の留意点

　本ケースでは，U社とV社との間で，技術指導及び焙煎事業に関する業務委託契約が締結されています。

　この点，焙煎加工事業は最終的にはV社が引き継ぐとの趣旨からすれば，U社による技術指導に関しては，独占的（Exclusivity）に行われる必要がありますので，その旨を規定する必要があります。。

　また，契約期間の3年間及び3年経過後において，技術指導を通じた情報のやりとりに関する守秘義務を設定することや，競業避止義務の制限，商標等の知的財産権の処理等についても，契約の内容に含めるべきでしょう。

○◆ まとめ ◆○

- 交渉が行き詰まったときは，M&Aアドバイザーの実力の見せ所！
- M&Aは，さまざまな取引形態やストラクチャーのアンサンブル。
- 実質的な「一人株主」でも，手続や届出は省略できない！

ケース12 業績不振⑥

フランチャイズホテルの売却
〜本部企業による買収・直営化

売り手 W 社の FA
夜半に W 社の常務取締役に対して W 社ホテルの一室で

「常務，趣味人のオーナー社長にお仕えして，本当に長い間苦労されてきましたね。経営者不在で営業赤字が続き，銀行関係にも心を砕かれ，長年の上客への付け届け，士気の上がらない社員の皆さんへの心づけなど，確かにご自身の給料では賄いきれなかったでしょう。でもね，会社のお金を流用したのはまずかった。やはり正々堂々と必要な額を社長に要求すべきでしたね… それはそうとご理解のとおり，このホテルはフランチャイザーのX社への売却プロセスに入っていて，買い手に対して"本来あるべき"財務状況を伝える義務があります。過去15年間の中で，いつから常務は会社のお金に"手を付ける"ようになったのですか？ 会社の中でほかにそれを知っている方はいたのでしょうか。来週からのセラーズ・デューデリジェンス（売り手側のDD）が始まる前に，過去の資金の流れを把握して，正常な財務諸表を作成します。社長も『自分が何もしてやれなかった』と悔やんでいます。訴訟も考えていないそうなので，安心してお話しください。全部話して楽になりましょう。」

第2章 事例でわかる会社の終活

	売り手　W社	買い手　X社
業　種	料亭・ホテル業	ホテル業
年商／上場区分	9億円／非上場	250億円／上場
M&Aの目的	業績不振	フランチャイズの直営化

買い手　X社の社長　X社のFAに対して

「それであちらさんはどう言っているのでしょうか。いろいろと売却条件を付けてこなければいいのですが。当ホテルブランドの中では最大のフランチャイズ（FC）旗艦店ではありますが，長年当社の看板を使って一流ホテルのお墨付きを得ながら商売をされてきたわけですから，当社の傘下に入るとすれば当然，売却価額は我々に十分配慮したものとしてもらいたいですね。このW社に限らず，近年ホテルビジネスはFC方式で運営することが難しくなってきており，競合他社もFC先から泣きつかれることが増えていると聞いています。もともとは市街地の遊休資産の活用を勧めたり，W社のように旅館や料亭の業態転換を支援したりする形でFC先の獲得を進めてきましたが，やはり素人がうまく運営するには難しい業種なのです。とはいえ，二等地のロケーションは奪い合いとなっているので，W社のようなターミナル駅に直結する場所は取り漏れがないようにしなければ。W社には随分と配慮してきましたから，条件面でご理解いただけることと思いますが，買収完了までしっかりお願いします。」

137

❶背景，経緯
  ◎ W社は昭和の初期から老舗旅館を営んできた業態を転換し，FCホテルチェーンを展開するX社のブランドで，15年あまりオーナー家主導でホテルを経営していた。先代（故人）には2人の息子がおり，まず長男が社長を継いだものの経営能力に欠け，役職員のボイコットまで発生するに至って，現在の社長（弟）が就任した。
  ◎ ところが現社長も経営より骨董品収集に熱を上げ，W社に残っていた"長男派"の突き上げが起こり，一時社内は内紛状態となった。加えて独立企業としての集客力の弱さが響き，ここ数年は営業損失の計上が続いて債務超過に陥り，資金繰りもひっ迫していた。
  ◎ 自力再生が難しいと判断したW社はM&Aによる売却を考え，フィナンシャル・アドバイザー（FA）を起用してまずフランチャイズ元のX社に対して直営化による救済を求めた。X社側もFAを雇って対応を検討したが，「W社の希望売却価額が高い」としてこれに応じず交渉は不調に終わった。
  ◎ W社側のFAは買収先のマーケティングを続け，X社とは別のホテルチェーンへ案件を持ち込んだところ，即座に買収表明があった。ところが自社ブランドの大型FCホテルの消滅に危機感を抱いたX社はこの交渉に待ったをかけ，結局W社が当初希望した価額で株式100%買収に応じた。W社が本格的なM&Aの検討を始めてから，1年強の時が流れていた。

❷このエピソードの特徴と問題点
  ◎ 本ケースは，事業承継と相続の問題が絡む興味深い事例である。先代は「後継者は長男」と決めてはいたが，事業を引き継いだ長男は老舗旅館経営時の"ボンボン感覚"が抜けず，社長業を一種の名誉職として捉えていた。また現社長の次男は経営者となる準備がないまま就任したため，プレッシャーに耐えかねて趣味に走る結果となった。この混乱の最中，長年仕えてきた従業員が事業を支えていたが，そこにも綻びはあったのである。

問題点①　危機的な財務状況：W社の帳簿上の債務超過額は相当な大きさになっていたため，追加融資が受けられず借入金の返済も難しい状況だった。このため運転資金は金融資産を換金して捻出していた。

問題点②　法律に抵触する懸念のある株式取引：W社は今回の株式譲渡交渉の2年前に，前社長（長男）から"退職金見合い"として同氏保有の自社株式を会社が購入（当時，商法で禁止されていた）していた。この商法違反と合わせ，相続税評価額の4割程度という廉価で当該株式を購入した経緯から，税法上の"低廉譲渡"に抵触するおそれがあった。

問題点③　役員による不正：W社は買い手との本格的交渉開始前に財務状況を整理する必要があったため，セラーズDD（売り手側のDD）を実施した。この過程で番頭格の常務取締役による会社資金の流用（"使い込み"）が明らかになった。

問題点④　社有不動産をめぐる混乱：現社長が居住中のマンションはW社が所有していた。また都心の良好な立地にまとまった広さのあるW社の社有地に関して，事実と異なる「売り情報」がM&A交渉中に流布していた。

❸問題点への対応

◎　上記のとおり問題点は山積していたが，W社側は1つ1つに丁寧に対応することによって解決を図った。財務面では，金融機関に対してM&Aプロセス開始時点から仔細を報告して理解を求め，借入金は当面元本返済を猶予し金利支払のみとする条件を得た。肝心の株価は土地の含み益を譲渡価格に反映させ，最終的に一定の手取りが確保できる水準に落ち着いた。

◎　過去の自社株式取引に伴う課税問題の解決については，クロージングのための必須条件としたので，顧問公認会計士・税理士に加えてこのような問題に詳しい税務の専門家を招聘し，問題の十分な把握と対応策を検討した。最終的には所管税務署に対して，当該株式の取引経緯とM&Aが進

行中である事情を説明し，追徴課税のないことを確認したうえで譲渡を実行した。
- ◎　使用人役員による使い込みの件は，詳細な内部調査の結果，使途が遊興費や借金返済という私的なものではなく，本来役員報酬からカバーすべき業務遂行に関連する性質のものと判明した。リストラで報酬が激減し，過去と同様の支出ができず会社資金を流用したことを本人も反省し，被害額も確定できたため，警察への届出や告発はせず，本人の退職金や永年勤続報奨金を算定して，それを充当する形で収め，譲渡期日の遅延を防いだ。
- ◎　「家業」として経営を続けてきたため，W 社保有の不動産は"事業用途"と"個人（オーナー家）用途"のものが混在していた。怪情報による混乱はあったが，W 社の社有地はそのまま存置され，現社長が居住するW社名義のマンションは，役員退職慰労金として買い手より本人に供与された。

❹成功のためのポイント

- ◎　さまざまな問題をはらむ M&A でも，基本に忠実に対応すればおのずと解決策は見えてくる。以下は本ケースから学ぶべき成功のためのポイントである。
- ◎　「会社（株価）にはフェアな価値がある」：売却先の本命であった X 社は，売り手が自社のブランドを利用しているという交渉上優位な立場にあったため，当初は強気で臨んでいた。ところが同業他社が W 社の本来有する"フェアな価値"に沿った買収価格を提示したため，あわてて状況の巻き返しを図った。このように交渉上不利な立場であったとしても，相手を1社と決めず柔軟に対処し，冷静に価値分析を行えば突破口は見えてくる。そのためにはしっかりとした FA を起用することも欠かせない。
- ◎　「過度の振り返り（"タラレバ"）は，プロセスが進んでいる状況では意味がない」：本ケースでは稚拙な株式売買や役員による資金流用など，悔やまれる過去の行状が噴出した。このような場合にはつい原因や因果関係の究明に時間をかけがちだが，それよりも状況への前向きな対応を心がけ，

どうすれば解決できるかという最善策を検討することが大事である。
- ◎「事実は隠さず積極開示する」：税金の未払い（の可能性）や社内の内紛状況など，あまり表沙汰にはしたくない事項は，むしろ積極的に当局や相手方に開示したほうがよい。それ以上の問題や懸念がないことを示せば，逆に信頼や安心感が醸成され，状況を前に進めることができるからである。

税務・会計の観点から

　株式の発行会社への譲渡は，発行会社から見れば自己株式の取得になります。

　本ケースは，前社長（長男）から退職金見合いの資金を渡すために同氏保有の自社株式をW社が取得していたようです。本ケースは商法時代のケースですので，現行の自己株式の取得の税制とは異なりますが，現行の税制では，株式の発行会社への譲渡は，譲渡した株主に，みなし配当課税が生じるため注意が必要です。

　株式譲渡の対価として金銭交付を受けますが，それは一部については資本の払戻し，一部については利益の払戻しを受けたものと考えます。つまり，会社から配当を受けたことにほかならず，配当とみなして課税するというのが，みなし配当課税です。

　具体的には，その対価のうち税法上の資本金等の額に対応する部分は資本の払戻し，それ以外の部分については税法上の利益積立金の払戻しとされます。

　みなし配当とされる部分は，配当所得として総合課税の対象となり，超過累進税率（最高55％）が適用されるため，所得が大きくなればなるほど税負担が重くなります。一方，株式の譲渡所得として，資本の払戻しの額（株式の譲渡対価のうち資本金等の額に対応する部分の金額）と株式の取得費の額との差額が株式譲渡損益として計算されます。資本金等の額に対応する部分の金額より株式の取得費の額のほうが高い場合には，株式譲渡損が生じるケースもあるでしょう。この株式譲渡損は，ほかに非上場株式に係る株式譲渡益がある場

合には通算することができます。しかし，上場株式等の譲渡益や，他の所得と通算することはできず，税務上不利となる場合があります。

さらに，本ケースでは，自己株式の低廉譲渡の問題も生じていたようです。

個人株主が自社株を発行会社に時価の2分の1未満で譲渡した場合には，低廉譲渡に該当します。低廉譲渡は，譲渡所得の額の計算にあたって，実際に交付を受けた金銭等の額を総収入金額とするのではなく，譲渡した株式の時価を総収入金額として譲渡所得を計算しなければなりません（みなし譲渡）。

自己株式を発行会社に低廉で譲渡した場合には，譲渡した者以外の株主が有する株式の価値が増加することになります。このため，株式譲渡した株主から，譲渡した者以外の株主に対し，経済的利益の移転があったものとして，贈与税の認定がされるおそれもあります。

なお，自己株式を低廉で取得した発行法人においては，自己株式の取得は，資本等取引となるため，低廉で取得したとしても，課税関係は生じません。

自己株式の取得にあたっては，さまざまな課税上の問題が生じる可能性があるため，税理士などに相談することが肝要です。

法務の観点から

1．過去の無効な株式譲渡行為について

W社は，今回の株式譲渡交渉の2年前に，前社長から自社株式（自己株式）を取得しています。自己株式の取得は，会社の財産的基礎を損なう，株主平等原則に反する等の弊害があるとして，2001年に商法が改正されるまでは原則として禁止されており，その効果も原則として無効でした。

2年前の自己株式の取得が無効であるとすると，現在でも前社長がW社の株式の保有権限を有していることになり，X社がW社の現在の株主であると主張する者（前社長から自社株式を取得したと主張するW社自身を含む。）からW社の株式を譲り受けたとしても，W社の株式すべてを有効に取得できない可能性があります。

このように売主の株式の保有権限に疑義がある場合，当事者間の懸念を払拭するべく，最終の買収契約書において，株主として最終の買収契約書に調印した者が対象会社の株式を保有していることを各売主において表明保証する，若しくは表明保証できない場合は特別補償の対象とするとともに，この表明保証又は特別補償事項に反する事実が判明した場合には，各売主は賠償請求等に応じることを定めるということが考えられます。

⇒**第４章Ⅲ２(3)，(6)参照**

　また，そもそもＷ社による自己株式取得について効力を有しない可能性が濃厚であるならば，（前社長の保有割合にもよりますが）前社長が当該株式の保有権限者であるとみて，Ｘ社において前社長と交渉し，過去の前社長の保有分については前社長から譲り受けることも考えられます。もっとも，前社長がＷ社を去った経緯からすると，高値を要求されるなどして交渉が難航するおそれがあるかもしれません。

　なお，過去の株式譲渡（譲受）行為が無効となる典型的な例としては，株券発行会社の株式について，株券の交付を伴わない株式譲渡がなされた場合があります。平成16年商法改正前に設立された株式会社は株券発行会社であることが多いのですが，株券発行会社の株式譲渡には株券の交付が必要であり，これを欠いた場合は原則として無効となってしまいます。

　過去の無効な株式譲渡行為については　⇒**第４章Ⅱ２(2)参照**

２．セラーズ・デューデリジェンスについて

　一般に，我が国のM&A取引において対象会社のデューデリジェンスを実施するのは対象会社を取得する買い手ですが，売り手がその費用負担において売却対象についてのデューデリジェンスを実施する場合があり，これをセラーズ・デューデリジェンス（売り手側のDD）といいます。

　売り手にあっては，対象会社を確実に売却したいところですが，そのためには対象会社について取引の障害となる事由・問題の有無をあらかじめ確認し，それらが発見された場合には解決策を用意することが有効です。また，そのよ

うにすることによって，後の表明保証義務違反，ひいては契約の解除や損害賠償といったリスクの回避をなすことができます。

他方，対象会社の事業やビジネスプランをあらかじめ整理することによって，対象会社の売却価値を高め，より有利に売却を進めることも期待できます。

そこで，費用の問題はありますが，セラーズDDの活用は，積極的に検討されてよいところです。

本ケースにおいても，セラーズDDを実施したことによって重要な問題を顕在化させることができ，結果，取引の成功に至っています。

3．役員による資金流用の処理

セラーズDDの結果，W社の常務取締役が会社資金を流用していたことが判明しています。

本ケースでは，クロージング前にW社サイドで処理のめど（当該役員の辞任や被害弁償等）が立っているので，W社側がこれらの処理を終えることがクロージングの前提条件となるでしょう。

逆に，クロージングまでに役員による資金流用の処理のめどが立たない場合は，民事上の損害賠償や刑事告訴等の法的措置を買収後に買主サイドで引き受けることとなってしまいます。

そこで，最終契約書において，クロージングまでに被害額の回収ができなかった場合には回収不能分相当額を売主に対し補償請求する建付けとすることが検討されるべきところです。⇒第4章Ⅲ 2 (6) 参照

4．対象会社の保有資産の一部がオーナーの個人資産と化している場合

中小企業にあっては会社の保有資産とオーナーの個人資産とが混在しがちですが（⇒ケース10【法務の観点から】4参照），本ケースでも，W社保有の不動産が事業用のものとオーナー家用のものとに混在しています。

そのような場合，一般に，対象資産をオーナーの個人資産とみてオーナーに買取りを求めるか，又は買取りまでは求めないとしても，アームズ・レングス・

ルール（arm's length rule，誰に対しても同じ手の長さの距離を置くの意味で，取引当事者が親密な関係や支配従属関係にあったとしても公正な条件で取引を行わなければならないとのルール）に則った取引条件に改定し，利益相反取引として処理する（⇒**ケース15【法務の観点から】2参照**）等の取扱いが必要となります。

5．フランチャイズの直営化と法務デューデリジェンス

　W社は，X社の展開するホテルチェーンの加盟者（フランチャイジー）であり，X社がW社を買収するということはフランチャイズの直営化を意味します。

　一般に，フランチャイザーとフランチャイジーはすでに取引関係があり，前者は後者の事業の状況等について一定程度報告を受けているので，その限りにおいて法務DDを省略できる部分もありそうに思われます。

　しかしながら，フランチャイザーにしても，フランチャイジーにおける株主の株式保有権限や偶発債務の有無等についてまで情報を持っているわけではないので，やはり，十分な法務DDが実施される必要があります。

◯◆まとめ◆◯

- 売り手が行うDDは，M&Aへの最良の準備作業。
- 会社の財務内容が傷んでいても，修復方法がわかれば心配ご無用。
- だが一方で，M&Aに「隠し事」は通じない。
- 売り手オーナーの個人資産と会社の資産の切り分けは，納得感次第でスムーズに進む。

ケース13 業績不振⑦

自動車関連業者の売却
～大手販売先による救済

売り手　Y社の社長の母　　取引銀行のカスタマーアドバイザーに対して

「いえね，私が言うのもなんですが，主人が突然亡くなってから，あの娘もひとりでずいぶんと頑張ってきたんですよ。本人は『大学では自動車部だったから大丈夫よ』，なんて明るく振る舞ってましたけど，自動車は自動車でも中身じゃなくて外身の板金ですし，OLやってた娘がいきなり経営者ですからね…私がオロオロしている間にしっかりと会社をまとめてくれたんですが，やっぱり古株の社員さんたちも不安だったんでしょうね。売上もピークの1～2割になってしまいましたから。独立すると言ったり，ほかの会社に引き抜かれていったり。主人が手塩にかけて育てた人たちなんですけどね。だからもうこのへんでいいのよ，ってあの娘に言ったんです。

銀行さんからの借入れもお返ししなければならないし，このへんで会社を清算して，楽になりましょうって。まだ会社の不動産にも少し価値があると思いますし。残った社員さんたちですか？　それぞれみんな手に職持ってるし，何とかなるんじゃないかしら。ちょっといまそこまで考える余裕がないんですよ…」

第2章　事例でわかる会社の終活

	売り手　Y社	買い手　Z社ほか2社
業　種	自動車外装業者	自動車内装品製造
年商／上場区分	0.5億円／非上場	90億円／非上場
M&Aの目的	業績不振	救済・対象会社保有資産活用

買い手　Z社の社長　　Y社の取引銀行のM&A専門部担当に対して

「Y社さんですか。えぇ，先代社長とは昵懇(じっこん)の仲で，突然お亡くなりになって本当に残念でした。その後も会社は混乱したみたいですね。なにせ奥さんが"お嬢様"育ちで，急きょ娘さんが社長になって健気に会社を支えていますがね。Y社への興味ですか？　うーん，もちろんウチがY社の最大の取引先だってことはわかっていますし，先代にはずいぶんお世話になって家族ぐるみの付き合いはしてきましたよ。腕のいい職人が多いのも知っていますが，事業上のそろばんが合うとはとても思えませんね。そうですね，魅力があるとすればY社のロケーションかな。あの場所はウチが所属する工業会で新たに作ろうとしているショールームにぴったりだしね。不動産は自社所有なのかなぁ。でも業績はずっと赤字と聞いているし，財務状況は相当厳しいんじゃないですかね。え，ウチですか？　えぇ，黒字基調は変わらず，設備投資もどんどん進めたいし，お金はいくらあっても足りません。人様の心配もいいけれど，自分たちもいろいろと知恵を絞らなければならないですよ。」

❶背景，経緯

◎ Y社は前社長の急逝によって一人娘の長女が経営を引き継いだが，相次ぐ社員の退職や取引先のロストが起こり，売上がピーク時の2割以下にまで激減してしまった。この状況を見かねた現社長の母親（前社長夫人）は，懇意だった取引銀行のカスタマーアドバイザー（CA：個人取引の専門家）に「会社を清算して負債を返済したい」との相談を持ちかけた。

◎ 相談を受けたCAはこの要望に対応するため，行内のイントラネットを活用した。イントラネット上に"顧客ニーズへのアドバイス求む"というテーマでY社からの聴取内容と財務・資産状況のあらましを掲示したところ，M&A担当部門より支援ができそうだとの連絡を受けた。

◎ Y社は債務超過に陥っており累積赤字はあるものの，M&A部門の見立てでは社有不動産の含み益で多少の工夫ができることがわかった。このことから会社清算ではなく，第三者への株式売却を優先する方向性が打ち出され，Y社の最大の取引先であるZ社に本件を紹介した。

◎ Z社社長の最初の反応は"経済的合理性を欠く"というものだったが，過去のY社との取引関係を考慮し，またY社保有資産の再活用なども勘案したうえで，自社が所属している工業会の他2社に共同出資を持ちかけ，3分の1ずつの株式譲渡を受ける形での買収を決めた（Z社持ち分は34％）。Y社の財務内容は傷んでいたが，経営者の人柄をよく知るZ社側は偶発債務の懸念は少ないと判断し，買収検討開始から約3カ月でクロージングに至った。

❷このエピソードの特徴と問題点

◎ 経営者の急逝により，準備がないままに事業を承継しなければならない状況は，「会社の終活」の現場で散見されるケースである。後継者の検討をほとんどしていなかった場合や，事業運営を亡くなった前経営者に依存していた場合などは，特に難しい対応を迫られる。

問題点①　売り手側の準備不足：本ケースもこうした事例の1つで，後継

社長がまず自社の実態を把握するのに時間がかかり，これを不安視した取引先や従業員が離れていくという悪循環に陥ってしまった。結果として「会社に価値があるうちに」と会社清算やM&Aを検討せざるを得なくなったが，売り手の経営者には会社売却に関する事前準備や知識がまったくといっていいほどなかった。

問題点②　事業に魅力がない：Y社の事業内容は，従業員の数が売上に比例するような典型的な労働集約型であり，他社が買収することによって生産性を上げることは難しかった。また過去の財務状況（主に資金繰り）が悪かったため，必要な設備投資も怠っており，現在のまま事業を続けるためにはかなりの追加投資が必要となることも明白だった。Y社の事業を継続することが現実的な選択肢とはなりにくかったのである。

問題点③　当事者同士が親密すぎる：Y社の前社長（故人）とは旧知の間柄で，家族同士の付き合いも密にあったため，買収を主導したZ社社長は心情的に"会社を買いたたく"ような行動は避けたいと考えていた。他方で他の共同出資者への手前，間尺に合わないような金額を払うつもりもなく，対応に苦慮する中で買収を躊躇する原因になっていた。

❸問題点への対応

◎　当事者の準備が不十分なままM&Aを進めることはできない。本ケースではY社から相談を受けた取引銀行のサポートが功を奏した。具体的には，決算書類はそれほど煩雑ではなかったものの，財務状況の整理のためCAが懇意の公認会計士を紹介し，会社売却のための準備を整えた。さらにY社側に不足していた会社清算やM&Aに関する方法論や知識などについて，CAとM&A部門が丁寧にレクチャーを行って理解を深めるようにした。

◎　Y社の処分については，社有不動産の含み益がポイントとなった。まず会社の清算では，株主（現社長と前社長夫人）の取り分はほぼゼロと試算

された。一方で株式売却方式であれば，現社長からY社へ貸し付けていた資金（前社長の負債を相続したもの）の回収とともに，譲渡代金で数千万円の手取りが見込めることが判明したため，M&A実行へ舵を切った。
- ◎ 他の共同出資者から情実取引とは思われたくなかったZ社社長の懸念については，Y社のフィナンシャル・アドバイザー（FA）となった取引銀行が一貫して交渉の仲立ちを務めたため，当事者同士が直接交渉することはなかった。Y社はFAに全幅の信頼を置き，Z社側も提示された条件が納得のいくものだったため，買収価額の合意やスケジュールの面でスムーズに進めることができた。

❹成功のためのポイント

- ◎ M&Aの端緒はさまざまである。本ケースは先代社長が亡くなった後に，個人客の資産運用についてアドバイスする専門スタッフが継続的に相談に乗っていたことが起点となって，Win-WinのM&Aに至ったケースである。会社の処分に関して準備や知識が不足している場合には，対応策を絞り込む前に本ケースのように外部のアドバイスを求めるほうがうまくいくことが多い。
- ◎ 「会社の終活」は事業を継承することが基本だが，状況次第で柔軟に考える必要もある。本ケースでは買い手が対象会社の保有資産を別用途（工業会製品向けのショールーム）に活用することを思いついてからの動きは非常に速く，3カ月という短期間で収束した。会社の価値を何に置くかで交渉状況は様変わりするのである。
- ◎ 買収完了後Z社と共同出資者の2社は数年かけてY社の元の事業を廃業し，マーケティングの会社に衣替えして元の社屋はショールームに建て替えた。Y社の社長は天性の明るさと外向的な性格が幸いし，引き続き社長業にとどまって旧事業の整理とその後のマーケティング会社の社長も任されることになった。買い手にとっても買収先の人財・資産を最大限に活用できたM&Aの好例である。

税務・会計の観点から

　本ケースでは，先代社長が突然亡くなり，娘と前社長夫人が会社の株式を相続し，娘が社長に就任したものの，経営が軌道に乗らず，最終的に相続した株式を譲渡したケースです。

　相続した株式の譲渡については，税務上，① 相続税の取得費加算の特例と，② 相続により取得した非上場株式を発行会社に譲渡した場合（自己株式の取得）の課税の特例の２つがあります。

① 相続税の取得費加算の特例

　相続した株式にも相続税がかかっています。

　相続した財産を相続発生後３年10カ月以内に譲渡した場合には，その財産を相続する際にかかった相続税を，譲渡した財産の譲渡所得の計算にあたり，取得費に加算できるという特例があります。これにより，譲渡した財産の譲渡所得税が軽減されます。

　具体的には，相続により取得した資産（土地，建物，株式など）を，相続開始日の翌日から相続開始後３年10カ月以内に譲渡した場合に，相続税額のうち，次の算式で計算した額を譲渡資産の取得費に加算することができます。これを相続税の取得費加算の特例といいます。

$$\text{対象者の相続税額} \times \frac{\text{対象者の譲渡財産の相続税の課税価格}}{\text{対象者の相続税の課税価格＋対象者の債務控除額}}$$

　この特例は，相続や遺贈により財産を取得した人に相続税が課されていることが前提です。所得税の確定申告書に，相続税の申告書の写し，相続財産の取得費に加算される相続税の計算明細書，株式等に係る譲渡所得等の金額の計算明細書を添付することによって，適用することができます。

② 相続により取得した非上場株式を発行会社に譲渡した場合の課税の特例

　株式を発行会社に譲渡した場合（自己株式の取得）は，みなし配当課税が生じるのが原則です。みなし配当課税は超過累進税率が適用されるため，税負担が重いといわれています。そこで，相続により取得した株式を発行会社に譲渡した場合に限り，このみなし配当課税を停止するという特例があります。

　この特例は，相続により取得した株式を，相続開始日の翌日から相続開始後3年10カ月以内に発行会社に譲渡した場合に，その譲渡するときまでに，「相続財産に係る非上場株式をその発行会社に譲渡した場合のみなし配当課税の特例に関する届出書」を発行会社を経由して税務署に提出することにより適用できます。

法務の観点から

1．会社の清算

　本ケースでは，Y社は当初，会社の清算を検討しています。

　会社の清算とは，会社の解散に伴って，それまでの法律的・経済的関係を整理する手続をいい，債務超過状態にない会社が廃業するときに採る手続です。

　会社の清算の大まかな流れは，次のとおりです。

```
┌─────────────────────────────────────────────────┐
│ 株主総会の特別決議にて会社を解散（会社法309条2項11号，471条3号） │
└─────────────────────────────────────────────────┘
```

```
┌─────────────────────────────────────────────────┐
│ 清算の開始，清算人を選任（同475条1号，477条1項，478条1項）  │
└─────────────────────────────────────────────────┘
```

```
┌─────────────────────────────────────────────────┐
│ 解散及び清算人の各登記（同926条，928条）                  │
└─────────────────────────────────────────────────┘
```

```
┌─────────────────────────────────────────────────┐
│ 清算手続開始：会社債権者への公告・催告（同499条1項）        │
│ 清算会社の財産の現況調査及び財産目録・貸借対照表の作成・保存（同 │
│ 492条1項，494条）と株主総会ないし清算人会による財産目録・貸借対 │
│ 照表の承認（同492条2項，3項）                          │
└─────────────────────────────────────────────────┘
```

清算人による債務弁済，その後株主に残余財産を分配（同504〜506条）

決算報告の作成（同507条1項）と株主総会ないし清算人会による決算報告の承認（同507条2項，3項）

清算結了の登記（同929条1項），清算人による帳簿資料の保存（同508条1項）

　会社に債務超過の疑いがある場合や，清算の遂行に著しい支障をきたすべき事情がある場合には，通常の清算手続を採ることはできません。

　この場合，倒産手続（清算型である破産，特別清算と，再建型である民事再生，会社更生があります。）を採るか，私的整理を検討する必要があります。

2．会社の清算とM＆Aによる譲渡との差異

　本ケースでは，会社の清算では株主の取り分はほぼゼロと試算された一方，株式譲渡であれば，現社長からY社へ貸し付けていた資金の回収とともに，数千万円の余剰が見込まれたとあります。

　一般に，会社を清算した場合とM&Aにより譲渡した場合とでは，後者に多くのメリットがあるといわれます。

　まず，会社自体の価値が異なってきます。すなわち，M&Aによって会社を譲渡する場合，企業が継続することを前提として，営業権等に相当する価値を上乗せすることが一般です。中小企業では，純資産額に加えて税引後利益の3〜5年分程度を営業権として上乗せすることがしばしばあります。これに対し，会社の清算の場合，廃業が前提となるので継続企業のように全体としての（営業権等も含めた）評価はなされず，個々の資産を換価対象とするのが一般であり，資産の中には換価が困難なものや低額となりがちなものも少なくないことから，結果として会社を譲渡する場合よりも評価額はかなり下がります。

　また，M&Aによる場合，対象会社の役員の債務保証や担保提供については，

外すように取り決められることが多いですが，会社の清算の場合は特に手立てがありません。

税負担についても，株式譲渡であれば譲渡益に対する課税で済みますが，会社の清算の場合は会社資産の処分と株主への配当に課税され，一般に負担税額は会社の清算のほうが高額となります。

加えて，M&Aによる場合は，対象会社従業員の雇用の維持・確保を図ることができます。

以上からすると，会社の清算が検討される場合に，M&Aによる譲渡が可能であるならば，あえて会社の清算を選択する理由は乏しいといえます。

3．共同出資と株主間契約

本ケースでは，Z社は，自社が所属している工業会の他の2社に共同出資を持ちかけ，その結果，Y社の株式についてZ社が34％，残りの2社がそれぞれ33％を保有する形となっています。

会社法上，対象会社の株式の3分の1以上を保有すると，単独で，対象会社の株主総会特別決議を阻止することが可能となりますが，役員の選任・解任をなし得るためには過半数の保有が必要となります。

⇒ケース18【法務の観点から】1参照

しかしながら，Z社と他の共同出資者とで，Y社の経営等について会社法の規定に拘束されないような合意をなすことは可能です（会社法の強行規定に反しない限りですが。）。

このように，ある会社について株主が複数存在する場合に，会社の運営のあり方等についてあらかじめ合意（契約）することを，株主間契約といいます。

株主間契約の内容としては，主に，出資比率，機関設計，役員の選任・解任，重要事項の承認や拒否，保有する株式の譲渡に関する取り決め，剰余金の配当等があります。

本ケースでは，他の共同出資者にあってもY社の経営に関心があるならば，各株主がY社の取締役・監査役をそれぞれ何名ずつ指名ないし解任できるか

を定めることが考えられますし，他の共同出資者がそこまで経営に関与しないとしても，会社の運営に関する一定の重要事項については株主の事前承認を必要とする旨の条項を定めることが考えられます。

　また，他の共同出資者がＹ社の経営に関与しないというのであれば，剰余金の配当に関する条項において，他の共同出資者に配慮するという設計もあるところです。

○◆まとめ◆○

- 知ったかぶりよりも，専門家・アドバイザーを"使い倒す"ほうが賢明！
- 思わぬ税金の支払いが生じるリスクには要注意。
- 共同出資では，「株主間契約」が"憲法"。

ケース14 会社清算①

【 LPガス配送業者の売却
〜発注先による事業内製化 】

売り手　イ社の社長　　　　　　　　　ロ社の社長に対して

「これはロ社長，ようこそお越しくださいました。いつもウチを使っていただいてありがとうございます。最近の業績ねぇ。他社のダンピングが激しくて，商売はずいぶん厳しくなってます。LPガスの配送業務が体力的にきつくないかって？　60半ばにはなりましたが，自分でやってきたこの仕事ですから自信はありますし，社員も一所懸命働いてくれています。ま，もちろんあの手この手を使わないと，人手不足のこのご時世じゃあなかなかウチにとどまってくれないですけどね，へへ。ところで今日はどういったご用件で？　え，ウチを買いたいって？　うーん，もちろんいい仕事をいただいていますし，この商売をこれからも続けていくことを考えれば無下にもできない話かもしれないが…　それにしてもいろんな業者を使ってらっしゃるが，どうしてウチなんでしょうね。ご存知のとおりウチは仕事に自信はあるが業績もよくないし，おたくのようにしっかりとした会社組織でもないし，ホントにうまくいくんでしょうかね？　まぁ少し考えさせてくださいよ。私も相談しなきゃならない人も多いので。」

第2章 事例でわかる会社の終活

	売り手　イ社	買い手　ロ社
業　種	ＬＰガス配送・充填	石油・ガス類の販売
年商／上場区分	２億円／非上場	215億円／非上場
M&Aの目的	業績不振	本業拡大・配送部門強化

買い手　ロ社の顧問経営コンサルタント　ロ社の社長に対して

「私が御社のコンサルティングを始めてから１年になります。この間の発見事項と改善の必要な点をお話ししたいと思います… 御社は元売り先との関係が良好なため、燃料商品の仕入値は安定的に推移しています。財務状況も資産負債のバランスが良いので、金融機関からの『借入を増やしてほしい』というラブコールも多く、理想的な取引関係といえます。また社内体制についても、業界内では先進的なITシステムを導入され、残業代の削減と同時に政府の主導する『働き方改革』の方向性に見合った人事管理も進んでいることは高く評価されます… 一方で商品販売に関しては、外注しているLPガスの配送コストが最大のネックです。一般的に"安定配送"を主張する配送業者の立場のほうが、企業規模や体力で勝る供給業者よりも強い業界であることは理解していますが、このままの状態では取引環境の変動によって、稼いだ分がすべて外注コストに消えることにもなりかねません。ぜひとも早期に配送業務に関して内製化されることを強くお勧めします。」

157

❶背景，経緯
- ◎ 石油・ガス販売を手広く営むロ社の社長は，業界の旧弊を憂いて近代的な経営を進めており，大手シンクタンクの顧問コンサルタントからは「外注しているＬＰガス配送業務を内製化して，経費の削減と業務効率化を図るべし」との指摘を受けていた。同社長はかねてより，競争の激化によって業績は下降しているものの，下請けとしてＬＰガス配送業務を請け負っていたイ社社長の手腕に注目していた。まずは誠意を示すことが大事と考え，ロ社社長は直接イ社社長本人にM&Aの意向を打診した。
- ◎ 当初ロ社社長は，協働による業界の体質改善への期待感や，ＩＴシステムの共用による業務の合理化など，高い志と理詰めでイ社社長に迫って理解を求めたが，むしろイ社にとってこのような施策は士気の低下につながるとの反発を受け，納得には至らなかった。また金額面でも両者の思惑が相当かい離していたため，議論が前に進まない状態が続いていた。
- ◎ 両社ともある銀行の同じ支店と取引があったため，状況に窮したロ社社長はその銀行の支店長に仲立ち（交渉への同席）を頼み，徐々にお互いの希望や不安を伝え合う雰囲気を作っていった。その後1年近くを要したが，優先事項や取引形態について双方が歩み寄ることとなり，最終的に売り手から買い手に従業員と事業一切を事業譲渡する条件で契約書が調印された。さらにその1カ月後に，公正取引委員会からの不勧告通知を受領（当時。平成18年1月4日より独占禁止法において勧告制度は廃止され，意見申述等の機会の付与といった事前手続を経たうえで，違反行為があるときは直ちに排除措置命令が下されることとなった）することで，クロージングに至った。最初のアプローチから約1年半が経過していた。

❷このエピソードの特徴と問題点
- ◎ ＬＰガス業界は供給業者（本ケースにおけるロ社）と配送業者（同イ社）の役割が明確で，通常前者の規模は比較的大きく，後者は零細企業が多い。今回もその構図が当てはまるケースで，安定配送を武器に力関係はむしろ

配送業者が強く，外注費用がかさむことが供給業者の慢性的なネックである。

問題点①　経営スタイルの違い：企業規模の違いもあり，両社の経営手法は相当異なっていた。「株主＝経営者＝トップセールスマン」であるイ社社長は，物事をすべてトップダウンで決裁するスピード感を優先し，属人的に会社を運営していた。一方ロ社は社長が音頭を取って，最先端の経営手法の導入を進めながら，組織の活性化と強化を重視していた。こうした経営スタイルの違いから，お互いの主張がかみ合わず，議論がこう着していた。

問題点②　軽視されていた内部管理：イ社の最優先課題は，他社を圧倒するサービス提供による営業力の強化であった。一方で経理・財務面では，仕訳や減価償却など会計情報が正確性を欠き，客先への過剰な接待や従業員の引き留めのために経費を水増しして資金を捻出するなど，資産・負債内容に不明瞭な部分が多かった。このほか，会社の都合で社会保険料の負担や支払いを変更したり，業界慣行との理由から取引契約書がほぼ存在せず，口頭での約束によって業務を提供したりしており，内部管理が機能していなかった。

❸問題点への対応

◎　当事者間での話し合いに限界が見えた場合，客観的な見方ができる第三者の関与は状況を大きく改善する効果がある。本ケースは買い手の業務効率化と事業拡大，売り手の業績不振の解消と事業存続という，双方のニーズが一致するケースであったが，経営手法や優先事項の大きな違いが前向きな話し合いの障害になっていた。当事者同士では自説を相手に納得させることに腐心するため，ともすれば感情的なやりとりに終始してしまう。今回は取引のある銀行の支店長という，両社のことをよく理解している第三者の介在によって，両者の主張をまとめることができた。

◎　イ社の財務内容や内部体制を整備することは難しく時間もかかるため，

ロ社への事業譲渡とし，譲渡完了後の一定期間内にイ社を清算して将来的な偶発債務の発生を抑えた。従業員は全員引き継がれ，給与の引上げや研修機会の提供など，処遇の改善によって譲渡後の引き留めにも配慮した。

❹成功のためのポイント

- ◎ 当事者同士で話をまとめることは望ましいが，親密であるためにかえって十分な要求ができない，感情的になってしまうなど弊害もある。それゆえ客観的な第三者の存在が必要となるが，取引の規模や内容次第では，M&Aアドバイザーの起用ではなく，このケースのように売り手と買い手をよく知っており，双方の話をまとめられる中立的な人物（銀行のほかにもたとえば業界団体の長や専門家など）に関与してもらう解決策もある。

- ◎ かつて「余剰生産設備の整理統合による合理化」という業界再編論を掲げて同業者に買収を迫ったものの，失敗に終わった大手企業の事例もあった。大企業でさえも"情"が"理"に勝るのがM&Aの現実であり，ましてや中小企業における交渉は，財務数値や成長率を議論の前面に押し出すと例外なく強い拒否反応にあう。買い手は理屈で説得しようと試みるよりも，三顧の礼で自社に迎える気持ちで，売り手側の目線に合わせて交渉を進めていくことが肝要である。

- ◎ 本ケースにおけるイ社社長のような，"たたき上げ営業マン"の売り手経営者（兼オーナー）と折衝する場合，業績や決算の内容よりも営業活動の評価に重きを置くべきである。一方で数字面の客観性も大事なため，本ケースでは第三者の介入で議論が前進し始めたタイミングから，イ社社長が信頼する顧問税理士に常時交渉の場への同席を求め，専門的な解説を行ってもらうことにより，企業の静態価値（売却時点の客観的な企業価値）を譲渡価額算定の根拠とする同意を得られたことが，成功の大きな要因となった。

税務・会計の観点から

1．事業譲渡とは

　事業譲渡は，事業に係る資産及び負債の譲渡となり，事業譲渡の譲渡価額と，譲渡した資産（のれんを含みます。）及び負債の純額との差額が事業譲渡の損益になります。従業員も個別に承継することになりますが，譲渡元の会社を退職し，譲渡先の会社に新たに雇用されることになります。したがって，原則的には譲渡元で個々の従業員に対し，退職金の支払いが必要になります。ただし，事業譲渡の譲渡条件により，事業譲渡により譲り受けた従業員の退職金について，事業譲渡前の在職期間などを勘案して算定する旨を約し，事業を譲り受けた者がこれに伴う負担を引き受ける場合もあります。事業譲渡の譲渡価額からその退職給与債務引受けに係る額を控除した額が実際の事業譲渡の譲渡価額になります。

　なお，消費税の取扱いは，譲渡対象資産を課税資産と非課税資産として区分して課税することになります。譲渡対象資産に土地がある場合には，土地に対する譲渡価額は，非課税売上になります。有価証券及び金銭債権がある場合には，有価証券及び金銭債権の額の5％が非課税売上になり，事業譲渡者の課税売上割合が低下するため，消費税の税金計算に影響しないかの確認が必要です。なお，のれん（営業権）も課税売上として，消費税の課税対象になりますから，注意が必要です。

2．事業の譲受け

　事業を譲り受けた会社は，資産及び負債を時価評価したうえで承継します。取得した固定資産については，中古資産を取得した場合の見積り耐用年数で減価償却をすることができます。また，取得した資産が10万円未満又は使用可能期間が1年未満の少額固定資産については，事業供用事業年度に損金算入することができます。さらに一括償却資産の損金算入，中小企業者等の少額減価償却資産の取得価額の損金算入の特例も，時価評価後の価額（通常は帳簿価額）

での適用ができます。

　実際の譲受価額と譲り受けた資産及び負債の会計上の時価評価額との差額は，会計上，のれんとして認識されます。原則として20年以内にその効果の及ぶ期間にわたって定額法などにより規則的に償却されます。差額がマイナスとなる場合には負ののれんとして，のれんが生じた事業年度の利益として一時処理されます。

　一方，税務上は，会計上の「のれん」の償却額を損金算入することはできません。税務上は，事業譲受けの譲受価額と，譲り受けた資産及び負債の税務上の時価評価額の純額との差額を「資産調整勘定」「負債調整勘定」として認識します。事業譲渡により譲り受けた従業員の退職給与について，事業譲渡前の在職期間などを勘案して算定する旨を約し，これに伴う負担を引き受けた場合におけるその退職給与債務引受けに係る金額は，一定の要件を満たせば退職給与負債調整勘定として認識します。また，事業譲渡に係る事業の利益に重大な影響を与える将来の債務で，その履行が確定していないもののうち，事業譲渡後3年以内における債務の額に相当する金額は，短期重要負債調整勘定として認識します。

　ただし，これらが認識されるのは，移転法人の事業譲渡直前において営む事業であること及びその事業に係る主要な資産又は負債のおおむね全部が事業譲渡により譲受け法人に移転することが要件です。主要な資産が移転したか否かは，その経緯や譲受け法人における実態をみて実質的に判断されます。

　「資産調整勘定」「負債調整勘定」は，60カ月にわたって月割りで，退職給与負債調整勘定は対象者が退職する際に，短期重要負債調整勘定はその損失が発生した際に，損金又は益金に算入します。

法務の観点から

1．偶発債務・簿外債務について

　偶発債務とは，債務の保証，引渡済の請負作業又は売渡済の商品に対する各

種の保証，係争事件にかかる損害賠償義務，先物売買契約，受注契約その他現実に発生していない債務で将来において当該事業の負担となる可能性のあるものをいうと定義されます（財務諸表等規則取扱要領第146）。

簿外債務とは，貸借対照表上に記載されていない債務の総称であり，偶発債務を含む概念です。

偶発債務・簿外債務の発見は，財務デューデリジェンスにおける重要課題ですが，法務デューデリジェンスにおいてもその発見と処理が重要となります。

法務DDにおいては，未払労働債務，債務保証，損害賠償責任，非上場企業におけるデリバティブ取引等がしばしば問題となります。

偶発債務・簿外債務についての法務上の対応としては，法務DDで発見に努めることを前提として，最終契約書の中で，明らかにされたもの以外に偶発債務等が存在しない旨を売主に表明保証をさせるとともに，取引後に偶発債務・簿外債務が生じて買主が損害を被ることとなった場合には当該損害を売主が買主に対して補償する旨を定めることや，買収価額の設定において偶発債務・簿外債務を評価したうえで取引金額を減少させる等の調整を行うといったものが考えられます。

偶発債務・簿外債務のリスクが大きい場合には，株式譲渡や合併といった偶発債務・簿外債務を引き継ぐ手法ではなく，これらを引き継がない会社分割又は事業譲渡の手法を選択するということも考えられます。

本ケースにおいても，将来的な偶発債務の発生を抑えるべく，事業譲渡が用いられています。

2．液化石油ガス事業と許認可等

液化石油ガス（一般にLPガスやプロパンガスとよばれています。）に関しては，液化石油ガスの保安の確保及び取引の適正化に関する法律（液化石油ガス法）等により，販売に登録が必要であるほか，貯蔵量と供給形態によって必要な許認可や届出が異なってきます。

本ケースでは，ロ社は石油・ガスの販売事業を営んでいますが，許認可関係

が複雑なところですので，イ社固有の許認可等を調査確認するとともに，本ケースでは事業譲渡が用いられていることから，イ社固有の許認可等が存するのであれば，買主であるロ社側でクロージング日までに当該許認可の取得等の手続を完了させる必要があります（なお，液化石油ガス販売事業者，又は液化石油ガス器具等の製造・輸入を行う事業者が，その事業の全部を譲渡する場合は，その事業を譲り受けた者は，会社分割や合併の場合と同様，液化石油ガス販売事業者の地位を承継します。液化石油ガス法10条，42条。都市ガス事業者に適用されるガス事業法も，同様に承継規定を設けています。同法8条，43条，73条，87条，141条）。⇒**第4章Ⅱ(6)参照**

3．M&Aと独占禁止法の規制

　比較的規模の大きいM&Aは，特定の市場における競争に影響を与えるおそれがあります。そこで，独占禁止法（私的独占の禁止及び公正取引の確保に関する法律）は，一定のM&Aについて，次のような規制を設けています。

　① 実体規制

　M&Aによる企業結合が「一定の取引分野における競争を実質的に制限することとなる場合」や企業結合が「不公正な取引方法による場合」は，企業結合そのものが禁止されており（独禁法10条1項（会社による株式取得），15条1項（合併），15条の2第1項（会社分割），15条の3第1項（共同株式移転），16条1項（事業譲受け）），違反した場合は公正取引委員会において排除措置を命ずることができます（同17条の2。なお，これらは，個々の市場における競争の実質的制限を問題として企業結合を規制するもので，市場集中規制とよばれます。）。

　どのような場合に企業結合が規制の対象となるかについては，公正取引委員会による「企業結合審査に関する独占禁止法の運用指針」に詳細に説明されています。

② 届出規制

次の要件①に該当する会社が要件②に該当する会社の株式を取得しようとする場合において，要件③に該当することとなった場合には，公正取引委員会に事前の届出が必要となります（株式取得の場合，同10条2～7項）。

① 株式を取得しようとする会社及び当該会社の属する企業結合集団に属する当該会社以外の会社等の国内売上高の合計額が200億円を超える場合
② 株式発行会社及びその子会社の国内売上高の合計額が50億円を超える場合
③ 株式発行会社の株式を取得しようとする場合において，株式発行会社の総株主の議決権の数に占める届出会社が取得の後において所有することとなる当該株式発行会社の株式に係る議決権の数と届出会社の属する企業結合集団に属する当該届出会社以外の会社等が所有する当該株式発行会社の株式に係る議決権の数とを合計した議決権の数の割合（議決権保有割合）が新たに20％又は50％を超えることとなる場合

ただし，合併又は分割により上記要件に該当することがあるときは，「合併に関する計画届出書」等の所定の欄に当該事項を記載することにより，事前の届出書の提出は不要となります。

本ケースでは，買い手であるロ社の国内売上高は215億円ですが，売り手であるイ社の国内売上高は50億円以下（2億円）ですので，事前の届出は不要となります。

◯◆まとめ◆◯

- こう着状態では，中立的立場の人の意見が打開の切り口に。
- 「相手の立場に立って，物事を考えて対処する」ことは，M&Aでも"イロハのイ"。
- 会社法や民法以外の法律も頻繁に登場するのがM&A（独占禁止法，外為法など）。

ケース15 会社清算②

事務機器製造会社の事業譲渡 〜同業者による吸収

売り手　ハ社の社長　　M&A専門会社の担当者に対して

「これまで何度かご連絡いただいていましたが，都合がつかなくて申し訳ありませんでした。今回は折り入ってご相談があって。実は先日ウチの最大のお取引先さんから『悪いことは言わないから，同業のニ社さんに会社を引き取ってもらったらどうか』と持ちかけられました。正直なところ，そのやり方があったか，とホッとしているんです。ウチは数年間ひどい決算が続いていて，内部留保もほとんどない状態です。跡取りもいないし，会社を引っ張ってくれそうな社員も見当たらないため，ほとほと困り果てていました。ニ社の社長さんとはあいさつ程度の間柄ですが，ウチとニ社さんは同じ規格製品をあのお取引先に納入していますので，下請け同士としての相性はいいと思うんです。会社の株式は100％私名義になっていますし，一刻も早くかたをつけたいので，できればそのまま株を買ってもらいたいと考えています。ついてはおたくと契約しますので，ニ社さんへの橋渡しをお願いできないでしょうか？　ええ，ウチのお取引先からはニ社さんに，もうこの件はお話しいただいているとのことです。」

	売り手　ハ社	買い手　ニ社
業　種	▶ 事務機器製造	▶ 事務機器製造
年商／上場区分	▶ 3億円／非上場	▶ 15億円／非上場
M&Aの目的	▶ 業績不振	▶ 本業拡大

買い手　ニ社の社長　　M&A専門会社の担当者に対して

「初めまして。今日はどんなお話ですかな。はぁ，ハ社さんの件ですか… いや，確かに<u>あのお取引先からハ社について面倒を見てやってくれと言われ</u>ていますし，我々にとっても業容や商流の拡大につながる可能性もあるから，検討する価値はあるとは考えています。でもハ社さんは株を買い取って会社をそのまま引き継いでくれ，というご希望なんでしょ？　それは難しいと思うね。事業譲渡っていうんですか，会社の器は残してビジネスを引き継ぐやり方は，小さい会社にとっては面倒な手続だろうから，それを避けたいのもわからんではないが，我々は<u>その事業譲渡が唯一のやり方</u>だと思いますよ。というのも，あなたたちの話を総合すると，ハ社さんは儲かっていないうえに借金漬けなんだよね。どんな"お化け"（偶発債務）が会社にくっついているのか，わからないじゃないの。下手をすれば<u>安く買って大損を掴むことにもなりかねない</u>。大口取引先からのご依頼だから，できるだけ期待に応えなければならないとは思っていますが，引継ぎ方は十分に考えなければね。」

❶背景，経緯
◎　ハ社社長は"事業承継に関するご相談"という名目で，あるM&A専門会社から頻繁に連絡を受けていたが，経営状態も思わしくなく，目先の商売が繁忙だったため，返答していなかった。しかしハ社最大の取引先である大手事務機器販売会社から，同業のニ社への会社売却を勧奨されたことを契機に，渡りに船とばかりに即座にそのM&A専門会社と契約し，ニ社へのアプローチとアドバイスを依頼した。

◎　ハ社同様，ニ社社長も同じ大手取引先からハ社の買収を持ちかけられていたため，M&A専門会社からの提案を前向きに検討することとなった。売り手は株式譲渡での取引を希望したものの，買い手は当初から売り手の財務内容に懸念を持っており，守秘義務契約締結後に入手した会社情報を精査した結果，赤字体質で債務超過すれすれの会社そのものの買収には応じず，会社の土地と付設する設備のみの買取りを主張した。

◎　最終的に事業譲渡による取引で決着し，契約調印後に国土法と公正取引委員会の不勧告通知（当時。国土利用計画法23条は土地売買等の契約を事後届出制としており，現在は依頼しないと不勧告通知の送付はされない。公正取引委員会については本章のケース14❶参照）を待って，その1カ月後にクロージングを迎えた。双方の取扱製品と取引先がほぼ重なっていたため，交渉開始から約3カ月というスピードですべての手続が完了した。

❷このエピソードの特徴と問題点
◎　事業承継問題が社会現象として注目される状況を迎え，この悩みを抱える中小企業を顧客ターゲットとするM&Aの専門会社／アドバイザーの数は，近年増加傾向にある。ただし一般的なM&Aアドバイスを行う場合，公的な資格などは不要であるため，この中には専門知識もない"自称アドバイザー"もいる。

問題点①　アドバイザーの立ち位置：M&Aは本来的に売り手と買い手の間に利益相反関係が生じるため，どちらかのアドバイスを引き受けた

アドバイザーは，原則的にその取引の相手方からも委任されたり，報酬を受け取ったりすることは好ましくはない。本ケースにおいても両社をつないだM&A専門会社は当初，双方から報酬を受け取ることを企図していたが，買い手側から利益相反の問題を提起され，引き下がった経緯があった。

問題点② 売り手の危機的な財務状況：売り手は売上の不振から運転資金にも余裕がなく，個人の借入れのほか，銀行からの借入金が負債の9割近くを占めていたため，追加融資も得られず破たんの瀬戸際にあった。銀行にはハ社社長の個人保証が差し入れられており，時間切れとなって自己破産に至ることを回避するためにも，迅速な交渉が必要とされた。

❸問題点への対応

◎ M&Aを成功に導くためにはアドバイザーが必要だが，"誰に"，"どのように"任せるかには十分留意すべきである。"仲介"を専門とするM&A会社やフィクサー的に動く個人業者は，当事者が経験不足であることに乗じて自社に有利な条件や契約を結ばせることも多い。具体的には「これが普通です」などと言葉巧みに，相手方との面談を設定するだけで法外な報酬を要求したり，双方代理（売り手と買い手の両方から報酬を得る）を強要したりする。M&Aとは利益相反の"塊"であり，売り手・買い手どちらか一方を支援することがアドバイザーの常識であり，矜持であるといえる。

◎ 本ケースでは買い手がセールストークを鵜呑みにすることなく，顧問弁護士や取引金融機関などに確認をして利益相反関係を明確化し，M&A専門会社の申し出を拒絶して別のアドバイザーを起用するという賢明な判断をした。

◎ ハ社事業の引受けを決断した後のニ社の動きは速く，事業譲渡手続のスピードアップと税務上の都合により，ハ社の社有地はニ社の社長が個人で

購入し，ハ社の工場や生産設備はニ社が買い取った。ハ社社長は一連の取引による売却資金を充当することで借入金を全額返済でき，その他一切の負債を残すことなく円満に会社を清算することができた。

❹成功のためのポイント

◎ 本ケースの当事者は同業者で，同じ取引先に同様の規格製品を納入していたため，他のケースと比べると事業引継ぎをスムーズに行えた。最終的には売り手・買い手の経済的な判断がM&Aの成否を決するとはいえ，元請け会社による下請け再編のイニシアティブが当事者の決心を促して本ケースの成立に導いたことは，大いに評価されてよい。

◎ かつて大手の販売業者のノウハウは，より多くの下請メーカーを抱えて即納体制を構築することであったが，現在この戦略は陳腐化し，発注先の集中化が進んでいる。いわばその代償として本ケースでは元請けが，体力のある下請けに注文を集める代わりに弱体化した下請けを吸収させたわけである。

◎ 売り手にとって事業承継に関するM&Aは"一生に一度"のイベントであるため，対応の仕方や取引についての知識も不足し，長年頼りにしてきた顧問税理士や公認会計士も不慣れなことが多い。案件を持ち込んできた仲介業者に「この機会を逃すと今後チャンスはない」とか，「早く（アドバイスの）契約をしないとほかに話を持っていく」などと決断を急かされ，不利な契約や条件をのまされる事業承継問題の当事者が少なくないのは，悩ましいことである。

◎ こうしたことを避け，取引を成功させるためには，(1)自分だけで悩まず，事業承継の経験者やM&Aをよく知る専門家に相談すること，(2)最低限の法律知識（たとえば利益相反等）を身につけておくこと，(3)同業他社のM&A会社に相見積りを取ること，(4)日ごろからM&Aに関心を持ち，当事者となった際には焦らず落ち着いて対応することが肝要といえる。

税務・会計の観点から

　本ケースでは，対象会社が赤字体質で債務超過すれすれだったものの，会社の社有地を二社の社長に売却し，ハ社の工場や生産設備は二社に売却後，その他一切の負債を残すことなく円満に会社を清算することができたとのことですが，ハ社は赤字体質だったことから，多額の税務上の繰越欠損金を有しており，社有地や工場や生産設備の譲渡益が生じたとしても，繰越欠損金と相殺することができ，税負担が少なく解散できたものと考えられます。

　さて，清算における税務上の取扱いの概要は，次のとおりです。

　会社法上，会社が株主総会により解散した場合は，解散の日の翌日から解散の日の応当日までが清算事業年度となります。税法もこれに合わせ，当事業年度の開始の日から解散の日までを解散事業年度，以後会社法の事業年度に合わせて清算事業年度としています。

　税法上，清算中の法人は，上記の各事業年度の所得に対して課税されます。

　解散した法人に残余財産がないと見込まれる場合には，仮に清算中の事業年度に現在有している繰越欠損金の額を超える所得が発生したとしても，所得の金額を限度として，いわゆる期限切れ欠損金を損金算入することができます。これにより，税額がほとんど生じないようになります。

　期限切れ欠損金の額は，①から②を控除した金額をいいます。

① 適用年度終了の時における前事業年度以前の事業年度から繰り越された欠損金額の合計額（＝適用年度の法人税申告書別表五（一）「期首現在利益積立金額①」の「差引合計額㉛」欄の金額がマイナスである場合のその金額）

② 法人税法第57条第1項又は第58条第1項の規定により適用年度の所得の金額の計算上損金の額に算入される欠損金額（いわゆる青色欠損金額又は災害損失欠損金額）

　残余財産がないと見込まれるかどうかの判定は，法人の清算中の終了する各事業年度終了の時の現況によるものとされ，債務超過の状態にあるときは残余

財産がないと見込まれるときに該当するものと取り扱われます。債務超過の状態にあることは、法人の清算中に終了する各事業年度終了の時の実態貸借対照表（法人の有する資産及び負債の価額（時価）により作成される貸借対照表）で疎明します。この資産及び負債の価額（時価）は、原則として処分価格によりますが、法人の解散が事業譲渡等を前提にしたもので、その法人の資産が継続して他の法人の事業のように供される見込みであるときは、その資産が使用収益されるものとして譲渡される場合に通常付される価額によることに注意が必要です。

法務の観点から

1．本ケースにおける事業譲渡のメリットと留意点

事業譲渡のメリットは、買主にとっても売主にとっても、会社の全資産を譲渡・譲受けすることが前提の株式譲渡と異なり、譲り渡す資産や契約関係、従業員等を選別して譲渡・譲受けできることにあります。

本ケースのように偶発債務・簿外債務やそれらの発生原因となるような事業が引き継がれることを避けたい場合には、事業譲渡は適しているといえます。

他方、事業譲渡の場合、対象会社が締結していた契約について、建前として個別に引き継ぐ手続が必要となります。取引契約等については、契約上の地位の譲渡と同様に、契約の相手方当事者から承諾の手続を採ることが多いです。そこで、対象会社の取引先に対して、事業譲渡の内容を説明し、承諾を得る作業が必要となります。

ハ社とニ社とは双方の取扱製品と取引先がほぼ重なっており、ハ社の取引先に対してニ社への事業譲渡を説明した場合、承諾を得やすいと思われます。

本ケースにおける留意点としては、譲渡会社であるハ社が「赤字体質で債務超過すれすれ」の財務状況にあることから、当該事業譲渡がハ社の債権者を害するとして、ハ社の債権者による詐害行為取消権（民法424条）や否認権（破産法160条1項1号等）の行使の対象となり得るリスクを意識すべきです。ニ社に

よる買取価格の設定が低廉と見得る場合は注意が必要ですし，売買代金を債権者に返済するにあたっても総債権者の公平を害さないようにする必要があります。

2．利益相反行為について

本ケースでは，アドバイザーの双方代理が問題となっています。

一般に，他人の利益を図るべき立場にある者が，その立場上追求すべき利益や目的と競合・相反する利害関心を有する場合，自身に課された義務を果たすことが当然に期待できなくなります。

そこで，法は，そのような行為を利益相反行為として，制限しています。

一例として，民法上，一方が他方を代理したり（自己契約），一人が双方を代理することが制限されています（民法108条。なお，弁護士も双方代理が禁止されています。弁護士法25条）。もっとも，本人があらかじめ許諾した行為についての代理は，本人を害さないので，その限りではありません。

会社法上も，取締役が自己又は第三者のために株式会社と取引をしようとするとき（直接取引，会社法356条1項2号），又は，株式会社が取締役の債務を保証することその他取締役以外の者との間において株式会社と当該取締役との利益が相反する取引をしようとするとき（間接取引，同356条1項3号）は，利益相反取引にあたり，株主総会（取締役会設置会社においては取締役会）において，その取引について重要な事実を開示して，その承認を受けなければならないとして，一定の規制をしています（会社法356条1項，365条1項）。

◯◆まとめ◆◯

- ⦿ 迷ったらプロに相談－ただし秘密情報を厳守できる相手に限る！
- ⦿ 事業譲渡では，「会社」でなく「事業」（たとえば契約の一本一本）を引き継ぐ。
- ⦿ アドバイザーの利益相反関係には，常に目を光らせておくように！

ケース16　会社清算③

水産練物製造販売業者の売却
～異業種による吸収

売り手　ホ社の専務取締役　　中小企業庁主催の事業承継相談会にて

「当社は業歴60年を超える老舗の食品メーカーです。同族経営の"家族主義"で会社を運営してきて，何世代かにわたって勤務してくれている社員もおり，地元では名の知れた会社なのです。私どもは何としてもこの会社の歴史と名前を後世に伝えたいとここまで頑張ってきましたが，社員が高齢化し，後継者もいないため，引き継いでくれる会社がないものか，今日は病気療養中の社長に代わって断腸の思いでここへご相談に参った次第です。日本人の嗜好も変化し，私どもが生産している水産練物は，同業者も含めて売上が激減する状況が長年続いていますが，引き継いでくださる会社にはこの水産練物の生産を続けていただくことを強く望んでいます。私

どもが今日まで長期間にわたってお届けしてきたものは単なる一企業の商品ではなく，"日本人の心"であると思うのです。幸いなことに工場は，交通の便の良いところに立地しておりますし，堅実な経営をして参りましたので，売上は低迷していますが，財務状態はしっかりしています。ぜひ良縁を見つけていただきたく，よろしくお願いいたします。」

	売り手　ホ社	買い手　ヘ社
業　種	水産練物製造販売	食品輸入販売
年商／上場区分	3億円／非上場	40億円／非上場
M&Aの目的	後継者不在・業績不振	物流拠点取得

買い手　ヘ社の社長　　　　　顧問税理士に対して

「あ，先生，今期もありがとうございました。あの大手のスーパーに，ウチの輸入ピスタチオやプルーン，ライトスナックが大量に納入できるようになってから，お蔭様で好決算が続いていますね。ほら，これ食べてみて。美味しいでしょう。自分で買い付けに行っているし，味と品質については自信があるんだよね。それにしても悩みの種は，次々に舞い込む追加の注文にどう対応していくかなんですよ。数年前に建設した輸入製品の加工工場は，増設に対応できるように広めの敷地を手当てしておいたから大丈夫なんだけど，問題はスーパーの各店舗にジャスト・イン・タイムでいかにウチの商品を届けるか，この一点に尽きるね。つまりは自社で，量産体制にふさわしい物流拠点を整備しなければならないということですよ。工場の近くにいい土地がないか，不動産会社に物色するよう頼んでいますが，何しろ工場地帯だからね。物流トラックが出入りできるような土地の出物がないそうなんです。対応は待ったなしの状況ですが，何かいいお知恵を拝借できないですかね。」

❶背景，経緯

◎　ホ社は半世紀以上の業歴を誇る蒲鉾製造業者で，往時は雇用面や自治体への支援などを通じて地域経済に大きく貢献していた。しかし近年は消費者の嗜好の変化により売上が低迷し，社員の高齢化も進んでいた。さらに社長が体調を崩して入院生活が長くなるに及んで，実質的に経営を取り仕切っていた専務は自主再建を断念し，会社売却へ舵を切った。

◎　無借金経営を続けていたことから金融機関との取引は疎遠で，ホ社の専務はまず中小企業庁の管轄する事業承継支援組織を頼った。地元の老舗であることからホ社は同業者や蒲鉾製造に興味を持つ買い手候補を強く希望したが，まったく進展のないまま1年が経過し，会社存続も危ぶまれる状況となったため，資産売却も覚悟のうえで地元の不動産業者や金融機関にも幅広く照会が行われることになった。

◎　こうした中，業容拡大のため自社工場近隣に土地を物色中だったヘ社のニーズが浮かび上がってきた。ホ社社有地のロケーションと面積はヘ社の希望を満たしていたが，物流拠点とするための更地を求めていたため，工場設備があることがネックだった。

◎　ただ，ヘ社社長は事業継続にはまったく関心を示さなかったものの，ホ社工場の建屋がしっかりしており，限定的な追加投資で計画していた物流拠点が構築できると判断し，ホ社の株式を100％買収する形態でのM&Aを決意した。情報入手から約半年でクロージングに至り，ヘ社は既存社屋をそのまま物流拠点として活用することによって当初の目的を達成した。

❷このエピソードの特徴と問題点

◎　歴史と伝統を持つ企業の「終活」はなかなか難しい。現在の役職員が抱いている"メンツ"や"プライド"のみならず，会社のOBやOGたちからのさまざまなプレッシャーが，機動的な判断や行動を鈍らせてしまうことさえある。本ケースにおける売り手は，そのようなギャップに苦しんだのである。

問題点①　株主の状況と株券の散逸：ホ社はもともと 10 名の創業メンバーが株式をほぼ均等に保有し，お互いに牽制をきかせながら持ち回りで会社を運営していた。ただ業歴が長いことから現在に至るまでに創業メンバーからの相続が頻繁に起こったため，会社にまったく関わりのない相続人が多数を占め，相続人が特定できずに紛失している株式（株券）もあった。

問題点②　当事者間の思惑の違い：売り手は「会社の存続と従業員の雇用継続」，買い手は「物流拠点用の不動産の確保」，と双方のニーズに隔たりがあった。このため"会社株式をそのまま譲渡するのか，それとも不動産売却後に会社清算するのか"という取引の形態と，"従業員の処遇"について意見の対立があった。最終的には早期に決着させたいホ社の意をくんで株式譲渡となり，ヘ社の要望は，売り手の責任においてクロージングまでに従業員を整理して事業を清算するという，痛み分けの形で結実した。

❸問題点への対応

◎　ホ社は赤字の垂れ流しを止めるために会社売却を急いだが，クロージングまでに紛失分を含めたすべての株式をヘ社に譲渡する状況が整えられなかった。このため不明分の株券については，公示催告手続による当該株式の除権判決（当時。平成 15 年 4 月 1 日以降は株券喪失登録制度（会社法では 221 条以下）による。）が得られるまで，株式の売却を部分的に留保した。そして除権判決を取得した後に，売却済みの株式と同額の合意価格による譲渡を実施することによってこの問題を解決した。

◎　株式譲渡の前に事業は清算されることになったが，売り手側役員の尽力によってすべての従業員に再就職先があっせんされ，また退職金も相当額の積み増しがされたことから，解雇手続はスムーズに完了した。

◎　最終的に不動産取引ではなく，ホ社を会社ごと買収したことについてはヘ社社長の周到な計算があった。1 つはホ社側が工場を更地にする場合の

費用を見積もって，その金額分を買収価額から差し引けたこと。もう1つは土地の入手時期が数十年前だったことから簿価が著しく低く，時価上げせずに簿価で引き継ぐことによってセーブできる売り手側の税務メリットを，同様に買収価額に織り込んだことである。こうしたことからへ社は，既存の社屋を有効利用する以上に，買収価額を抑えることができた。

❹成功のためのポイント

◎　本ケースのように，売り手は初期的に常に現行事業の継続を希望する。実際はそれがかなわないことが多いが，当事者が納得しなければ案件は前に進まず，後日トラブルの元になる。加えて当事者以外にもホ社のように業歴の長い会社は，現役を引退している先輩役職員からの視線も厳しい。

◎　したがって「これ以外の方法はない」との納得感を醸成するためには，当初の売り手の希望条件に添ったマーケティングを一定期間は続けて，実情を認識してもらうのが現実的な処方箋である。もちろんその間に理想的な買い手が見つかるケースもあり，一概に「これは無理」と決めつけられないこともまた，M&Aの妙である。

◎　本ケースは売り手の老舗意識が強く，買い手にたどりつくまで長い時間を要したが，事業継続のこだわりを払拭してからクローズまでは比較的スムーズだった。その要諦は，条件面でのギャップを数字に置き換えてみることと，見極めの時期の大切さである。買い手側が不動産購入よりも会社買収にメリットがあると算盤をはじいたことと同様，売り手側も事業継続による会社資産毀損の可能性や，株主の手取り額・従業員への補償額などの経済的な損得を考慮した。そして自分たちの主張がどこまで通じるかを確認しながら，ぎりぎりのタイミングでベストな選択をしたのである。

◎　「会社の終活」としては，必ずしも事業を承継するだけでなく，本ケースのように会社の資産が別の目的（食品製造業者の工場→食品販売会社の物流拠点）に活用されることも，意義あることといえるのではないだろうか。

税務・会計の観点から

1．株主の特定

　本ケースは，ホ社の10名の創業メンバーが株式をほぼ均等に保有していたが，現在に至るまでに創業メンバーが亡くなり相続が起こり，現在では会社にまったく関わりのない相続人が多数を占め，さらに，相続人が特定できずに紛失している株券もあったとのことです。

　中小企業においては，株主名簿も作成していないケースもあり，株主を特定することが難しいこともよくあります。法人税の税務申告の別表二「同族会社等の判定に関する明細書」を参考にするのもよいでしょう。この別表は，株主名簿の一部が記入されています。この別表は，株主グループ（株主と同族関係者をグループにします。）を上位3グループまで記載すればよいものとされているため，すべての株主が記載されているわけではありません。

　また，実際の株主と，別表二「同族会社等の判定に関する明細書」に記載している株主が異なるケースもよく見られます。これは，実は名義株式であった場合や，法人と顧問税理士とのコミュニケーションミスにより，間違えたままずっと前年を引き継いでいただけという場合に起こります。この別表は，毎年，税務署が入手している資料といえます。実際の株主と別表の株主が異なる場合に，株式譲渡にあたっては，名義株式であることの確認書など疎明資料を作成し，事実関係を明確にしておくことが肝要です。

2．税金コストを考慮する

　本ケースは，土地を時価上げせずに簿価で引き継ぐことによってセーブできる売り手側の税務メリットを，同様に買収価額に織り込んだとあり，税金コストを考慮して株式の買収価額を決めたようです。土地を処分した場合には土地に含み益があれば土地に対する譲渡益課税が生じるため税金がかかります。土地の時価評価額ではなく土地の処分代金の税引後の手取り金額で株主価値を算定することによって，買収価額を抑えることに成功したようです。

M&Aにおいては，税金コストが生じることが多く，金額もばかにならないほど影響がある場合があります。

買い手の税金対策，売り手の税金対策はもとより，株式の買収価額の交渉にも税金コストが影響することもあるため，M&Aのシミュレーション及び価額交渉については，税理士などの専門家を入れて臨んだほうがよいでしょう。

法務の観点から

1．中小企業のM&Aと株券

株券とは，株式会社の株主が持つ株式（株式会社における社員たる地位）を表章する有価証券をいいます。

平成16年10月1日に旧商法が改正されるまでは，株式会社は株券を発行するのが原則であったので，それ以前に設立された株式会社は，株券発行会社である可能性が高いといえます。

そして，株券発行会社の場合，株券の譲渡に際して株券の交付が必要となります（会社法128条1項）。

しかしながら，本ケースでは，相続が相次いだこと等により，株式譲渡の際に必要な手続（株券の交付，名義書換）がおろそかにされているうえ，株券を紛失した株主も現れています。

このように，中小企業のM&Aにおいては，株券の交付がなされない株式譲渡や株券の紛失等がしばしば散見されます。

対象会社の支配経営権を委譲するためには，売主が対象会社の株式を有効に取得していることが前提となりますので，それらの手当を施すことが不可欠です。⇒第4章Ⅱ 2 (2)，(3) 参照

2．株式の買い集めと会社法上の制度

本ケースでは，ホ社の株式を100％譲渡することがM&A取引の内容となっている一方，相続の発生等によりホ社の株式が分散しています。

一般に，M&A取引において売主が対象会社の支配経営権を譲渡するにあたっては，一定数の株式を集めることが必須であるところ，株式は往々にして分散していることから，これを買い集めるための手法がしばしば問題となります。

　一次的には当事者間の交渉によりますが，価格や数量で折り合いが付かないケースや，そもそも譲渡に応じないというケースも少なくありません。

　この点，現金を対価とする代わりに少数株主から強制的に株式を取得する手法があり，一般にキャッシュアウト（Cash out）やスクイーズアウト（Squeeze out，閉め出すの意味）といいます。少数株主を排除するニーズがある場面（上場会社の非上場化等）で用いられている手法ですが，これをM&A取引における株式の買い集めの場面に用いることが，しばしば検討されます。

　会社法上，キャッシュアウトを可能にする制度が存します。すなわち，①全部取得条項付種類株式の取得による手法，②特別支配株主の株式等売渡請求による手法，③株式併合による手法です。

　これらの詳細については　⇒第4章Ⅱ 2 (4)参照

○◆ まとめ ◆○

- 事業承継は，売り手の気持ちに寄り添うことからすべてが始まる。
- 意見の対立の解消は，「条件を数字に置き換える」ことが突破口。
- 最後は"何とかなる"，行方不明の株主の扱い。

ケース17 事業拡大①

物品販売小売業者の売却
～卸による小売業展開

売り手 ト社の副社長　　　証券会社の担当者に対して

「最近のIPO（株式公開）動向はいかがでしょうか。なるほど，全体的な株式市場の活況に伴って，堅調な推移ということですね… 当社の近況につきましては，ファミリービジネスを発展させて，県内では20ほどの直営店舗を運営しており，引き続き出店攻勢は続けています。ただ私どもの扱う商品は在庫の調整が難しいですし，銀行さんからの借入れも目いっぱいです。本日はIPOも含めて新たな資金調達手段をご教授いただきたいと考え，おいでいただいたわけです。はい，私はアメリカのビジネススクールで学んでいましたが，昨年父（現社長）に『そろそろお前に譲る時期だと思う』と呼び戻されました。米国仕込みの最新の手法を，管理や総務も含め経営全般に適用しようとしているのですが，正直なところかなり苦戦しています。父が長年強力なリーダーシップを発揮してきたため，従業員に"指示待ち"タイプが多いことも一因でしょう。サポートしてもらえる人材は欲しいし，資金も必要だし，現状を打開するような方策がないものか，いろいろ検討しなければなりません。」

第 2 章 事例でわかる会社の終活

	売り手 ト社	買い手 チ社
業　種	物品販売	物品卸
年商／上場区分	50 億円／非上場	5,000 億円／非上場
M&A の目的	体質強化	本業拡大・川下分野への参入

買い手 チ社の常務執行役員　　取引銀行の担当営業部長に対して

「厳しい時代になりましたね。ご存知のとおり当社の扱う商品の販売は再販価格維持制度で強固に守られてきましたが，規制緩和の動きは待ったなしです。我々は，図体は大きいものの，単品を扱う卸としての限界を感じることが多くなりました。これまで商流の"川上"にあたる印刷会社はいくつか買収してきましたが，今後ビジネスをトータルで把握していくために，"川下"にあたるリテールの方面にも本格的に参入しなければならないと考えているのです。最近はネット購入が一段と盛んになってきていますし，当社には資金力と経営指導力があるので，実はお取引のある販売店から『助けてほしい』という要請が来ることも多いのですよ。ただ投資を考えるとなると，やはりある程度の規模，つまりそれなりの店舗数を持っているチェーンでないと費用対効果は薄いですし，主力商品の販売に加えて"プラスアルファ"の機能を持った対象先でないと，考えにくいです。全国に物流体制を張りめぐらせている当社の特長を理解して，協力してくれるような先があればいいのですが。」

❶背景，経緯

- ◎ ト社は地元を中心に約20店舗を展開する特定商品の小売業者で，積極的な投資を続けていたが，銀行借入れへの依存度が大きく，恒常的な新規出店費用の調達に苦慮していた。現社長の長男である副社長は次代の経営を託され，体制刷新のためさまざまな施策の導入を試みたが，ト社の旧態依然とした組織体質の岩盤を崩せず，成果はそれほど上がっていなかった。
- ◎ 経営体制の見直しや社員教育のほか，ト社副社長は資金調達を多様化する手段として株式公開を模索したが，投資家の嗜好とのギャップから進展は見られなかった。ここに至ってト社副社長は，他社からの支援も視野に入れた，会社運営の抜本的改変を考えるようになっていた。
- ◎ チ社は全国にきめ細かな物流体制を敷いて特定商品を扱う卸業者だったが，今後の規制緩和の影響を予想して，従来再販価格維持制度で守られてきた現状に強い危機感を抱いていた。活路として小売業務への展開を考えるようになり，有力な販売先への資本参加を検討していた。
- ◎ ト社がIPOを相談していた証券会社とチ社のメインバンクが同じ金融グループに属していたため，両社のニーズの一致点が浮かび上がった。もともとト社とチ社の間には取引関係があったが，事前に双方の意向を確認のうえ，証券会社と銀行はM&Aに関する初回面談を設定した。株式の評価額をめぐって議論が続く一幕もあったが，約4カ月の期間を経てチ社がト社の発行済株式の67％を買い取ることで決着し，クロージングに至った。

❷このエピソードの特徴と問題点

- ◎ 売り手と買い手の間に取引関係はあったものの，第三者が隠れたニーズを顕在化させ両者の納得のいく形で決着した案件であった。

  問題点①　商品在庫の評価：ト社の扱う商品は返品することが可能であったため，資産の大部分を占める商品在庫の評価をどのようにするかが大きなテーマの1つとなった。またト社が在庫管理システムへの投資を十分に行っていなかったことから，20に及ぶ直営店舗の在庫をリア

ルタイムで把握することが困難な状況だった。

問題点②　経営体制に関する認識のギャップ：3分の2を超える株式を取得することになるチ社は，小売業のノウハウを早期に吸収するため，買収後速やかに自社のスタッフを経営の枢要なポジションに派遣する意向であった。一方ト社側は店舗運営ノウハウについての自負を強く持っていたこと，そしてオペレーションを担っている社員たちへ，「実質的な会社のオーナーはチ社となるが，現経営陣はそのまま残るので安心してほしい」と説明をしていたこともあり，経営体制についての考えが対立していた。

❸問題点への対応

◎　もともと付き合いがある同士のM&Aは，これまでの（そして今後の）商売を考慮して言いたいことも言えない状況が生じることが多い。本ケースも売り手にとって相手は商品の仕入先であり，買い手にとっては商品を購入してくれる「大事なお客」にあたるため，当初は遠慮が目立った。両当事者にそれぞれ大手金融グループの別々の会社がFAとして就任し，客観的に情報をやりとりできるようになってからはスムーズに事が運んだ。

◎　商品在庫の評価については，買収監査を実施する際に入念な棚卸を実施して対応した。ただし株式譲渡後にも，返品された商品についての調整が必要となるため，両者合意のうえで定めた算式によって一定期間内に株式売買価格の調整が可能となるようにした。

◎　最終的な経営体制は，67％の株式譲渡後も従来の経営陣が当面留任し，チ社からはまず専務と常勤の監査役を派遣することで決着した。これは比較的経営先進度の高かったチ社のやり方を即座に導入しようとしても混乱を生じるだけである，というト社副社長の進言が受け入れられたことによる。チ社は2名の役員のほかにも，補助的な役割のポジションに複数名派遣し，ト社からのノウハウの吸収と同社の経営改革を同時に進めることとした。

❹成功のためのポイント

◎ 本ケースにおける売り手側は，ト社以外にも複数の会社を同族経営によって100年以上にわたって営んできている地元の名士であった。親族や一族で資産管理会社も運営しており，本件実行による売却代金の受取りは，"保有資産の一部を現金化するもの"という意識が強かった。すなわちこれまでも親族間で事業や会社のポートフォリオを入れ替えてきた経験から，"気安く"資産処分ができる意識があり，株式の保有割合によって経営に対する権限に変更が起こることについての意識が希薄だった。

◎ ト社社長の長男で，交渉半ばから実質的にト社側の交渉を仕切った副社長は米国のビジネススクール留学経験があったため，双方の考え方のすり合わせやM&Aの考え方などを父親であるト社社長や一族に"翻訳"する役目を担って，最終的に本件を成功に導くうえで大事な役割を果たした。

◎ 副社長本人もト社の経営に関与すればするほど，徒手空拳で会社を改革することの難しさを自覚するようになり，外部からの「黒船」的なショック療法が必要との思いが募っていた。さらに証券会社のIPOに対する厳しい見方などを通じて，小売業の将来性に対して個人的に疑問を持つようになっていたことも，今回の決断を後押しした。

◎ M&Aの検討開始時には想定していなかったニーズや実態が，交渉を通じて露見することもある。本ケースにおいては交渉を進める中で，買い手が実質的な経営権を取り，売り手がオペレーションを担う，という構図が双方にとって最良の形である点が理解されたことが大きかった。

税務・会計の観点から

1．収益認識基準の適用

　M&Aにあたって，売り手企業の収益認識基準などの会計処理について押さえておく必要があります。本ケースの特有事項として，ト社の扱う商品は返品することが可能であったことがあげられています。この返品の受入れは買収後

の将来の収益の圧迫要因となる可能性があります。

　これらの会計処理は，収益認識に関する会計基準及び収益認識に関する会計基準の適用指針に拠ります。会計基準では，返品権付きの商品又は製品を販売した場合は，次の①から③により処理するものと定められています。
①企業が権利を得ると見込む対価の額で収益（売上）を認識します。その額は，返品されると見込まれる商品又は製品の対価を控除します。
②返品されると見込まれる商品又は製品は，収益を認識せず，その商品又は製品について受け取った又は受け取る対価の額で「返金負債」を認識します。
③「返金負債」の決済時に顧客から商品又は製品を回収する権利について「返品資産」（対応する原価）を認識します。
　上記①～③を仕訳で示すと下記のとおりです。

（売 掛 金）	×××	（売　　上）	×××
		（返品負債）	×××
（売上原価）	×××	（棚卸資産）	×××
（返品資産）	×××		

　現状の会計処理から収益認識会計基準に変更したときの影響額について，把握しておくことが必要です。

2．株式譲渡代金の調整条項で支払われる代金の収入時期

　M&Aの取引条件として，一部の対価の支払いを，一定の条件が成立したことを条件に行うことがあります。このような合意をアーンアウトといいます。たとえば，一部の対価の支払いを留保して，あらかじめ定めた会社の将来の業績を達成したら支払うというものです。買い手からすれば，一定の業績を達成しなければ，譲渡代金を支払わなくてもよいため，高い買い物をしなくて済みます。

　一方，似たような取引として，譲渡代金を支払うが，一定の条件を達成したら譲渡代金を増額して差額をさらに支払うというものもあります。この取引に

ついて、追加して支払われた対価の収入時期が争われた採決事例があります。株式を譲渡した年の申告では、当初の譲渡代金のみを申告しましたが、「株式の引渡しがあった日に達成したら支払われるであろう譲渡代金を含め、譲渡代金全額が確定して発生した」と考えると判示されています。このような条項を定める場合には、売主の株式譲渡の税務上の収入時期の観点からも検討が必要です。

法務の観点から

1．IPOについて

IPOとは、株式の新規の募集・売出しを意味する英文（Initial Public Offering）の頭文字を取った語で、これまで市場に出ていなかった株式を初めて証券取引所において取引する場合の募集・売出しをいいます。なお、証券取引所で売買できるようにすることを上場（株式公開）といいます。

株式公開の主な目的は会社の資金調達ですが、会社の知名度の向上や社会的信用の増大、創業者利潤の実現等を図ることができるとされ、自社の株式を換価することができるという点では事業承継と同様の効果があるといえます。

手続としては、監査法人等を選定してその監査を受けるとともに、主幹事証券会社を選定し、同社による上場申請に係る審査を経て、上場する証券取引所による上場審査を受ける必要があります。内部監査体制の確立、社内体制の整備、申請書類の作成等が必要となり、準備期間として2～3年が見込まれます。

2．全株式3分の2以上を取得する意味と株主間契約による役員選任等の手当

チ社はト社の全株式の3分の2以上（67％）を取得しています。

議決権の過半数を取得すると、株主総会の普通決議にて取締役や監査役を選任できるようになるので、その会社の経営権を掌握して子会社化することができますが、3分の2以上を取得すると、株式の併合、株式の有利発行、資本減少、

事業譲渡・事業の譲受け，定款の変更（原則），解散，組織変更や組織再編を決定できるようになり，実質的にその会社を支配することが可能となります。
⇒ケース18【法務の観点から】2参照

　逆に，マイノリティーとなったト社が買収後も役員を出し続けるためには，株主間契約を締結することが有用です。

　具体的な契約内容としては，各株主が一定数の取締役をそれぞれ指名することができるとするとともに，少数派株主の選任した役員が多数派株主の意向で解任されないように取り決めることが考えられます。
⇒ケース13【法務の観点から】3参照

3．価格調整条項について

　本ケースでは株式譲渡代金につき，価格調整条項が用いられています。

　M&A取引においては，対象会社の価値を算定して価格を決めて最終契約書を取り交わしてから，取引を実行するクロージングの日までの間に，対象会社の価値が増減することがままあります。また，クロージング日以降の対象会社の事業成績等を価格に反映すべき場合もあります。

　クロージング日以降の対象会社の事象を反映するものに，アーンアウト条項があります。また，価格算定時からクロージング日までの間の対象会社の価値の変動について，調整の有無に関する条項を定めることもしばしばあります。具体的な条項の内容は　⇒第4章Ⅲ2(1)参照

○◆まとめ◆○

- 売り手の経営陣がしばらく会社にとどまることは，M&Aの英知の1つ。
- 多品目を扱う業種は，棚卸の精度が生命線。
- DD後のフェアな価格調整は，友好的なM&Aの肝（きも）。

ケース18 事業拡大②

調味料製造業者の部分譲渡
〜同業者間の事業補完

売り手 リ社の決算業務担当の公認会計士 リ社社長に対して

「社長とのお付き合いももう15年になりますね。大手監査法人を辞めてから故郷の北海道に戻って，小さな事務所を開いた最初のお客さんが御社でした。この15年間，リ社と私は一緒に成長してきたようなものですが，今日は社長にとっては少し耳の痛い話をさせてください。社長が長年"自立・自助"を旨として，身の丈に合った規模で会社を育ててきたことはよくわかっています。ただ昨今は大手メーカーが道内にも進出してきて，リ社と同じような規模の同業者と提携するなど，競争環境は激化しています。

自社ブランドも持てず，下請けというには少し規模感のありすぎるリ社は，同業の中では非常に中途半端な存在です。そこでご提案ですが，将来のことを考えますと，技術面や資本面の強化を目的として，他社との提携を模索されてはいかがでしょうか。これは経営権を第三者に譲り渡すのではなく，自社の強みをテコにして，他社のノウハウやネットワーク，資本力などを利用させてもらうという意味です。ご同意いただけるようであれば，ご一緒にアイディアをまとめていきましょう。」

第2章 事例でわかる会社の終活

	売り手 リ社	買い手 ヌ社
業　種	調味料製造業	調味料製造業
年商／上場区分	20億円／非上場	190億円／上場
M&Aの目的	事業拡大	拠点展開

買い手　ヌ社の社長　　同社のM&A担当役員と担当メンバーに対して

「…では次に，懸案の"プロジェクト北海道"の話に移ろう。状況をおさらいすると，全国にコンビニを展開している当社主要取引先の，北海道の店舗あてに納入する商品が，現在は本州で生産したものを輸送するという極めて非効率的な体制となっている。これを解消するためには，当社製品の生産が可能な会社や工場を現地で買収することが手っ取り早い。そこで諸君らにはターゲットとなる企業に関するスタディを依頼していたわけだ。今日の資料は…なるほど，銀行，証券会社やM&A専門会社などから集めた候補先をまとめたものだな。どれどれ…必ずしも買収対象だけではなく，業務提携の可能性のある会社も含まれていると。ただ資本関係がないと，競合他社がより良い条件を提示してきた場合，取引がそちらに流れてしまうおそれもあるので，これまでの方針どおり，少なくとも過半数を出資する資本関係は必要だろう。とはいえ，確かに買収できそうな会社は競合他社がすでに押さえているわけだな。ここで上がってきたこの案件は…筋は悪くなさそうだ。早速どんなアクションが取れそうか，検討してみてくれ。」

(191)

❶背景，経緯

◎ リ社は北海道を拠点として地道に調味料製造を営んできたが，大手メーカーによる北海道進出や道内メーカーへの資本参加が活発化する中，将来的な展望を描けない状況にあった。同業大手のヌ社は，全国展開をしている大手コンビニエンスストアを主要取引先として製品を納入していたが，これまで道内の店舗向けにも本州で生産した製品を輸送していたため，効率化の見地から北海道で同業者を買収することを考えていた。

◎ 協業の議論を始めた当初は，独立性を保ちたいとの意向から，リ社はヌ社からの技術供与と委託生産を軸とする業務提携を望む一方で，ヌ社は取引の安定性を重視し，買収又はマジョリティー以上の出資を志向していた。思惑の違いから両社間の協議は進展せず，交渉は頓挫してしまった。

◎ その後両社は1年間ほど，別の相手を探すなどの代替策を試みたが，結局他の候補先が見つからず，最終的に次のようにお互いが歩み寄る形で合意をみた。(1)一定期間業務提携によってヌ社からリ社へ生産委託を行い，段階的に協業関係を構築する，(2)協業の成果が確認できた時点で排他的委託関係（Exclusivity）と出資に関する基本合意書を締結する，(3)簡単なデューデリジェンスの実施後に，資本並びに業務提携契約書を調印し，ヌ社はリ社の20％の株式を取得，(4)将来的な追加出資は協業関係の進捗に応じて考慮するとの含みを持たせた。協議を開始してからマイノリティー出資まで約3年を要した案件であった。

❷このエピソードの特徴と問題点

◎ 今回のリ社にみられるような，小体とはいえないまでも大手未満の"中途半端な"業容の製造業は，業種や商品に限らず今後ますます淘汰されていくと考えられる。本ケースは地域性や代替可能性の面で売り手側に強みがあったため，「当面の経営権を維持しながら」，「技術・資本面を強化したい」という，独立性にこだわる中小企業にとってのM&Aニーズを体現できた。

問題点①　出資に伴うリ社の経営権，経営方針へのヌ社の関与：ヌ社がこれまで実施してきたM＆Aは過半出資か100％買収だったため，経営トップ（社長）を派遣して経営権を掌握し，自社の経営目標と連動させるやり方だった。リ社は独立性を重視していたため，この方針とは相いれなかった。

問題点②　出資関係成立の対外公表：上場企業として，ヌ社は，経営・財務状況や業績動向などを積極的に対外に情報発信する方針をとっていた。ただしリ社の取引先は多岐にわたっており，両社の資本提携が対外的に明らかになると，リ社が「ヌ社から委託を受けて生産する大手コンビニの系列」とみなされて，他社からの受注が減るおそれがあった。

問題点③　採算面の厳しさ：協業関係は両社がそれぞれ不足するリソースを補い合えるものであったが，ヌ社の主要取引先である大手コンビニからの注文はコストと品質の要求水準が高く，オーダーどおりに商品を生産しても，委託業務が採算割れになる可能性が高かった。

❸問題点への対応

◎　100％買収でなく一部出資の場合には，出資割合によって投資した側の影響力に違いが生じる。3分の2以上の出資の場合，出資先の解散権（合併，清算など）を握ることができる。過半数だと連結子会社となり連結財務諸表の対象とすることが可能になり，かつ，経営権を掌握できる。3分の1以上では，他のすべての株主が結託しても会社の解散を差し止めることができる拒否権を有することになる。20％の出資という本ケースでは，リ社はヌ社にとって持分法適用会社となり，持分法が適用でき，出資持分に応じた利益の取り込みが可能となるが，経営権は握れない。

◎　このように法的にも出資元の権能は明確に規定されているため，ヌ社はリ社の経営方針に踏み込むことはせず，相互協議の結果，ヌ社側から社外取締役1名を派遣するにとどめた。また資本関係と人的なつながりで協力関係は十分機能すると考えたヌ社は，資本提携の対外公表を見送って，リ

社の受注に影響が出ないように配慮した。上場企業の場合，出資額が軽微である場合を除き，強制的な適時開示が必要となるケースもあるが，本ケースは軽微基準に該当した。
- ◎ 採算面での問題については，大手コンビニへ商品供給をするという製造委託関係のみでは採算向上への対応策に限界があるため，両社で知恵を出し合って他の取引先からの別品目を共同受注し，あわせて製造委託を行って協働事業の採算を向上させる方策で対応した。

❹成功のためのポイント

- ◎ 本ケースは資本関係が絶対的ではなく，売り手側に独立志向が強かったため決着までに時間を要した。最終的な成因は買い手のコスト削減ニーズが高かったため，喫緊性との兼ね合いから条件面での譲歩が図られたことと，売り手に後継者がいなかった(一人娘のみ)ことも影響したと思われる。
- ◎ また逆説的な見方ではあるが，両社が出資比率や協力体制などの要望事項を安易に相手方におもねることなく，平行線をたどっても一定期間主張し続けたことが，相互に相手の真剣度を理解するうえで有効だったとも考えられる。結果的に他の提携先を探しても見つからなかったという状況を経て，協力関係に至ってから最終決着までは，数カ月間という速さだった。
- ◎ その他，議論がこう着した場合にはいったん協議を棚上げしクールダウンを試みる，段階的な協業でお互いを理解してから契約関係に至るといった，長期的な協力関係を構築するうえで必要となる英知を，交渉を続けながら獲得できたことも，両社にとって幸いなことであった。

税務・会計の観点から

1．連結の範囲における持株割合

上場会社では，連結財務諸表の作成が義務づけられています。

連結財務諸表を作成するにあたって，子会社に対する議決権割合によって，連結子会社又は持分法適用会社となります。

連結子会社となると，資産，負債，売上，費用のすべてが連結財務諸表に合算されます。一方，持分法適用会社は，最終損益のみが連結財務諸表に合算され，資産，負債，売上，費用は合算されません。

したがって，上場会社が買収対象会社の議決権割合の何パーセントを取得するかは，株式取得後の会計上の影響，ひいては株価への影響があるため，重大な関心事になります。

議決権割合と連結子会社，持分法適用会社の適用の可否の概要を示すと，以下のとおりです。ただし，あくまでもイメージですので，実際の連結の範囲は，監査法人等と協議のうえ，決定することになります。

実際の判断としては，その子会社の重要性を考えたうえで，議決権をもとに，実質支配の程度を勘案して決定することになります。

議決権割合	適用の可否
50％超	連結子会社
40％以上50％以下	実質的に支配している（緊密者の議決権を合わせると50％超，役員の派遣，重要な契約関係，資金関係がある）場合には，連結子会社
20％以上50％以下	持分法適用会社
15％以上20％未満	経営上影響力を行使することができる（役員の派遣，主要な取引先，重要な資金関係がある）場合には，持分法適用会社
0％〜15％未満	なし

2．税法上の持株割合

　税法上は，受取配当等の益金不算入の適用にあたり，持株割合によって，益金不算入額が異なります。具体的には，次のとおりです。

区　分	持株割合	受取配当等の益金不算入額
完全子法人株式等	100%	全額
関連法人株式等	3分の1超	全額（負債利子控除あり）
その他の株式等	5%超3分の1以下	50%
非支配目的株式等	5%以下	20%

　資本金の額が1億円以下の法人は，租税特別措置法上の中小企業者と法人税法の中小法人等となりますが，親法人となる持株割合によって，これらの適用外となります。

定　義	適用対象外	適用条項
中小企業者等	・同一の大規模法人（資本金1億円超の法人）に発行済株式総数の2分の1以上を直接所有されている法人 ・2以上の大規模法人に発行済株式総数の3分の2以上を直接所有されている法人	・少額減価償却資産の取得価額の損金算入の特例 ・中小企業投資促進税制 ・商業等活性化税制
中小法人等	・大法人との間に大法人（資本金5億円以上の法人）による完全支配関係がある法人 ・複数の完全支配関係がある大法人に発行済株式等の全部を保有されている法人	・軽減税率 ・繰越欠損金の損金算入限度額不適用 ・交際費の損金不算入の中小企業特例（800万円） ・貸倒引当金の損金算入（法定繰入率）　など

法務の観点から

1．議決権保有割合に応じた株主の権利について

　本ケースでは，ヌ社は最終的にリ社の株式の20％を取得しています。このように100％の買収ではなく一部出資の場合には，出資割合，すなわち対象会社についての株式（議決権）の保有割合によって，投資した側の影響力に違いが生じてきます。

　対象会社についての議決権の保有割合に応じた株主の権利をまとめると，次のとおりとなります。

議決権保有割合	適用の可否
10分の9以上	特別支配株主となる場合の株式等売渡請求（会社法179条） 特別支配会社となる場合の事業譲渡等についての対象会社の総会決議省略（同468条）
4分の3以上	非公開会社における株主ごとに異なる取扱いを行う旨の定款の定めについての定款変更（同109条2項）に関する特殊決議を単独で成立させることが可能（同309条4項）
3分の2以上	株主総会の特別決議を単独で成立させることが可能（同309条2項）
50％超	株主総会の普通決議を単独で成立させることが可能（同309条1項，341条）
50％以上	株主総会の普通決議を単独で阻止することが可能
3分の1超	株主総会の特別決議を単独で阻止することが可能
25％以上	相互保有株式における議決権の停止（同308条）
6分の1超	簡易合併等に対する反対権（同796条3項）
10％以上	募集株式発行・募集新株予約権発行における株主総会決議の要求（公開会社，同206条の2第4項，244条の2第5項）

3%以上	解散請求権（同833条）
	総会招集請求権（※，同297条）
	取締役・会計参与・監査役及び清算人の解任請求権（※，同854条，479条）
	業務財産調査のための検査役選任請求権（同358条）
	取締役等の責任軽減への異議権（同426条7項）
	会計帳簿閲覧謄写請求権（同433条）
1%以上	総会検査役選任請求権（※，同306条）
	多重代表訴訟提起権（6カ月前から引き続き保有，同847条の3）
1%以上又は300個	株主提案権（取締役会設置会社※，同303条）
	議案通知請求権（取締役会設置会社※，同305条）

※公開会社では6カ月前から引き続き保有していることが要件

2．株主総会決議の種類と決議事項について

　株主総会決議には，1で見たとおり，議決権保有割合に応じて単独で成立させることのできるもの，あるいは阻止することのできるものがあります。
　以下，株主総会決議の種類と決議事項について，まとめます。

普通決議事項（**定足数として**行使できる議決権の過半数を有する株主が出席し，出席した当該株主の議決権の過半数を必要とする。会社法309条1項）
○株主との合意による自己株式の取得に関する事項の決定(同156条1項)
○株式無償割当に関する事項の決定（同186条3項）
○株主総会における資料の調査者・会社の業務及び財産の調査者の選任(同316条1項，2項)
○株主総会の延期又は続行の決議（同317条）
○会計監査人の選任・解任・不再任（同329条1項，339条1項，338条2項）

○会社と取締役との間の訴訟における会社の代表者の選定（同353条）
○取締役，会計参与，監査役，清算人の各報酬の決定（同361条1項，379条1項，387条1項，482条4項）
○会計監査人の定時株主総会への出席を求める決議（同398条2項）
○計算書類の承認（同438条2項，441条4項）
○定時株主総会における欠損填補のための資本金の額の減少（同447条1項）
○準備金の額の減少（同448条1項）
○剰余金の額の減少による資本金・準備金の額の増加（同450条2項，451条2項）
○損失の処理，任意積立金の積立てその他の剰余金の処分（同452条）
○剰余金の配当（同454条1項）
○清算株式会社の貸借対照表の承認（同497条2項）
○清算終了時の決算報告の承認（同507条2項）

[以下は，取締役会非設置会社のみ]
○会社の組織，運営，管理その他株式会社に関する一切の事項の決議（同295条1項）
○譲渡制限株式・譲渡制限新株予約権の譲渡による取得の承認（同139条1項，265条1項）
○譲渡制限株式の買取人の指定（同140条5項）
○取得条項付株式・取得条項付新株予約権の取得日の決定（同168条1項，273条1項）
○株式の分割（同183条2項）
○株式無償割当・新株予約権無償割当に関する事項の決定（同186条3項，278条3項）
○譲渡制限株式の割当て（同204条2項）
○募集新株予約権の割当て（同243条2項）
○取得する取得条項付新株予約権の決定（同274条2項）

○代表取締役の選定（同349条3項）
○取締役の競業取引・利益相反取引の承認（同356条1項）
普通決議の特則による事項（通常の普通決議は定款により定足数を排除することも可能であるが，定款によっても定足数を3分の1未満とすることはできない普通決議による。会社法341条）
○取締役，会計参与，監査役の選任（同341条，329条1項）
○取締役（累積投票により選任された者を除く。），会計参与，監査役の解任（同341条，339条1項）
特別決議事項（定足数として行使できる議決権の過半数を有する株主が出席し，出席した当該株主の議決権の3分の2以上の賛成を必要とする。会社法309条2項）
○譲渡制限株式を会社が買い取る場合の買取事項の決定（会社法309条2項1号，140条2項）
○取締役会非設置会社における指定買取人の指定（同309条2項1号，140条5項）
○株主との合意による自己株式の有償取得の場合の取得事項の決定（同309条2項2号，156条1項，160条1項）
○全部取得条項付種類株式の取得に関する決定（同309条2項3号，171条1項）
○譲渡制限株主の相続人に対する売渡しの請求の決定(同309条2項3号，175条1項)
○株式の併合（同309条2項4号，180条2項）
○募集株式・新株予約権の募集事項の決定（同309条2項5号，199条2項，309条2項6号，238条2項）
○募集株式・新株予約権の募集事項の決定の取締役会（取締役会非設置会社では取締役）への委任（同309条2項5号，200条1項，309条2項6号，239条1項）
○非公開会社において取締役・取締役会への委任がない場合の，株主に株

式・新株予約権の割当てを受ける権利を与える場合の事項の決定（同309条2項5号，202条3項4号，309条2項6号，241条3項4号）
○取締役会非設置会社における募集株式又は譲渡制限株式を目的とする募集新株予約権・譲渡制限新株予約権の割当て（同309条2項5号，204条2項，309条2項6号，243条2項）
○取締役会非設置会社における募集株式の総数引受契約又は譲渡制限株式を目的とする募集新株予約権・譲渡制限新株予約権の総数引受契約の承認（同309条2項5号，205条2項，309条2項6号，244条3項）
○累積投票により選任された取締役又は監査等委員である取締役・監査役の解任（同309条2項7号，339条1項）
○役員等の会社に対する損害賠償責任の一部免除（同309条2項8号，425条1項）
○資本金の額の減少（定時株主総会において欠損の額を超えない場合を除く。同309条2項9号，447条1項）
○現物配当の場合の事項の決定（同309条2項10号，454条4項）
○定款の変更（同309条2項11号，466条）
○事業の全部の譲渡（同309条2項11号，467条1項1号）
○事業の重要な一部の譲渡（同309条2項11号，467条1項2号）
○事業の全部の譲受け（同309条2項11号，467条1項3号）
○事業の全部の賃貸，事業の全部の経営の委任，他人と事業上の損益の全部を共通にする契約その他これらに準ずる契約の締結・変更・解約（同309条2項11号，467条1項4号）
○事後設立（同309条2項11号，467条1項5号）
○解散（同309条2項11号，471条）
○解散した会社の継続（同309条2項11号，473条）
○吸収合併消滅会社の吸収合併契約，吸収分割会社の吸収分割契約，株式交換完全子会社の株式交換契約の承認（同309条2項12号，783条1項）
○吸収合併存続会社の吸収合併契約，吸収分割承継会社の吸収分割契約，

> 　株式交換完全親会社の株式交換契約の承認（同309条2項12号，795条1項）
> ○新設合併消滅会社の新設合併契約，新設分割会社の新設分割契約，株式移転完全子会社の株式移転計画の承認（同309条2項12号，804条1項）
> **特殊決議事項**（定足数はないが，原則として議決権を行使できる株主の半数以上（頭数要件），かつ，当該株主の議決権の3分の2以上の賛成を必要とする。会社法309条3項）
> ○全部の株式を譲渡制限とする定款の変更（同309条3項1号）
> ○合併により消滅する株式会社又は株式交換をする株式会社が公開会社であり，かつ，当該株式会社の株主に対して交付する金銭等の全部又は一部が譲渡制限株式等である場合における，吸収合併契約又は株式交換契約の承認（同309条3項2号，783条1項）
> ○合併又は株式移転をする株式会社が公開会社であり，かつ，当該株式会社の株主に対して交付する金銭等の全部又は一部が譲渡制限株式等である場合における，新設合併契約又は株式移転契約の承認（同309条3項3号，804条1項）
> **特別特殊決議事項**（定足数はないが，原則として総株主の半数以上（頭数要件），かつ，総株主の議決権の4分の3以上の賛成を必要とする。会社法309条4項）
> ○非公開会社における株主の権利（105条1項各号）に関する事項について株主ごとに異なる取扱いを行う旨の定款の定めについての定款の変更（同309条4項，109条2項）

3．資本業務提携契約について

　本ケースでは，リ社とヌ社との間で，資本業務提携契約が締結されています。実務上，企業同士で業務上の協力関係を築くことを業務提携（アライアンス）といい，種類としては生産提携，販売提携，技術提携などがあります。また，実務上，企業が他の企業と相互に株式を持ち合って資本関係を築くことを資本

提携といいます。資本提携の具体的な手法としては，株式譲渡によって発行済株式を取得する方法と，第三者割当増資を利用して新株を取得する方法があります。提携する資本の規模については，相手方の経営支配権を有しないようにすることが多いです。

この業務提携と資本提携とを同時に実施する趣旨の契約が，資本業務提携契約です。資本業務提携契約は，将来の経営統合や合併に至るまでの前段階として締結されることもしばしばあります。

資本業務提携契約は，業務提携に加えて，他方の企業による経営への参加や財務面での支援が期待できるというメリットがあり，M&Aに近い効果を得ることができます。

他方で，相手方の資本を受け入れて株主になってもらうということは，その出資比率に応じた権利を相手方が取得するということでもあるため，出資比率をどの程度とするかは重要な検討事項です（10％未満とすることもしばしばあります。3分の1を超えると単独で株主総会決議を阻止することが可能。）

株式の保有割合に応じた権利については
⇒本ケースの【法務の観点から】1 参照

○◆まとめ◆○

- 「提携→一部出資→完全買収」のような段階的なやり方も，M&Aの妙味。
- その際の株式の持ち分は，売り手・買い手両者にとって最も重要なファクター。

例1：議決権保有割合に応じた株主の権利と，株主総会決議への影響力
例2：連結対象や持分法適用となる場合の会計・税への影響

- こう着状態の自浄作用は，「棚上げ」，「クールダウン」，「段階的な協業の検討」など。

ケース19　親会社リストラ

自動車教習所の売却
～同業者による本業拡大

売り手 ル社の親会社の社長　　　取引銀行の担当法人営業部長に対して

「ところで部長さん，私のところに先週，ある地方で自動車教習所を何カ所かやっているヲ社という会社の社長がお見えになり，『立地の良い教習所の敷地の一部が，都市計画の対象となって収用されることになった，ついてはおたくの子会社で，同じ市内で自動車教習所を運営しているル社を買収したい』という申し入れがありました。単刀直入で，また突然のことで面食らってしまいましたが，よく考えてみるといいお話かなとも思いまして。ご存知のとおり当グループは現在，首都圏と関西圏以外に所在する子会社や資産は整理する方向にあります。貴行から熱心に勧められた投機性の高い金融商品さえ購入しなければ，こんな必要はなかったのですが…おっと失礼，ル社は別会社ですから売却するには株式をお譲りする形でいいのでしょうが，教習所用地として使用中の敷地は親会社が所有しています。

我が社が積極的に貴行に営業協力したことの見返りにと言ってはなんですが，株式のやりとりと一緒に不動産も絡むお話ですので，銀行さんのお力を存分にお借りできればと思っています。」

第2章 事例でわかる会社の終活

	売り手 ル社	**買い手** ヲ社
業　種	自動車教習所	自動車教習所・不動産賃貸業
年商／上場区分	3億円／非上場	25億円／非上場
M&Aの目的	非主流部門整理	本業拡大

買い手 ヲ社の社長　自社の応接室にて地元選出の代議士と

「これは先生，ようこそいらっしゃいました。先生の選挙区の中でも人口が最も多いX市にある，ウチで売上ナンバーワンのあの教習所の土地収用は，予定どおりに始まるそうです。営業補償もしてもらえるし，収用される土地の代金もかなりの額になりますので，ちょっと資金事情が忙しい私らにとってはありがたい話です。このお礼はまたゆっくりと…それでドル箱の教習所事業は続けたいので，実はたまたま同じ市内に別の教習所がありまして，その親会社の東京の中堅商社の社長のところに，売ってくれってこの前頼みに行ったんです。最初は引いてましたが先方にも事情がおありのようで，その後前向きに考えると返事がありました。そこで今回も先生のお力をお借りしたいのです。というのもウチのメインバンクの地銀に買収資金の工面を頼んだところ，追加貸出枠がないとか，ウチの拡大路線はいかがなものか，と散々に言われてしまいました。先方さんは大きな銀行に今回の話のあっせんを頼んでいるそうですので，話が落ち着いてきたらそちらから借りられるように，ぜひご同行お願いします。」

205

❶背景，経緯

- ◎ ル社は地方都市で自動車学校を経営していたが，余剰資金の相当額を金融商品投資で運用していた親会社に焦げ付きが発生し，過大となっている投融資を整理するという方針に直面していた。ヲ社は自動車学校を数校運営していたが，ル社と同じ市内に所在する1校の敷地が都市計画の対象となり，収用されることとなったため代替地を探していたところ，ル社に目を付け，その親会社あてにル社の買収を直接申し入れた。

- ◎ その親会社は最終的に前向きな取り組みを表明し，案件を相談した取引銀行にM&Aアドバイスを求めた。当初ヲ社は買収価額や条件面で強気の発言を繰り返していたが，基本合意書を締結する段階でル社の親会社の取引銀行あてに，ル社の土地を担保として買収資金を融資してほしいとの依頼がなされた。同銀行は，ル社のフィナンシャル・アドバイザー（FA）も務めており，利益相反関係の問題も生じるために，即座にこの申し入れを断った。

- ◎ 同銀行はこの事態を重くみて，ヲ社を調査したところ，メインバンクを始めヲ社の取引銀行は，一様に同社の拡大路線を支持していないことが判明した。融資申し出も断られたため，結局ヲ社自身がリストラ計画を自社の取引銀行に示すことによって買収資金が確保でき，両社の初回の接触から約1年後にヲ社がル社の株式を100％買収する形で決着した。

❷このエピソードの特徴と問題点

- ◎ リストラ戦略の一環として売り手の親会社が資産処分を進める中，買い手サイドも十分な資金の裏付けを持たない状態で，安易な買収の申し入れと対応をしたために，交渉が長引いたケースである。

  問題点①　土地の所有権：ル社の経営する自動車学校の敷地は親会社が保有しており，ル社とセットでの売却を企図していたが，買い手は資金投入額を少なくするために，引き続き親会社からの賃借を主張した。

  問題点②　買い手の買収資金調達能力への懸念：既述のとおり，ヲ社は買

収資金の調達に関するスタディを後回しにし，地元選出の代議士を帯同して売り手の親会社の取引銀行役員への面談を求めるなど，地方所在企業に散見される政治家頼みの姿勢という"あなた任せ"の対応が目立った。

問題点③　スムーズな経営移行への疑義：買い手のヲ社は地元では"やり手"として有名な会社で，買収した会社の体制に大幅にメスを入れて（役職員のリストラや処遇の改変など）収益改善を図るという評判があったため，ル社の従業員が離反するおそれがあった。

❸問題点への対応

◎　ヲ社は，ル社の親会社が早期にノンコア資産を処分したいという希望があることを察知していたため，交渉当初はヲ社のペースで交渉が進んでいた。これに対して売り手側は，ヲ社が売却先としてふさわしいかという点を十分協議することによって意見を統一し，一丸となってヲ社に条件面での譲歩と誠実な対応を求めるという態度で迫った。

◎　その結果，交渉は一時こう着状態に陥ったが，やがてヲ社側に資金調達面での問題が顕在化したため，売り手側は最終的に，(1)親会社の所有する土地はル社の株式譲渡と同時に売買すること，そして(2)全従業員をほぼ同条件で継続雇用し，円滑な引継ぎのためにル社の社長，校長を当面相談役として留任させる，という条件を勝ち取った。

◎　このような調整が図られたものの，売り手側にとっては最後まで買い手の買収資金調達への懸念がぬぐえなかったため，株式譲渡と土地売買契約の調印式と，資金決済を行うクロージングのタイミングで，ヲ社の支援行（メインバンクと協調融資行）からも出席を求め，そのつど買収資金の融資実行を確認していくという形で万全を期した。

❹成功のためのポイント

◎　M＆Aにおいては，売り手にせよ買い手にせよ，取引の相手方が必ず

しも常識的な応対をしてくるとは限らない。もちろん反社会的勢力や、いわゆるブラック企業など、取引相手としての資質に欠ける場合は論外であるが、"クセのある"相手との交渉はなかなか骨の折れる作業である。

◎　本ケースにおいては買い手側の対応が問題含みであったが、決して成立しない取り合わせでもない。つまり"地方の投融資を処分したい"売り手のニーズと、"収用に伴う現業の代替地を探したい"という買い手のニーズが見事に合致した案件なのである。難しい状況であったとしても、基本線を守って対処していけば、最終的に落着点を見つけることは難しいことではない。

◎　本ケースにおける基本線とは、(1)相手側の要求をいったん受け止め、自社サイドで譲れる部分と譲れない部分をしっかりと検討する、(2)拙速を避け、時間をかけて対応する、(3)合意した条件は確実に契約書に落とし込み、後々に解釈面で異論が出る余地を残さない、(4)(親会社、子会社など)当事者が複数存在する場合は、意見集約と一本化を図り、相手方に付け入られないようにする、などである。

◎　その他の特筆事項として、もともと本ケースの売り手の親会社社長にとっては、自社グループの屋台骨を揺るがすこととなった、リスクの高い金融商品を売り込んできた（と考えている）"憎っくき"銀行に相談するのは腹立たしいことであった。だが取引相手の財務状況の調査や、銀行間での与信能力の情報交換や調整力など、銀行が本来持っている能力に期待し、過去のいきさつは封印して交渉全般を任せたことも、良い結果を招く一因となった。中小企業のＭ＆Ａにおいては、銀行の総合力が果たす役割が小さくないことを示す事例でもあった。

税務・会計の観点から

本ケースでは、ル社の経営する自動車学校の敷地はル社の親会社が保有しており、その敷地にル社が建物（自動車学校）を建ててル社は事業を行っていま

した。このように会社が所有する土地を，他人に賃貸し，建物などを建てさせているようなときは，借地権課税の有無について検討しておく必要があります。

一般的な借地権の考え方について，説明します。

会社が所有する土地を他社に賃貸し，建物などを建てさせた場合には，借地権が設定されたことになります。通常，権利金を収受する慣行があるにもかかわらず権利金を収受しないときは，賃貸した会社に権利金の認定課税が行われます。この際に認定される権利金の額は次の算式で算定します。

$$\text{土地の更地価額} \times \left(1 - \frac{\text{実際に収受している地代の年額}}{\text{相当の地代の年額}}\right)$$

土地を借りている法人では，上記の算式によって算出された額から実際に支払った権利金の額を控除した額が受贈益として認定されます。

一方，土地を貸した法人では，権利金収入が認識されるとともに，同額の寄付金が生じたものと認定されます。寄付金は損金算入限度額があるため，課税所得が増加することになります。

ただし，相当の地代（その土地の更地価額のおおむね年6％程度）をやりとりしているのであれば，借地権の認定はありません。相当の地代をやりとりしていない場合には，借地権の設定等に係る契約において，将来借地人が土地を無償で返還する旨が定められ，かつ，「土地の無償返還に関する届出書」を借地人と地主と連名で税務署に提出している場合には，権利金の認定課税は行われません。

このため売り手が他人の敷地に建物などを建てている場合には，地代がどのように設定されているかに注意しなければなりません。相当の地代をやりとりしていない場合には，借地権の設定等に係る契約がどのように締結されているか，土地の無償返還に関する届出が提出されているかについて把握しておくことが必要です。

本ケースのM&Aにおいては，ル社の親会社は，ル社の株式の譲渡と同時に，ル社の経営する自動車学校の敷地も譲渡しました。もし，ル社に借地権の認定

課税が生じていると考えられる場合には、税務上ル社に借地権があるものと考えられ、ル社の親会社の敷地の譲渡価額は、借地権部分を除いた底地価額が適正な取引価額となることに注意が必要です。

法務の観点から

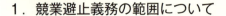

1．競業避止義務の範囲について

　ル社の親会社は、自動車教習所の経営を業とするル社を子会社としていたので、同業を営んでいるヲ社より、最終契約書において競業避止義務条項の設定を求められると思われます。⇒ケース４【法務の観点から】１参照

　企業グループの場合、競業避止義務の範囲が親会社や関連会社にまで及ぶ場合もあるので、当該条項を受け入れることが可能であるか否かを慎重に検討する必要があります。ここで、親会社、子会社等の概念を整理します。

《子会社》：他の会社がその総株主の議決権の過半数を有している株式会社、又は他の会社がその経営を支配している法人として法務省令で定めるもの（会社法２条３号）

《親会社》：株式会社を子会社とする会社、又は、他の会社の経営を支配している法人として法務省令で定めるもの（同４号）

　ここで、法務省令で定めるところの「支配」とは、

① 他の会社等の議決権の総数に対する自己の計算において所有している議決権の数の割合が過半数（50％超）であること

② 他の会社等の議決権の総数に対する自己の計算において所有している議決権の数の割合が40％以上であって、次のイからホのいずれかに該当すること

　　イ　他の会社等の議決権の総数に対する自己所有等議決権数（自己の計算による所有分、緊密な関係者の所有分、同一内容の議決権行使に同意している者の所有分の合計）の割合が50％を超えているこ

と
　ロ　取締役会の構成員の過半数が自己の役員・業務執行社員・使用人又はこれらであった者
　ハ　自己が他の会社等の重要な財務及び事業の方針の決定を支配する契約等が存在すること
　ニ　他の会社等の資金調達額の総額に対する自己が行う融資（債務の保証及び担保の提供を含む。）の額の割合が50％を超えていること
　ホ　その他自己が他の会社等の財務及び事業の方針の決定を支配していることが推測される事実が存在すること
③　他の会社等の議決権の総数に対する自己所有等議決権数の割合が50％を超えている場合であって，上記②のロからホのいずれかに該当すること

をいいます（会社法施行規則3条3項。財務諸表等の用語，様式及び作成方法に関する規則（財務諸表等規則）8条4項も同様）。

《関連会社》：会社が他の会社等の財務及び事業の方針の決定に対して重要な影響を与えることができる場合における当該他の会社等（子会社を除く）（会社計算規則2条3項18号）

　ここで「重要な影響を与えることができる場合」とは，
①　他の会社等の議決権の総数に対する自己の計算において所有している議決権の数の割合が20％以上であること
②　他の会社等の議決権の総数に対する自己の計算において所有している議決権の数の割合が15％以上であって，次のイからホのいずれかに該当すること
　イ　自己の役員・業務執行社員・使用人又はこれらであった者が他の会社等の代表取締役，取締役又はこれらに準ずる役職に就任していること
　ロ　自己が他の会社等に対して重要な融資を行っていること
　ハ　自己が他の会社等に対して重要な技術を提供していること

> 　　ニ　自己と他の会社等との間に重要な販売，仕入れその他の事業上の取引があること
> 　　ホ　その他自己が他の会社等の財務及び事業の方針の決定に対して重要な影響を与えることができることが推測される事実が存在すること
> ③　他の会社等の議決権の総数に対する自己所有等議決権数の割合が20％以上であって，上記②のイからホのいずれかに該当すること
> ④　自己と自己から独立した者との間の契約その他これに準ずるものにもとづきこれらの者が他の会社等を共同で支配している場合
>
> をいいます（会社計算規則2条4項。財務諸表等規則8条6項も同様）。
> **《関係会社》**：当該株式会社の親会社，子会社及び関連会社，並びに当該株式会社が他の会社等の関連会社である場合における当該他の会社等（会社計算規則2条3項22号）。要するに，関係会社とは，親会社，子会社及び関連会社すべてを含む概念です。

　また，競業避止義務を負う側にとっては，その期間や地理的範囲の限定が重要です。→**第4章Ⅲ2(4)参照**

　本ケースでは，ル社親会社のグループは，ル社売却後も自動車教習所に関するビジネスを継続すると思われるので，競業避止義務の地理的範囲についてはル社の活動地域に限定する形とし，他地域でのル社親会社のグループの事業に支障をきたさないようにすることが重要となります。

2．親会社が保有する土地と法務デューデリジェンス

　本ケースでは，ル社の経営する自動車学校の敷地は親会社が保有しており，この敷地をル社とあわせて売却するか，それともヲ社が親会社から賃借するかが当初検討されています。

　当該敷地はル社の資産ではありませんが，当事者間のM&A取引において重要な目的となっていることから，これを売却する場合と引き続き賃借する場

合とを想定して，法務DDを実施する必要があります。⇒**第4章Ⅱ(4)参照**

　売却する場合，本ケースではル社の親会社の財務状況が思わしくなく，当該土地についても抵当権等の金融機関の担保権が設定されている可能性が高いことから，この点を調査・確認するとともに，ヲ社が土地を購入するにあたっては，クロージング日まで（遅くともクロージング日中）にこれらの担保権（その登記を含む。）が解除されることを最終契約書上で確保する必要があります。

　賃借する場合，元の賃貸借がル社の親会社とル社との親子会社間の契約なので，いわゆるアームズ・レングスな取引条件になっていない可能性があるところ，クロージングまでの売主の義務及び買主側のクロージングの前提条件として，クロージング日までにアームズ・レングスな取引条件に契約内容が変更されることを最終契約書上で確保する必要があると思われます。

◯◆まとめ◆◯

- M&Aの基本は①焦らず，②譲り合い，③フェアに，④意思統一して契約書にすること！
- M&Aの相手選びには，"石橋を叩いて渡る"姿勢が必要。
- 子会社売却時の競業避止義務は，親会社に及ぶことも！
- 売り手側の親子会社間取引の問題点は，クロージングまでに正常取引化させること！

ケース20　海外M&A

経営統合準備目的による，投資物件の整理

売り手　ワ社の社長　　取引金融機関の担当者に対して

「それで，まだ買い手は見つからないのかね。アメリカに持っているホテルの売却先探しを頼んでから，もう1年近くになるじゃないか。毎回判で押したように『現地のスタッフに急ぐように指示しています』と報告を受けるのはもうたくさんだよ。そちらには多くの預かり資産を運用させているのだから，早いところ処理してほしい。そもそも本業の延長で細々とやっている国内のホテル事業に，"米国の最新のノウハウを吸収しましょう"と3年前にこの物件の買収を勧めたのは君の会社だろ？　結局ほとんど得るものはなく，早めに処分することを決めたわけだが，今回の売却でまた手数料を取られるなんて，本当にやり切れない思いだよ。今まで伝えてはいなかったが，本業も厳しくなってきて他社との統合を本格的に検討し始

めているところだ。ただ海外にこのような投資物件を保有しているままだと，条件的に不利になることは目に見えているし，相手との間で統合準備委員会の設置もままならない。とにかく早期の売却に向けて，全力で取り組んでほしい。」

第2章 事例でわかる会社の終活

売り手	ワ社		買い手	力社（米国企業）
業　種 ▶	運輸業ほか		▶	不動産管理及び投資会社
年商／上場区分 ▶	40億円／非上場		▶	非公開／非上場
M&Aの目的 ▶	投資物件整理		▶	投資物件購入

ワ社が起用した米国の不動産ブローカー

ワ社の社長に対して

「このたびは弊社をご用命いただき，誠にありがとうございます。これまで従来のお取引金融機関に依頼されて，かなり長い間"待ち"の姿勢で，お持ちの物件の売却をお考えだったと理解しております。正直なところ，現地の不動産市況を鑑みますと，積極的に売却に向けたマーケティング活動を行わないことには，買い手探しはおぼつかないものと思料いたします。弊社がお引き受けさせていただいたからには，業界内外に張りめぐらした多面的なネットワークを駆使して，今後は物件プロファイルの作成から最終契約に至るまで，十分なサービスを提供させていただきます。また対象物件（ホテル）を独立法人として保有されていることから，当該株式を譲渡するという売却形態をご希望とのことですが，早期に決着させるためには不動産物件としての売却も視野に入れる必要があると考えております。そのほかにも，なにぶん営業用の物件ですから，市政府や税務当局との交渉記録や設備投資・メンテナンスのレポートなど，整備しておくドキュメントは非常に煩雑で，大変な作業が必要になります。」

❶背景，経緯
　◎　ワ社は副業として国内で運営するホテル事業への運営ノウハウ獲得のため，米国でホテル1棟を買収（独立法人）し，現地管理会社に運営を委託していた。ただ地域性の違いや宿泊客の嗜好の急激な変化から，所期の目的を十分に達成することができず，売却を志向していた。
　◎　当初ワ社は，買収時にFAを務めた金融機関に再び売却のアドバイスを依頼し，買い手が現れた時点で売却の詳細を検討するという受動的な姿勢だったが，まったく進展がなかった。そこで現地不動産ブローカーを利用する積極的な売却マーケティング戦略に転換したところ，最終的に現地で不動産投資を営むカ社との間で売買契約書を締結し，売却戦略を転換してから約半年間で売却を完了した。
　◎　ただし買い手は，ワ社の保有するホテルに"不動産投資物件"としての興味を示したため，運営法人の株式を売却する形態は取れず，ビジネスとホテル資産を事業譲渡する形で取引を完了させた。

❷このエピソードの特徴と問題点
　◎　本章のケース19でも見たように，大企業に限らず中小企業に対しても，余剰資金の運用手段として，金融機関から金融商品や不動産などの投資案件を紹介されることは多い。貸金の利ザヤが確保できなくなった近年は，ますますこの傾向が強まっているが，現業の延長で持ちかけられる場合でも十分な検証が必要であることは，このケースからも理解できる。
　　問題点①　売却対象のホテルの許認可，環境汚染，訴訟に関する保証責任を負担する義務：売却以前に発生し，買い手の責任に帰さない上記に掲げるような事項については，売り手が保証責任を負う義務がある。通常は契約交渉の中で期限を議論したり，保険をかけたりすることによって最終的な落着点を見出すことになる。
　　問題点②　ホテルの所在する市当局との間での，租税負担をめぐる紛議：売却交渉中に，ワ社のホテルが利用していた下水道施設について，税

務当局から「本来支払うべき税金額が不足している」との指摘がなされていた。ワ社側は，「前オーナーからホテルを買収する以前から適用されている税率に従って納税してきた」，という主張で争う係争関係が続いており，案件の完了が遅延する懸念があった。

問題点③ 将来的な偶発債務が発生する可能性：本ケースは最終的に事業譲渡の形で現地法人の運営するホテル事業を売却する形態となったが，これを受けてワ社は，ホテル売却後も本業である運輸業の事業拠点として，現地法人はそのまま残すことを考えていた。ただし現地法人が存在している限り，将来的な偶発債務が起こる可能性があった。

❸問題点への対応

◎　海外での取引において最も重要な議論となるのは，売り手側が保証すべき義務をどの程度の範囲にするかという点である。一般的に「表明保証」（英語で Representations and Warranties という）とよばれ，売買取引の契約当事者間において，その取引の前提となった内容（たとえば営業上の許認可を取得していることや，税金の未払いがないことなど）が真実であることを表明し，保証することをいう。

◎　本ケースにおいても，この表明保証を含め，売却完了時点とそれ以降に売り手がどの範囲で責任を負うことにするかという点と，継続中の係争案件で将来的に支出が起こった場合，どのように売り手が補償するかという点が交渉上の大きな論点となった。

◎　先の問題点はすべてこの論点が影響を及ぼしているが，十分な交渉と検討の結果，(1)保証義務については通例における最短の保証期間である１年間とすることで決着し，(2)下水道施設利用の租税負担に関しては，ワ社側が税金相当額を供託し，追徴があった場合にはそれで補填し，なければ係争が終了した時点で供託金を全額回収する取り決めとし，(3)将来的な偶発債務の発生する可能性を極小化するために，ホテル資産売却後は残った現地法人を速やかに清算することで解決した。

❹成功のためのポイント

- ◎ 本ケースから学ぶ点はいくつかあるが、まずその道の「プロ」を起用する必要性があげられる。不動産であれ先物商品であれ、金融機関が売り込んできたものであったとしても、後処理については売込み時と比べれば熱心でないことも多く、特に損切りを行う覚悟があれば、最も取引に適したプロに任せて迅速に対処することが肝要である。

- ◎ また海外でM＆Aを行う場合は、法律、税務、会計、許認可や保証関係に至るまで、国内企業同士の取引とは勝手が違い、煩雑で手間のかかる作業となるため、数倍の労力とコストがかかると考えておいたほうがよい。

- ◎ そのうえで留意すべきは、(1)想定される事態をすべて洗い出し、契約書上でしっかり取り決めて曖昧な部分を残さない、(2)将来的に追加支出が起こることのないよう、可能な限り限定的な責任負担にとどめるよう交渉する、ことである。本ケースでは使われなかったが、売り手と買い手の間で補償範囲の歩み寄りが難しい場合には、近年「表明保証保険」を利用するケースが増えてきている。今後はこうした保険を使うことが多くなると予想される。

- ◎ 日本企業は一般的に、買収（参入）することができても売却（撤退）が不得手であることが多い。本ケースは売り手が経営統合を控えて売却を急いでいた状況にもかかわらず、自社に有利な条件で売却ができた好事例といえる。

税務・会計の観点から

　会社の買収は、その方法いかんによっては、買収対象会社の債権債務のみならず、権利義務を承継することになります。会社の買収に際しては、買収対象会社の将来税務調査を受けた際に追徴課税を受けるなどの税務リスクも承継します。このため、買い手にとって、税務デューデリジェンスは重要な手続となります。一般的には、税務デューデリジェンスで税務リスクを把握し、買収を

行うか否かの判断をし，買収を行うと決めた場合には税務リスクを買収価額に反映させたり，株式譲渡契約において，租税債権補償条項や表明保証条項に租税債務を明記させたり，本ケースのように供託金を拠出させる場合もあります。

　税務署長は，申告内容が調査と異なる場合には更正をすることができます。租税債務の更正期間は，9年ないし10年です。2016年度税制改正において法人税の欠損金の繰越期間が9年から10年に延長されたことに伴い，法人税の純損失等の金額に係る更正の期間制限も10年に変更されました。国税通則法の純損失等の金額の更正期間制限も10年に改正されています（2018年4月1日以後に開始する事業年度又は連結事業年度において発生するものに限ります）。したがって，この租税債権の更正期間に従って租税債権補償条項や表明保証条項に租税債務の期間制限を明記する必要があります。

法務の観点から

1．クロスボーダーM&Aについて

　譲渡会社か買収会社のいずれか一方が外国の企業である国際間でのM&Aを，クロスボーダー（Cross-border）M&Aといいます。国内企業が外国企業を買収する場合（In-Out取引）と外国企業が国内企業を買収する場合（Out-In取引）とがあります。

　本ケースでは最終的に現地法人による事業譲渡が行われていますが，国内のワ社と海外のカ社とが直接M&A取引をなす場合を想定して，一般的なクロスボーダーM&Aにおける留意点を述べます。

　まず，契約交渉や取引の実行にあたって，相手方となる外国企業の国の法令の適用を考慮することが不可欠であることから，その国の法令に通じた法律事務所や会計事務所の専門家を確保することが必要となります。もっとも，距離や言語等の問題がありますので，海外の専門家と関係のある国内の専門家に依頼をし，これを通じて協働してもらうことも多いといえます。

　交渉においては，用いる言語の決定や文化等の相違の考慮が必要となります。

また，法務の観点からは，国内及び海外における各種の法規制について，これを十分に調査し踏まえたうえで取引を進めていくことが不可欠です。投資規制については，Out-In 取引において，我が国でも外為法や一部の業法において外資規制が設けられていますし，In-Out 取引においても海外において同様の外資規制が存するのが一般です。ほかにも競争法規制，環境法規制といった法規制の調査と確認が不可欠です。

さらに，M&A 取引後の経営統合についても，距離，言語，文化等の問題から予想されたよりも円滑に進まないおそれが高いので，取引実行前の段階から計画やスケジュールの設定には慎重を期す必要があります。

当事者間で争いとなった場合の紛争解決方法や準拠法についても，あらかじめ定めておく必要があります。

2．対象会社の租税未納分とエスクロー

本ケースでは，ホテルの下水道施設利用の租税負担に関して，ワ社側が税金相当額を供託し，追徴があった場合にはそれで補填し，なければ係争が終了した時点で供託金を全額回収するとの取り決めがなされています。

売り手と買い手との間に第三者を介して，条件付きで譲渡代金を決済する仕組みをエスクローといいますが（⇒ケース９【法務の観点から】３参照），ここでも同種のアレンジメントが採用されています。

3．表明保証の範囲と表明保証保険について

本ケースでは，ワ社のホテルについて，営業上の許認可，環境汚染の有無，租税負担をめぐる紛議，偶発債務発生のおそれ等の問題点があり，売り手であるワ社の表明保証が不可欠となっています。

もっとも，ホテルは現地法人が運営しており，国内のワ社にとって十分に管理しきれていないところです。

そこで，ワ社にとっては，表明保証の期間や上限額の設定がとりわけ重要になります。本ケースでも保証期間は１年に限定されているところです。

あわせて，表明保証の範囲を限定するべく，条項に「知る限り」「知り得る限り」等の限定文言を入れること，さらにはアンチ・サンドバッギング条項の挿入などが検討されるとよいです。⇒**第4章Ⅲ 2 (3) 参照**

ところで，近時，表明保証に関する過大な責任の負担を免れるべく，表明保証保険の利用が検討される傾向にあります。これは，M&Aに関する契約に規定された表明保証の違反があった場合に，契約当事者が被ることになる経済的損失を補償することを目的とする保険です。買主側が保険契約者になるものと売主側がなるものとがありますが，多く利用されるのは買主側のものです。

表明保証保険を利用するにあたっては，最終契約書に規定された各表明保証条項について，保険会社がなす補償の範囲や免責の有無等を確認したうえで，改めて当該表明保証条項の内容を見直す必要が生じ得ます（たとえば，表明保証の範囲を限定することによって，その違反から生じたすべての損害を補償対象とするなど。）。

被保険者が事前に認識していたり事前に開示されていた表明保証違反，将来の予測に対するものやデューデリジェンスが十分に実施されていない事項についての表明保証違反等については，保険の対象とならないおそれがあるので，注意が必要です。

○◆まとめ◆○

- クロスボーダーM&Aは，国内案件の数倍の労力が必要！
- 将来的な偶発債務の発生は命取り。想定される事態は事前にすべて洗い出す！
- 早めの損切りは，将来に禍根を残さない。
- 表明保証保険は万能薬にあらず。表明保証違反事項は保険対象外！

第3章

税務・会計上の問題点と実務対応

I

M&Aの手法と課税のポイント

1 株式の譲渡

> **Q** 後継者がおらず,会社を売却することを考えています。会社を売却した場合には,税金がどのくらいかかりますか。

A 会社を売却した場合には,株式の売却価額と当初の会社への投資額(株式の取得費)との差額の利益に対し課税されます。

(1) 個人株主の場合

個人が会社を売却,つまり,非上場株式を譲渡したときには,一般株式等に係る譲渡所得等として,次の算式により計算した額の税金がかかります。

$$\{譲渡価額-(取得費+必要経費)\} \times 20.315\% \text{ (所得税 15.315\%,住民税 5\%)}$$

取得費とは,譲渡した会社の株式を取得するために実際に支払った額です。創業オーナーであれば,株式の取得費は会社を設立したときに資本金として払い込んだ額であり,会社の資本金の額と同額になります。設立後,増資したり,ほかの株主から株式を取得したりした場合には,これらの金額を合計して取得費を算定します。必要経費は,M&Aアドバイザーに支払う報酬など,会社を売却するに際して生じた費用が該当します。

また，実際の取得費を集計することなく，概算取得費として，株式の譲渡収入の5％を取得費とすることもできます。ただし，概算取得費を使用する場合は，必要経費を控除することができないことに注意です。

　取得費は，「実際の取得費＋必要経費」と「概算取得費（譲渡収入の5％）」のいずれか高いほうを選択することができます。

　個人の課税においては，所得は，株式の譲渡所得，土地の譲渡所得，事業所得など所得の種類ごとに区分されており，それぞれ分離課税として損益を通算することはできません。なお，上場株式の譲渡で損失が生じていた場合に，非上場株式の譲渡の利益と相殺することが以前はできましたが，2016年1月1日以降は，この相殺はできなくなっていますので，注意しましょう。

(2) 法人株主の場合

　会社が子会社を保有しており，M&Aによって，子会社を売却したときには，法人の有価証券譲渡損益として，通常の事業年度の益金又は損金として課税されます。有価証券譲渡損益は，次の算式で算定されます。

> ｛譲渡価額－（取得価額＋必要経費）｝×約35％（実効税率）

　譲渡価額，取得価額，必要経費は，個人が譲渡した場合と同様です。しかし，法人には所得の種類に区分はないことから，他の損益と有価証券の譲渡損益を相殺することができます。

　税率は，法人税，住民税及び事業税等の実効税率である約35％を目安とします。もちろん，税務上の繰越欠損金がある場合には，繰越欠損金を利用することもできます。

　なお，有価証券の譲渡は，消費税法上，非課税売上となり，消費税はかかりません。譲渡価額の5％が非課税売上として計算されるため，課税売上割合が低下します。課税売上割合の低下により消費税の計算上，仕入税額が全額控除できなくなる場合があるため，結果として，消費税の納税額が多くなることもあります。

2 株式の取得

> **Q** 事業拡大のために，会社を買収することを検討しています。その場合に，株式の取得費（取得価額）はどのように計算するのですか。

A 株式の取得費（取得価額）は，株式を取得したときに支払った購入代金とその株式を取得するために要した費用の合計額になります。その株式を取得するために要した費用には，M&Aアドバイザーに対して支払ったアドバイザリー報酬，弁護士や公認会計士に支払った財務・税務・法務などのデューデリジェンス（DD）費用などがあります。これらのアドバイザリーフィーは，投資の意思決定前のものであれば費用（損金）処理，投資の意思決定後のものであれば取得費（取得価額）に含めることになります。

なお，連結財務諸表を作成している会社は，連結財務諸表上これらのフィナンシャル・アドバイザリー費用は，発生した連結会計年度の費用処理となり，取得原価に含めることはできません。したがって，連結修正仕訳で有価証券の取得原価から当連結会計年度の費用に修正されます。

3 会社分割と株式譲渡

> **Q** 当社はA事業とB事業を営んでいます。今回，A事業を会社分割により分社化し，分社化した会社を売却しようと考えています。税務上の取扱いについて教えてください。

A 会社が複数の事業を行っており，一方の事業のみを売却したいという場合があります。事業譲渡という方法もありますが，会社分割という会社法上の制度を利用して，会社を分社し，その分社した会社の株式を譲渡する方法もあり

ます。会社分割による株式譲渡は，買い手が対象となる事業の法人形態での買収を望んでいる場合や，売却したい事業に許認可があり法人形態で譲渡せざるを得ない場合に適しています。

　会社分割は，会社を分社化する会社法上の手法であり，会社の一部の事業を資産及び負債ごと別の会社に承継させる手法です。もともとの会社を分割会社（分割法人），事業を承継した会社を承継会社（承継法人）といいます。分社化した会社同士が親子関係となる分社型分割（物的分割）と，分社化した会社同士が兄弟会社となる分割型分割（人的分割）があります。分割型分割（人的分割）の場合には，分割会社の株主に承継会社の株式が交付され，M&Aにおいては，その株式を譲渡することになります。

　会社分割を行った場合には，税務上，資産及び負債の譲渡損益を認識する非適格（譲渡型）分割と，資産及び負債を簿価で承継する適格（承継型）分割とに処理が分かれます。会社の売却を前提に組織再編を行った場合には，税法上の適格要件の1つである株式継続保有要件を満たすことができないため，非適格（譲渡型）分割として処理されます。

(1) 分社型分割（分社化した会社同士が親子関係となる会社分割）

① 承継法人

　会社分割時には，会計上，分割法人の資産及び負債を帳簿価額で承継します（共通支配下の取引）。承継した資産及び負債の対価として承継法人の株式を分割法人（分社型分割の場合には，既存株主）に交付します。増加する資本金の額は会社分割契約で定めた額であり，残額がその他資本剰余金となります。

　税務上は，会社の売却を前提としているため，適格要件を満たさず，非適格会社分割となるため，承継した資産及び負債を時価で承継します。増加する資本金等の額は，分割法人に交付した承継法人の株式の時価となります。承継した資産及び負債の税務上の時価純資産額と増加する資本金等の額の差額は資産調整勘定，負債調整勘定となります。退職給与負債調整勘定及び短期重要負債調整勘定の取扱いは事業譲渡と同様です。ただし，これらが認識されるのは，

分割法人の分割直前において営む事業であること及びその事業に係る主要な資産又は負債のおおむね全部がその分割により分割承継法人に移転することが要件です。資産調整勘定，負債調整勘定は，60カ月にわたって月割りで損金又は益金に算入されます。

② 分割法人
　会計上，分割法人は資産及び負債を帳簿価額で承継会社に承継します（共通支配下の取引）。その対価として，承継法人の株式を取得することになります。結果として，分社化した法人同士が兄弟会社となります。
　税務上は，株式の売却を前提に組織再編を行った場合には，税制適格要件の1つである株式継続保有要件を満たさないことから，非適格（譲渡型）分割として処理されます。資産及び負債を時価により承継法人に承継し，その対価として承継法人の株式を時価で受け入れます。したがって，分割時において，承継法人に移転した資産・負債の譲渡損益が生じます。承継した資産及び負債の帳簿価額と受け取った承継法人の株式の時価との差は，会社分割を行った事業年度の益金又は損金の額に算入されます。
　その後の承継法人の株式の第三者への譲渡が予定されていれば，会社分割時に時価で受け入れた承継法人の株式の価額は，承継法人の株式の実際の譲渡価額と同額になるものと考えます。

③ 株　主
　非適格会社分割であっても，株主において課税は生じません。

(2) 分割型分割（分社化した会社同士が兄弟会社となる会社分割）
① 承継法人
　「(1) 分社型分割　①承継法人」と同様です。

② 分割法人

　会計上，分割法人の資産及び負債を帳簿価額で承継法人に承継します（共通支配下の取引）。その対価として，いったん分割会社が承継法人の株式を受け取り，既存の株主に現物分配するという形式で，既存の株主が承継法人の株式を保有することになります。結果として，分社化した会社同士が兄弟会社となります。

　税務上は，会社の売却を前提に組織再編を行った場合には，税制適格要件の1つである株式継続保有要件を満たさないことから，非適格（譲渡型）分割として処理されます。分割法人は，時価により資産及び負債を承継法人に承継するため，承継法人に移転した資産・負債の譲渡損益が生じます。承継した資産及び負債の帳簿価額と承継法人の株式の時価との差は，会社分割を行った事業年度の益金又は損金の額に算入されます。

　また，分割法人は，いったん取得した承継会社の株式を既存の株主に現物分配するという形式をとることから，税務上の資本金等の額及び利益積立金の額を減少させます。

　分割法人における減少させる資本金等の額及び減少させる利益積立金の額の具体的な計算式は次のとおりです。

【減少させる資本金等の額】

　減少させる資本金等の額＝資本金等の額×移転する資産及び負債の帳簿価額（純額）／資産及び負債の帳簿価額（純額）

【減少させる利益積立金の額】

　減少させる利益積立金の額＝分割法人の株主に交付した承継法人の株式の時価－減少させる資本金等の額

③ 株　主

　非適格（譲渡型）分割の場合には，会社分割時には，上記の減少させる資本金等の額に対応する額の分割会社の株式の取得費（取得価額）が減額され，減額した額が新たに交付された承継法人の株式の取得費となります。承継法人の

株式以外の資産が交付されなければ，株式の譲渡損益は生じません。一部については配当を受けたものとして，前記の減少させる利益積立金に対応する額のみなし配当が生じます。みなし配当は，個人株主の場合には，配当所得として総合課税となり，超過累進税率が適用されますので税負担が相対的に重くなります。

その後の第三者に対する株式譲渡は，通常の株式譲渡の課税がなされます。

4 株式交換（完全子会社）

> **Q** 上場会社から株式交換により会社を買収したいとの打診を受けました。株式交換の課税関係について教えてください。

A 株式交換をしてもらうことにより，会社を売却する方法もあります。株式交換とは，買い手が売り手の株式を取得するにあたり，金銭の代わりに，買い手の会社の株式を交付するという方法です。売り手の会社は，買い手の完全子会社（100％子会社）となります。買い手が上場会社の場合に，株式交換の手法が採用されることがよくあります。上場会社が売り手に対し株式交換を行う場合には，売り手の株主は，自社株の対価として上場株式を取得することになり，いつでも市場で売却（換金）できる財産に変わります。

株式交換の対価として上場株式のみが売り手の株主に交付されるのであれば，共同事業要件に適合した適格（承継型）株式交換が適用され，原則として売り手の株主において，課税関係は生じません。ただし，完全子会社に支配株主がいる場合には，株式交換により支配株主に交付される完全親会社の株式の全部が支配株主により継続して保有されることが見込まれていることが適格要件の1つとなっています。

なお，市場で株式を譲渡した場合は，上場株式等の譲渡の課税がされます。

合併（被合併会社）

> **Q** 上場会社から合併により会社を買収したいとの打診を受けました。合併の課税関係について教えてください。

A 合併されることにより，会社を売却する方法もあります。合併とは，合併して存続する会社を存続会社（合併法人），合併して消滅する会社（被合併法人）といいます。売り手の株主には買い手の株式が交付されます。合併には新設合併（合併して新会社をつくる）と吸収合併（一方の会社に吸収させる）がありますが，ほとんどは吸収合併でしょう。

税務上は，一定の税制適格要件を満たせば適格（承継型）合併，満たさなければ非適格（譲渡型）合併として課税されます。

① 適格合併の場合の被合併法人の株主の課税

適格合併の場合には，売り手の株主にみなし配当課税は生じず，また，株式の譲渡損益も生じず，課税も生じません。被合併法人の株式を帳簿価額（取得費）で譲渡し，その額で合併法人の株式を取得したものとされ，株式の譲渡損益が繰延べされます。合併により取得した合併法人の株式の取得価額は，被合併法人の株式の帳簿価額を引き継ぎます。

② 非適格合併の場合の被合併法人の株主の課税

イ．金銭等の交付がない場合（合併会社の株式のみが交付される場合）

非適格合併の場合には，被合併法人の株主は，受け取った合併対価の額（合併として取得した株式の価額）のうち利益積立金からなる部分は，みなし配当として課税されます。

みなし配当は，次の算式によって算定します。

みなし配当の額＝合併により交付を受けた資産の額－被合併法人の資本金等の額のうち保有株式に対応する部分の額（※）

（※）被合併法人の資本金等の額のうち保有株式に対応する部分の額＝
被合併法人の最後事業年度終了時の資本金等の額×合併直前に有していた被合併法人の株式数／被合併法人の最後事業年度終了時の発行済株式総数（自己株式を除く。）

　個人株主の場合には，みなし配当は総合所得として他の所得と合算して超過累進税率が適用されるため，税負担が相対的に重くなります。ただし，配当控除が受けられる可能性があります。一方，法人株主の場合には，受取配当等の益金不算入規定が適用できますので，税負担が相対的に軽くなる場合もあります。

　合併の対価として被合併法人の株式のみが交付される場合には，被合併法人の株式について株式譲渡損益は認識されません。被合併会社の株式の帳簿価額（取得費）にみなし配当金額を加算した額が合併法人株式の取得価額（取得費）となります。

　ロ．金銭等が交付される場合

　合併の対価として金銭等が交付される場合には，被合併法人の株主に，株式譲渡損益が認識されます。合併により交付を受けた合併対価を時価で計上します。合併対価と，資本金等の額に対応する部分の額と株式の帳簿価額の合計額との差額が株式の譲渡損益として認識されます。

　個人株主の場合，株式の譲渡損益は分離課税として他の所得と合算することなく，譲渡益の20.315％（所得税15.315％，住民税5％）の課税がなされます。同一年分にほかに非上場株式の譲渡損益がある場合には，通算することができます。法人株主の場合には，認識された株式譲渡損益は法人税の課税所得計算上益金又は損金に算入されます。

M&A における税務上の
事前対策のポイント

1 会社の資金還元（会社からの資金回収）

> **Q** 当社は現預金が潤沢にあります。会社を売却する前にこの現預金を私（オーナー）の手許に戻しておきたいと考えています。税負担をできるだけ抑えたいと思います。どのようにすればよいでしょうか。

A 会社を売却する前に，会社に留保した資金をオーナーに還元する（資金回収させる）には，剰余金の配当，自社株の発行会社への譲渡，退職金の支給など，いくつかの方法があります。

(1) 剰余金の配当

会社に分配可能額があれば，株主に配当をするのもいいでしょう。ただし，オーナー以外に他の株主が多くいる場合には，それらの株主に対しても持株比率に応じて配当がされてしまいます。

なお，配当をする会社は，20.42％（地方税なし）の税率により所得税及び復興特別所得税の源泉徴収をしなければなりません。

① 個人株主

個人株主が非上場会社から配当等を受けた場合は，原則として，配当所得として，確定申告をしなければなりません。配当所得は，総合課税として，各種

所得の金額を合計して所得税額が計算されます。超過累進税率が適用され，所得が高ければ高いほど高い税率が適用されるため，税負担が相対的に重くなります。一方，配当所得があるときは，税額控除を受けることができます。これを配当控除といい，配当控除額は，課税総所得金額1,000万円以下の部分について，所得税は配当所得の10％，住民税は同2.8％，課税総所得金額1,000万円を超えた部分について，所得税は配当所得の5％，住民税は同1.4％です。

配当時に源泉徴収された所得税の額は，確定税額から控除して納付税額が算定されます。

② 法人株主

法人株主が配当を受けた場合には，受取配当等の益金不算入規定の適用があるため，相対的に税負担が軽減されます。完全子法人（100％子会社）株式であれば，受取配当等の全額が益金不算入となります。関連法人株式（発行済株式の3分の1超の株式を保有する法人の株式）であれば，負債利子控除後の受取配当等の全額が益金不算入となります。被支配目的の会社（発行済株式の5％以下の株式を保有する会社）の株式は，受取配当等の20％が益金不算入となります。それ以外の株式については受取配当等の50％が益金不算入となります。

(2) 自社株を発行会社に譲渡（自己株式の取得）

オーナーが自社株を発行会社に譲渡することにより，会社の資金をオーナーに還元することもできます。会社からみれば自己株式の取得です。自己株式の取得についても財源規制があり，会社の分配可能額がなければ，自己株式の取得はできません。

① 発行会社（自己株式を取得した法人）

自己株式を取得した会社は，自己株式を取得する代わりに交付した金銭等の額を，純資産の部のマイナス項目である自己株式として計上します。

税務上は，資本金等の額と利益積立金の額をマイナスします。具体的には，交付した金銭等の額のうち，取得した自己株式に対応する資本金等の額については資本金等の額を減額し，残額については利益積立金の額を減額します。

② 個人株主

個人株主が自社株を会社に譲渡した場合には，税務上，みなし配当課税と株式の譲渡所得課税が生じます。自己株式の対価として交付された金銭等の額のうち自己株式に対応する利益積立金の額がみなし配当として取り扱われ，配当所得として課税されます。また，譲渡した自社株の取得費と自己株式に対応する資本金等の額との差額が株式の譲渡損益となります。

なお，相続により取得した株式を相続開始日から3年10カ月以内に発行会社に譲渡した場合には，みなし配当課税が適用されないとの特例があります。自己株式の対価として交付された金銭等の差額と自社株の取得費との差額は株式の譲渡損益となります。また，自社株の相続に対してかかった相続税を取得費に加算（相続税の取得費加算）する特例もありますので，税務上有利といえます。

(3) 退職金の支給

オーナー（株主）が役員に就任している場合には，会社を売却するにあたり，オーナー（株主）の立場として株式の譲渡代金を受け取るとともに，役員の立場として退職慰労金を受け取ることがあります。役員退職慰労金の支給は会社の純資産を減少させるため，ひいては，株式の譲渡代金を抑えることになります。いってみれば，役員退職慰労金を多く受領すれば，株式の譲渡所得が少なくなるというトレードオフの関係にあるといえます。

役員退職慰労金に対する課税は，退職所得として，収入金額から退職所得控除額を控除した金額の2分の1が所得の額とされ，この所得の額に税率を乗じた額が課税額になります。退職所得控除額を控除できるうえ，所得を2分の1に圧縮することができるため，税務上は優遇されているといえます。

ただし，勤続期間が5年以下の役員に支払う退職手当については，特定役員

退職手当等として，この2分の1を所得の金額とするという特例計算は適用できません。なお，役員等として勤務した期間に1年未満の端数がある場合は，これを1年に切り上げて勤続年数をカウントします。

退職所得控除額は，勤続期間が20年以下であれば，「40万円×勤続年数（下限80万円）」，20年超の場合には「800万円＋70万円×（勤続年数－20年）」で計算します。勤続年数が20年であれば，退職金のうち800万円までは非課税となります。勤続期間は1年未満を切り上げることとなっています。

退職所得は，他の所得と合算することなく，分離課税となりますが，超過累進税率が適用されます。

なお，「退職所得の受給に関する申告書」を退職金を支払った法人に提出すれば，原則として，源泉徴収だけで課税が完結します。

一方，株式の譲渡に対する課税は，株式の譲渡収入から取得費を控除した譲渡益に対し20.315％（所得税15.315％，住民税5％）の税率で課税されます。株式の取得費は，株式を取得するにあたって実際に支払った額と取得するために支出した費用の合計となります。ただし，概算取得費として，譲渡収入の5％も使えます。株式の実際の取得費か，概算取得費のいずれか有利なほうを適用できます。

株式を譲渡するにあたり役員を退任し，役員退職慰労金を受領するにあたって，税務上，注意すべき点がいくつかあります。

① 役員等の勤続年数が5年以下の者に対する退職手当等

設立から割と短い期間で会社を売却する場合，又は，役員に就任してから割と短い期間で会社を売却する場合もあります。このような場合に注意すべきなのが，退職所得の計算における勤続年数です。役員（取締役，監査役）としての勤続年数が5年以下の者が役員退職金を受け取る場合には，所得の額を2分の1とする特例を受けることができないことに注意しなければなりません。

なお，役員として勤務した年数は，1年未満の端数がある場合には，その端

数を1年に切り上げてカウントします。たとえば、役員としての勤続年数が4年11カ月の場合には5年となり、2分の1特例は適用できません。一方、役員としての勤続年数が5年1カ月の場合には6年となり、2分の1特例を適用することができます。

② 複数の法人を同時に譲渡し、退職金を受け取る場合

オーナー（株主）が会社を売却するにあたり、そのオーナー（株主）が複数の法人を所有しており、同時に複数の会社を売却し、順次役員を退任することもあるでしょう。この場合に、複数の法人からそれぞれ役員退職金を受け取ることも理論的には可能ですが、同一年度に役員退職金を受け取った場合に、退職所得控除額の勤続年数をどのようにカウントするかという問題があります。

同一年度に複数の法人から退職金を受け取った場合の勤続年数は、最も長い勤続年数とこれと重複していない年数を加算した期間とされています。いいかえれば、最も古い就任の日から最も新しい退任の日までの期間となります。たとえば、次のような場合を考えてみます。

	就任日	退任日	勤続年数
A社	2000年4月1日	2018年3月31日	18年
B社	2015年5月1日	2018年12月31日	3年8カ月

勤続年数は、最も古い就任日である2000年4月1日から最も新しい退任の日である2018年12月31日までの18年9カ月となり、1年未満を切り上げた19年が退職所得控除額の計算における勤続年数となります。この勤続年数にもとづき、退職所得控除額を計算します。同じ額の退職慰労金が、1つの会社から支払われたとした場合の税額と同じ結果となります。

会社での源泉徴収は、最初に役員を退任した法人A社では、勤続年数18年で退職所得及び源泉徴収税額を計算します。次に役員を退任する法人B社では、A社から交付を受けた退職所得の源泉徴収票を本人より提出を受け、A社の退職金とB社の退職金を合算したうえで、勤続年数19年で退職所得及び源泉徴収税額を計算します。この源泉徴収税額からすでに徴収済みの源泉徴収税額

を控除して，B社における源泉徴収税額を計算します。

③　譲渡契約上，一定期間，会社に役員として留任後，退職する場合

　会社を売却する場合，売り手の取締役は退任し，買い手から新たな代表取締役を選任するのが一般的です。しかし，会社の売却後も，事業の引継ぎを円滑に行うためや取引先との関係維持・強化のために，売り手のオーナーが代表取締役を退任した場合にも，取締役でない会長や顧問などの役職で，しばらくの間，会社に留任することもあります。あるいは，買い手の希望で，売り手のオーナーは取締役を退任せず，しばらくの間，事業の引継ぎや取引先との関係の維持強化にあたることもあります。

　このような場合には，会社での役員退職金の損金算入時期に留意する必要があります。役員退職金は，実際に退職した日の属する事業年度に損金算入するのが原則です。ただし，分掌変更等によりその役員としての地位又は職務の内容が激変し，実質的に退職したと同様の事情にあると認められるものであれば，退職給与として損金算入することができます。退職後も経営上主要な地位を有しているかどうかなど，実質的に退職したと同様の事情にあるかどうかの事実認定となるため，役員退職金の損金算入時期に注意します。

　なお，一定期間経過後，オーナーが役員を退任する場合には，退任する時期，役員退職金の支給時期，退職金の額を株式譲渡契約の中で明確に定めておくことが相互トラブルを避ける観点から肝要です。役員退任時に，株主総会でオーナーの役員退職金の支給が承認されるように，買い手が議決権を行使することを義務とする旨を明記しておくことも必要です。

④　合併において役員退職金を支給する場合

　会社を売却するにあたり，株式の譲渡に代えて，合併という手法が採用される場合もあります。合併に際し，被合併会社の役員は，被合併会社が消滅することから自動的に退任することになります。

　退任した役員に役員退職金を支払う場合には，合併承認のための株主総会で

退職金支給額を決定し，被合併会社の合併の日の前日の属する事業年度において支給額を未払金とし，合併後の合併会社から支払うのが一般的です。

ただし，合併承認のための株主総会で退職金支給額が確定されていなくても，被合併会社が退職給与として支給すべき金額を合理的に計算し，合併の日の前日の属する事業年度において未払金として損金経理をすれば，被合併会社において損金算入することができます。

2 M&A前の株式の整理・買い集め

Q 当社は株式が分散しており，多くの株主がいます。会社を売却するにあたり問題が生じることがあるでしょうか。株式の分散を解消するには，どのような方法がありますか。また，株式の分散を解消する際の課税関係を教えてください。

A 会社を売却しようと思い立ったものの，株式が分散している場合があります。多くの買い手は，売り手が株式を取りまとめたうえでの株式の全部の譲渡を希望します。それゆえ，会社の株式が分散している場合，以下の方法が考えられます。

① オーナーによる株式取得
② オーナーの資産管理会社による株式取得
③ 発行会社による株式取得（自己株式の取得）
④ 個々の株主が直接買い手に株式を売却

④個々の株主が直接買い手に株式を売却する場合には，オーナーが個々の株主から委任状を預かり，オーナーが株主を代表して買い手と交渉することになるでしょう。③については，発行会社に株式を売却した者にみなし配当課税が生じるため，相対的に税負担が重くなる場合があります。①②④については，株式を売却した者の税負担に有利不利はありません。

Ⅲ M&Aにおける その他の税務上の取扱い

1 事業承継税制（相続税・贈与税納税猶予）適用会社の売却の税務上の取扱い

> **Q** 私は，数年前に，相続税・贈与税が納税猶予される事業承継税制を適用して，株式の贈与を受けています。承継後，会社の運営がうまくいかず，このたび，この会社を売却することを決断しました。納税猶予はどのように取り扱われますか。

A 事業承継税制として，非上場株式の相続及び贈与を受けた場合の相続税・贈与税の納税猶予の特例制度があります。この納税猶予の特例制度の適用を受けた非上場株式を，後継者（相続人又は受贈者）が譲渡した場合には，相続税又は贈与税の納税猶予が打ち切られます。

納税猶予が打ち切られると，猶予期限が確定することとなり，納税猶予された相続税又は贈与税とこれに対する利子税を納付しなければなりません。利子税は，相続税・贈与税の申告期限の翌日から猶予期限までの期間に対し，計算されます。ただし，相続（贈与）税の申告期限の翌日から5年間（経営（贈与）承継期間）経過後に，猶予された税額の全部又は一部を納付する場合には，経営（贈与）承継期間中の利子税は課されません。

また，経営（贈与）承継期間経過後に，同族関係者以外の者にその会社の株式を譲渡した場合で，その譲渡をした日から2カ月間のあいだに納税猶予が打

ち切られる相続税又は贈与税のうち，一部の税額には免除を受けたい旨を納税地の所轄税務署長に対して申請することができます。申請があると，所轄の税務署長は申請の内容を調査し，相続税又は贈与税の免除をするか，申請を却下するかを決定します。

事業承継税制適用後，後継者がやむなく自主廃業したり会社の売却を行ったりして，納税猶予取消しとなる場合があります。経営環境の変化により売却・廃業時の株価が下落していたとしても，事業承継時の株価をもとに計算された相続（贈与）税額を算定しその相続（贈与）税額を納税しなければならず，過大な税負担が生じてしまうのでは，と事業承継税制の適用に躊躇するケースも多くみられました。

そこで，2018年度税制改正において，事業承継税制を利用しやすくするために事業承継税制の適用後のリスクを軽減する改正が行われています。改正後は，経営（贈与）承継期間経過後に事業の継続が困難な一定の事由が生じ，会社を売却・廃業した場合には，会社の売却・廃業時の株価をもとに相続（贈与）税の納税額を再計算し，納税額の一部が免除されるようになります。

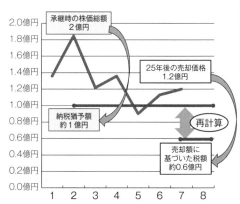

出典：経済産業省「平成30年度事業承継税制の改正の概要」

具体的には，実際の譲渡価額（譲渡時の相続税評価額の50％に相当する金額が下限になります。）をもとに相続（贈与）税額等を再計算し，再計算された税額が当初の納税猶予税額を下回る場合には，その差額が納税免除されます。ただし，納税免除額の算定にあたり，直前配当等の金額は考慮されます。

たとえば，贈与時の株式の課税価格が300，これに対する贈与税額が150でこの額につき納税猶予を受けたとします。その後，業績悪化により，株式を150で譲渡しました。この場合には，譲渡時の時価（相続税評価額）である150を課税価格として贈与税額を再計算し，その額が60となったとします。再計算した60と当初の納税猶予税額である150の差額90は納税が免除され，60のみ納付すれば足りることになります。

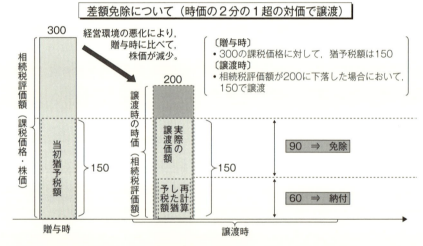

出典：財務省「平成30年度税制改正の解説」

事業継続が困難な一定の事由とは，次の場合をいいます。
① 過去3年間のうち2年以上赤字
② 過去3年間のうち2年以上売上減
③ 有利子負債≧売上の6カ月分
④ 類似業種の上場企業の株価が前年の株価を下回る場合

第3章　税務・会計上の問題点と実務対応

⑤　心身の故障等により後継者による事業の継続が困難な場合（譲渡・合併のみ）

　譲渡時の時価（相続税評価額）の2分の1以下の対価で会社を売却した場合には，譲渡から2年経過時に，株式の譲受者が譲渡に係る雇用の50％以上の雇用を継続等していれば，譲渡時の時価（相続税評価額）の2分の1をもとに計算した税額と実際の譲渡価額をもとに計算した税額との差額が追加免除されます。

　たとえば，贈与時の株式の課税価格が300，これに対する贈与税額が150でこの額につき納税猶予を受けたとします。その後，業績悪化により，株式を80で譲渡しました。この場合には，譲渡時の時価（相続税評価額）200の2分の1である100で贈与税額を再計算し，その額が25となったします。再計算税額25と当初猶予税額150の差額125は納税が免除され，25が納税猶予されたとします。譲渡から2年経過後，株式の譲受者が譲渡に係る雇用の半数以上の雇用を継続していれば，納税猶予されている再計算税額25と実際の譲渡価額80をもとに再計算した贈与税額20との差額5が追加免除され，最終的に20のみ納付すれば足りることになります。

差額免除について（時価の2分の1以下の対価で譲渡）

〔贈与時〕
・300の課税価格に対して，猶予税額は150

〔譲渡時〕
・相続税評価額が200に下落した場合において，80（相続税評価額の1/2以下）で譲渡
・相続税評価額の1/2（100）をもとに猶予税額を再計算（25），当初猶予税額との差額（125）は免除

〔譲渡後2年経過時〕
（株式の譲受者が，譲渡に係る雇用の50％以上の雇用を継続等している場合）
・実際の譲渡価額（80）をもとに計算した税額（特例再計算贈与税額：20）と，相続税評価額の1/2をもとに計算した猶予税額（25）との差額を追加免除，20は納付

125 ⇒ 免除
25 ⇒ 猶予
5 ⇒ 追加免除
20 ⇒ 納付

出典：財務省「平成30年度税制改正の解説」

2 繰越欠損金や含み損資産を有する会社を買収した場合の繰越欠損金

Q 当社は，近年業績がよく多額の利益が上がっています。繰越欠損金がある会社を買収して，この繰越欠損金を利用して節税を図りたいと考えています。問題ないでしょうか。

A 繰越欠損金又は含み損を有する会社を買収し，その会社に既存の事業を移管した場合に，その会社が買収前から有していた繰越欠損金又は含み損を利用できない場合があります。

まず，会計上の欠損金と税務上の繰越欠損金の違いについて，確認します。

貸借対照表上の純資産の部で利益剰余金がマイナスとなっている状態を，会計上，欠損金ということがあります。たとえば，下記のような状況です。

【流動資産】 【固定資産】	【流動負債】
	【固定負債】
	負債の部合計
	純資産の部
	【株主資本】
	資本金　　　　300
	資本剰余金　　100
	利益剰余金　△100
資産の部合計	純資産の部合計

これとは別に税務上の繰越欠損金があります。税務上の繰越欠損金は，別表七（一）「欠損金又は災害損失金の損金算入に関する明細書」に記載されている額であり，会計上の欠損金とは一致しません。税務上の繰越欠損金は，法人に課税所得が発生した場合にその課税所得を減額することができます。

しかし，会社を買収した場合には，欠損等法人の繰越欠損金の使用制限の規定（法法57の2）が適用され，繰越欠損金が使えない場合があります。

欠損等法人の繰越欠損金の使用制限とは，繰越欠損金又は評価損がある資産を有する内国法人（欠損等法人）の株式（議決権）の50％超を取得（特定支配関係を有する）した場合に，特定事由に該当することとなると，その該当することとなった日の属する事業年度（適用事業年度）以後の事業年度において，適用事業年度前の各事業年度で生じた繰越欠損金の繰越控除ができないというものです。

特定事由とは，次のいずれかの事由をいいます。

① 欠損等法人が特定支配日の直前において事業を営んでいない場合において，特定支配日以後に新事業を開始すること
② 欠損等法人が特定支配日の直前において営む事業（旧事業）のすべてを特定支配日以後に廃止する（又は廃止が見込まれている）場合に，旧事業の事業規模のおおむね5倍を超える資金の借入れ又は出資等を行うこと
③ 他の者又は関連者（当該他の者との間に当該他の者による特定支配関係がある者）が欠損等法人に対する特定債権（債権を額面の50％未満で取得し，その債権が欠損等法人の債務に占める割合が50％超の場合の債権）を取得している場合で，欠損等法人が旧事業の事業規模のおおむね5倍を超える資金の借入れ又は出資等を行うこと
④ ①②の場合，又は③の特定債権が取得されている場合において，欠損等法人が自己を被合併法人とする適格合併を行い，又は欠損等法人（他の内国法人との間に当該他の内国法人による完全支配関係があるものに限る）の残余財産が確定すること
⑤ 欠損等法人が特定支配関係を有することになったことに基因して，欠損等法人の役員のすべてが退任をし，かつ，旧使用人の20％以上が退職した場合で，旧使用人が特定支配日以後に従事しない非従事事業の事業規模が旧事業の事業規模のおおむね5倍を超えることとなること

この規制は，繰越欠損金又は含み損を有する法人を買収したうえで，その法

人に既存の事業を移管し，その法人が買収前から有していた繰越欠損金又は含み損を利用して課税所得の圧縮を図るといった租税回避行為を防止するために定められています。

3. 中小企業・小規模事業者の再編・統合等に係る税負担の軽減措置の創設

> **Q** 2018年度税制改正で，中小企業・小規模事業者の再編・統合等に係る税負担の軽減措置の創設がされたと聞きました。どのような改正でしょうか。

A 2018年度税制改正において，M&Aを通じた事業承継について，新たに税負担の軽減措置が創設されています。具体的には，経営力向上計画の認定を受け，この計画にもとづき行うM&Aの際に発生する登録免許税・不動産取得税が軽減されるというものです。

計画にもとづき，合併や会社分割などにより不動産を取得する場合における登記に係る登録免許税の特例措置は，次に掲げる事項について，それぞれ次に定める税率に軽減されます。

〈登録免許税の税率〉

		通常税率	計画認定時の税率
不動産の所有権移転の登記	合併による移転の登記	0.4%	0.2%
	分割による移転の登記	2.0%	0.4%
	その他の原因による移転の登記	2.0%※	1.6%

※2021年3月31日まで，土地を売買した場合には1.5%に軽減。

この特例の適用を受けるための要件は，次のとおりです。

イ 中小企業等経営強化法に規定する認定経営力向上計画（経営力向上の内容として事業承継等を行う旨の記載があるものに限ります。）に係る認定

に係るものであること
ロ　2018年7月9日から2020年3月31日までの間にされたこれらの認定に係るものであること
ハ　その認定から1年以内に登記を受けるものであること

　この特例の適用を受けるには，適用証明申請書を計画認定省庁に提出し，軽減措置の対象であることを示す適用証明書を入手します。登記申請の際，この適用証明書をその登記の申請書に添付します。

　また，事業譲受けを行った場合には，事業譲受けに伴い取得することとなった不動産に係る不動産取得税について，不動産の価格の6分の1相当額を課税標準から控除できます。

〈不動産取得税の税率〉

	税　額	計画認定時（事業譲渡の場合※2）
土地住宅	不動産の価格の3.0%※1	不動産の価格の6分の1相当額を課税標準から減額
住宅以外の家屋	不動産の価格の4.0%	

※1　2021年3月31日まで，土地や住宅を取得した場合には3.0%に軽減されている（住宅以外の建物を取得した場合は4.0%）。
※2　合併・一定の会社分割の場合は非課税。
※3　事務所や宿舎等の一定の不動産を除く。

　なお，適用の対象となる中小事業者等とは，次の法人又は個人をいいます。
イ　常時使用する従業員の数が1,000人以下の個人
ロ　資本金の額又は出資金の額が1億円以下の法人（資本若しくは出資を有しない法人の場合，常時使用する従業員の数が1,000人以下の法人）

IV M&Aにおける財務・税務デューデリジェンスのポイント

> **Q** 財務デューデリジェンスを受けることになりました。どのような項目が調査されるのですか。

A 財務デューデリジェンスは，買い手が売り手の財務諸表などにより，資産や負債の評価や損益の実績及び将来の事業計画を把握する調査のことをいいます。財務デューデリジェンスでどのような調査がされるのかを知っておくことは，M&Aをスムーズに進捗させる意味でも重要です。

買い手は売り手の会社や事業を買収するにあたって，売り手から一方的に提供された情報で判断するしかありません。そこで，会社の資産や負債の実在性，網羅性や評価，損益の実績及び将来の事業計画を詳細に把握するため，財務デューデリジェンスが行われます。通常，買い手からの依頼により公認会計士や税理士などにより行われますが，自社のスタッフで行われる場合もあります。

財務デューデリジェンスでは，次のような点を中心に調査が行われます。

① 時価資産（有価証券，ゴルフ会員権など）

時価の変動がある資産であっても，貸借対照表には，取得したときの時価（簿価）のままで表示されています。時価の変動がある有価証券やゴルフ会員権については，取得している銘柄を把握し，時価評価しなおします。なお，事業とは関連しない有価証券やゴルフ会員権などは，株式の譲渡前に，市場での売却や売り手のオーナーが買い取る場合もあります。

② 各種引当金の未引当て（退職給付引当金，貸倒引当金，受注損失引当金，返品調整引当金など）の確認及び計上

　上場会社が買い手の場合には，買収後に取得した会社の財務諸表を連結財務諸表に取り込むことになるため，取得する会社の会計方針を把握し，各種引当金の未引当額を計算します。また，非上場会社が買い手であったとしても，将来の債務という意味で，各種の引当金の未引当額を計算します。

　各種引当金は，原則として，税務上計上が認められていないため，非上場会社のほとんどの会社は未引当てとなっているといっていいでしょう。退職給付引当金は，従業員の退職金の支払いに備えて引き当てられるものですが，実際に，従業員が退職したときに支払わなければならない債務といえます。退職金規程がある場合は，退職金規程にもとづく要支給額を引当額として計算します。退職金規程がない場合であっても実質的に支払っている実態や慣行がある場合は，過去の実態や慣行に合わせて引当額を計算します。

③ 固定資産の未償却の有無の確認

　固定資産は，規則的に減価償却をしていくものですが，税法は任意償却を採用しているため，非上場会社では，減価償却を止めていることもあります。したがって，売り手が保有する固定資産につき未償却残高がないかどうかを確認する必要があります。

　耐用年数の適用等に関する取扱通達の付表を利用して概算で未償却がないかを確認するのも1つの方法です。

　付表7(1)　旧定率法未償却残額表　（平成19年3月31日以前取得分）
　付表7(2)　定率法未償却残額表　（平成19年4月1日から平成24年3月31日まで取得分）
　付表7(3)　定率法未償却残額表　（平成24年4月1日以後取得分）

④ 会計不正の有無の確認

　財務デューデリジェンスで，役員や従業員の不正が発覚することもあります。

特にオーナー自身が不正をやっていた場合には、そもそもの会社の信頼性の観点から、M&A自体の成約にも影響があります。その他の役員や従業員が不正を行っていた場合には、その内容及び影響額を把握します。不正には、現金預金の使い込みや貸倒債権の着服、固定資産の横領、購入代金の不正取得、カラ出張、二重請求や水増し請求などがあります。ただし、財務デューデリジェンスは、不正の発見を目的としているのではなく、あくまでも、資産・負債の実在性、網羅性や評価を主目的としているため、必ずしも不正の有無が確認できるわけではありません。

⑤ 上場企業の会計基準と中小企業の会計基準の違い

上場会社は、財務会計基準機構が公表している各種会計基準や適用指針などを適用して会計処理を行っています。一方、中小企業には、中小企業の会計に関する指針と中小企業の会計に関する基本要領の2つがありますが、税法基準によっている会社も多くみられます。したがって、上場会社が買い手となる場合には、売り手の会計方針が買い手の会計方針と乖離がないかを確認します。

会計方針	確認のポイント
有価証券の評価基準及び評価方法	・上場有価証券については時価評価されているか。 ・非上場株式については、債務超過の会社などにつき、評価損が計上されているか。
棚卸資産の評価基準及び評価方法	・収益性の低下にもとづく簿価切下げ（税法では低価法）が適用されているか。 ・帳簿には記載があるものの、実際に存在しない棚卸資産がないか。 ・実地棚卸は定期的に行われているか。
固定資産の減価償却方法	・償却は税法基準によっているか。 ・償却が規則的にされているか。 ・帳簿には記載があるものの、実際に存在しない又は稼働していない固定資産がないか。

繰延資産の処理方法	・資産価値があるか。 ・償却が規則的にされているか。
外貨建資産，負債の本邦通貨への換算基準	・期末の外貨建資産・負債が適正に換算替えされているか。 ・外貨建取引の発生時の換算が適正に行われているか。 ・為替予約が締結されている場合には，為替予約の会計処理が適正に行われているか。
引当金の計上基準	①退職給付引当金 ・退職金規程にもとづく要支給額又は過去の実態や慣行による要支給額が引き当てられているか。 ②貸倒引当金 ・債権の評価が適正になされているか。 ・回収可能性が低い債権で，引当計上されていないものはないか。 ③受注損失引当金 ・赤字受注工事やプロジェクトはないか。 ④返品調整引当金 ・返品を受ける契約となっている場合又は契約になっていなくても実際に返品を受け入れている場合には，実査の返品率はどうか。金額にするとどのくらいの見積りになるか。
費用・収益の計上基準	・少なくとも収益は実現主義，費用は発生主義，費用収益対応の原則により会計処理がなされているか。現金主義によっていないか。 ・収益認識会計基準が適用された場合の影響はどうか。
リース取引の処理方法	・ファイナンスリースは，資産計上しているか。 ・リース台帳はあるか。

⑥ 関連当事者取引，公私混同の解消

売り手のオーナーやその近親者，プライベートカンパニーなど（関連当事者）との取引の有無について確認します。中小企業においては，会社とプライベー

トが混在しているケースもよくみられます。関連当事者との取引は，損益への影響や，買収後の解消の容易性，代替可能性について検討する必要があります。

また，買い手にとっては，関連当事者間の取引が買収後の税務調査で否認されるなど，将来の税務リスクを負うこともありえます。この場合には表明保証条項で明確にこのリスクを回避しておく必要があります。

売り手にとっては，M&Aを意思決定したならば，会社とプライベートとの取引を可及的速やかに解消し，早めに公私混同の解消に努めるようにするのが，望ましいでしょう。

	確認のポイント
無償取引	・無利子貸付，寄付金認定，役員賞与認定の有無 　（役員賞与に認定されると，給与源泉漏れ，会社の損金不算入，消費税の仕入税額控除不可などの税務リスクあり） ・自動車の社用使用と自家使用との混在
低廉取引	・低利子貸付，取引金額が時価と比較して著しく低い取引などの有無 ・役員賞与認定の税務リスクは，無償取引と同様
適正取引	・不動産の賃貸など，買収後の解消の容易性，代替可能性 ・ゴルフ会員権の利用実態，売却可能性
役員報酬	・役員を退任した場合の実質利益の増加（実質利益のかさ上げ） ・配偶者，子などの親族への役員報酬支払いの実態（実質利益のかさ上げ） ・定期同額給与，事前確定届出給与の支払実態

Q 財務・税務デューデリジェンスでは，どのような資料を準備する必要がありますか。

A 以下，財務・税務デューデリジェンス実施に際して準備すべき資料の一例をあげます。

会社組織	☐定款 ☐全部履歴事項証明書 ☐株主名簿 ☐株主総会議事録・取締役会議事録 ☐稟議書 ☐組織図，従業員一覧 ☐就業規則，諸規程
財務会計	☐株主総会招集通知 ☐事業報告 ☐計算書類（貸借対照表，損益計算書，株主資本等変動計算書及び附属明細書） ☐月次試算表（進行事業年度を含む。） ☐総勘定元帳 ☐固定資産台帳 ☐販売管理システムの帳票（売掛金台帳） ☐購買管理システムの帳票（買掛金台帳） ☐在庫管理システムの帳票（棚卸資産台帳） ☐実地棚卸の記録 ☐給与台帳 ☐有価証券台帳
税務	☐法人税申告書（勘定科目内訳明細書，法人事業概況説明，会社事業概況書を含む。） ☐消費税申告書・勘定科目別税区分一覧表 ☐地方税申告書 ☐税務関係届出書一式 ☐過去の税務調査の概要（メモ）
契約・証憑	☐所有不動産の全部事項証明書 ☐所有不動産の固定資産税納税通知書 ☐所有不動産の売買契約書 ☐賃貸不動産の賃貸契約書 ☐リース契約書 ☐金銭消費貸借契約書 ☐保険契約書 ☐重要な契約書
予算	☐年度予算 ☐中長期事業計画 ☐予算実績比較表・月次推移表 ☐資金繰表

> **Q** 税務デューデリジェンスでは，どのような観点から調査が行われるのでしょうか。

A 買い手の立場からすれば，会社の買収後に税務調査が入り，多額の税金がとられてしまっては元も子もありません。税務リスクを最小にするために，税務デューデリジェンスが行われます。税務デューデリジェンスで発見された税務リスク事項を補償条項で明確にすることにより，税務リスクを回避しておく必要があります。

また，買収時又は買収後，組織再編や自己株式の取得などのストラクチャーを検討している場合には，これらの税務上の影響を把握するために税務デューデリジェンスが行われることもあります。

税務デューデリジェンスの調査内容は，おおよそ次のとおりです。
① 過去の税務調査の概要
② 税務上の届出書・申請書の調査
③ 税務申告書の調査
④ 勘定科目内訳書の調査

> **Q** 税務デューデリジェンスにおいて，過去の税務調査の把握はどのような観点から行われるのでしょうか。

A 税務デューデリジェンスでは，過去の税務調査の概要も把握します。税務調査における更正通知書・修正申告書の内容を調査します。過去の税務調査で更正を受けた又は修正した事項はもちろん，更正や修正に至らなくとも，税務調査で指摘された事項についても把握します。税務調査時のメモが残っている場合には，そのメモを入手しますが，メモが作成されていない場合には，経理責任者，社長に質問します。顧問税理士にヒアリングを行うこともあります。税務調査での指摘事項や更正・修正の内容によって，経営者の税務に対する姿

勢や税務コンプライアンスに対する考え方なども把握されます。過去の税務調査で重加算税が課されている場合には，仮装・隠ぺい行為があったものと想定されるため，買い手にとって特に慎重な対応が求められます。

Q 税務デューデリジェンスにおいて，税務上の届出書・申請書の調査はどのような観点から行われるのでしょうか。

A 税務デューデリジェンスでは，過去に提出した税務上の届出書の有無及び内容についても調査します。対象となる届出書・申請書には下記のようなものがあります。

上場会社においては，連結財務諸表で連結グループとの会計方針の統一が求められることから，買収後に会計方針の変更をしなければならない場合もあり，これに伴う影響についての検討がなされることがあります。

税目	申請書・届出書
法人税	・申告期限の延長の特例の申請書 ・青色申告の承認申請書 ・棚卸資産の評価方法の届出書 ・減価償却費の償却方法の届出書 ・特別な償却方法の承認申請書
消費税	・消費税課税事業者選択届出書 ・消費税課税事業者選択不適用届出書 ・消費税課税事業者届出書 ・消費税簡易課税制度選択届出書 ・消費税簡易課税制度不適用選択届出書 ・消費税課税売上割合に準ずる割合の適用承認申請書
その他	・給与支払事務所等の開設・移転・廃止届出書 ・源泉所得税の納期の特例に関する申請書

> **Q** 税務デューデリジェンスにおいて，税務申告書の調査はどのような観点から行われるのでしょうか。

A 税務申告書の別表ごとの調査項目は，次のとおりです。

別表	調査内容
別表1	税額控除の内容について把握します。
別表2 同族会社等の判定に関する明細	別途入手した株主名簿と合致しているか確認します。数年間の別表を閲覧し，株主が移動していないか確認します。株主が異動している場合には，取締役会の承認の有無，株式の譲渡価額の計算根拠について質問します。名義株式がないかにも注意します。
別表3(1) 特定同族会社の留保金額に対する税額の計算に関する明細書	資本金1億円を超える特定同族会社は，留保金課税がされるため，留保金課税の金額を把握します。買収後，資本金の額の見直しも検討します。
別表4 所得の金額の計算に関する明細書	税金計算における加減算項目の内容及び数年間の推移について把握します。交際費等の損金不算入額，受取配当等の益金不算入，寄付金の損金不算入額，税額控除対象所得税額などの社外流出項目については，重点的に確認します。一般的でない加減算項目については，その内容を質問します。
別表5(1) 利益積立金及び資本金等の額の計算に関する明細書	税務上加減算している項目の内容について把握します。将来の解消予定時期を質問します。特に，棚卸資産，有価証券，固定資産の加算減算を行っている場合には，その経緯，将来の解消予定時期を質問します。利益積立金と資本金等の額の入繰り（プラスマイナス）が生じている場合には，過年度において，無償増資や欠損てん補のための減資，組織再編成などを行っていることが想定されますので，その内容を質問します。
別表5(2) 租税公課の納付状況等に関する明細書	未納となっている租税公課等がないか確認します。

別表 6(1) 所得税額の控除に関する明細書	預貯金の利子,剰余金の配当,投資信託の収益の分配の概要を把握できます。所有している有価証券のうち剰余金の配当を受けた銘柄を把握することができます。また,有価証券の取引を頻繁に行っているなど,期中売買の状況が把握できます。
別表 7(1) 欠損金又は災害損失金の損金算入等に関する明細書	繰越欠損金の発生及び使用の状況,現時点での残高を把握します。各事業年度において欠損金が発生した原因を質問などにより把握します。買収後の欠損金の利用可能性について検討します。
別表 8(1) 受取配当等の益金不算入に関する明細書	完全子会社株式,関連法人株式,その他株式のうち,剰余金の配当を受けた銘柄を把握することができます。
別表 11(1) 個別評価金銭債権に係る貸倒引当金の明細書	税法上貸倒引当金を計上している回収可能性のない債権の内容が把握できます。このうち,96条1項2号該当の債権については,取立ての見込みがないと認められる場合に貸倒引当金が計上できますので,取立て等の見込みがないことを何を根拠に判断したのか,個別に把握する必要があります。また,このような債権は,税法上は50％しか貸倒引当金が計上できませんが,買収価格を決定するための企業価値評価をする際には100％貸倒引当金を見込んだ(対象債権の額の評価をゼロとする)ほうが保守的です。また,税法上の引当要件を満たさずこの別表に記載されていない債権で,回収可能性が低い債権についても,その存在を質問により把握します。
別表 14(2) 寄付金の損金算入に関する明細書	寄付金の支払状況について把握します。指定寄付金や,公益法人,社会福祉法人などへの寄付の内容が把握できます。その他の寄付金については,支出額を把握し,総勘定元帳などでその内容を把握します。
別表 15 交際費等の損金算入に関する明細書 a	交際費の支出状況について把握します。交際費は,経営者の税務コンプライアンスに対する姿勢や,冗費の状況が反映されているものといえます。交際費のうち接待飲食費がどのくらいあるかも把握できます。少額接待飲食費(1人当たり5,000円以下)は支出交際費等に含めなくてよいものとされていますが,このためには,書類保存要件(領収書等に参加人数,接待の相手先の名称・氏名等,相手先との関係を記載)が課されています。この書類保存要件の運用状況についても確認します。会議費と交際費の勘定科目処理基準についても質問します。

別表16(1)～(10)	減価償却資産について，過年度において償却不足，償却超過がないかを把握します。償却不足がある場合には，適正に償却した場合の帳簿価額がいくらになるかを算定する必要があります。

> **Q** 財務デューデリジェンスにおいて，勘定科目内訳書の調査はどのような観点から行われるのでしょうか。

A 勘定科目内訳書の内訳書ごとの調査項目は，次のとおりです。

内訳書	調査内容
現預金等の内訳書	取引銀行が把握できます。口座ごとにその使途（入金口座，支払口座，給与口座など）を質問により把握します。複数の銀行と取引している場合には，過去数年間の推移を把握し，各取引銀行の残高の比率が大きく変動していないかどうかを確認します。大きく変動している場合には，その理由を質問します。
受取手形の内訳書	受取手形の将来の資金化のスケジュールを把握します。また，取引先との決済条件をヒアリングにより把握し，買収後の資金繰りを理解します。
売掛金（未収入金）の内訳書	現金取引を行っている取引先以外であれば，期末において売掛金が計上されるため，この内訳書を見るだけで得意先の概要がほぼつかめます。毎月の取引の変動が大きくなければ，過年度の売掛金残高の推移をとれば，取引先及び取引金額の傾向が把握できます。
仮払金（前払金）の内訳書	仮払金の内容を把握します。本来費用処理すべき費用や，オーナー親族に対する貸付金の一時勘定として利用していないかを確認します。
貸付金及び受取利息の内訳書	オーナー親族への貸付金や関係会社に対する貸付を把握することができます。これらの貸付の取引は，買収後，解消しなければならないため，M&Aのストラクチャーに影響を及ぼすこともあります。オーナー親族への貸付金について，無利息で貸付を行っている場合には，税務上認定利息の未収計上をしているか否かを確認します。

棚卸資産の内訳書	棚卸資産の概要を把握します。期末棚卸の方法（実地棚卸・帳簿棚卸・これらの併用），棚卸を行った時期の記入欄により，期末の棚卸の方法も把握し，その方法に従った保存書類（棚卸表など）を閲覧します。期末の棚卸資産の中に，滞留在庫や，販売不能在庫がないかを質問により把握します。
有価証券の内訳書	有価証券の概要が把握できます。有価証券は，売買目的有価証券，満期保有目的等有価証券，その他有価証券に区分されます。売買目的有価証券は時価評価されています。非上場会社では，その他有価証券評価差額金及びその税効果を認識していないケースが多く，帳簿価額のままとなっていることが多いでしょう。その他有価証券の含み損益を認識する必要があります。
固定資産の内訳書	土地，土地の上に存する権利及び建物が記載されています。土地・建物については，不動産全部事項証明書で，所在地及び面積を把握するとともに，内訳書で取得価額を把握します。固定資産税納税通知書・課税明細書で，土地・建物の固定資産税の評価額を把握するとともに，路線価により土地の評価額を計算し，これらの含み損益を把握します。
支払手形の内訳書	支払手形の支払期日を把握することにより，将来の支出のスケジュールを把握することができます。また，仕入購買先の決済条件を質問により把握し，買収後の資金動向を理解します。
買掛金（未払金・未払費用）の内訳書	現金取引を行っている取引先以外であれば，期末において買掛金が計上されるため，この内訳書を見るだけで仕入購買先の概要がほぼつかめます。毎月の取引の変動が大きくなければ，過年度の買掛金残高の推移をとれば，取引先及び取引金額の傾向が把握できます。
仮受金（前受金・預り金の内訳書）	内容を把握します。前受金ビジネスの場合には，これに対応した流動資産があるかを確認します。
借入金及び支払利子の内訳書	金融機関からの借入金やオーナー親族からの借入金の状況が把握できます。金融機関への支払利子の額，金利条件等も把握できます。

売上高等の事業所別内訳書	事業所別の売上高の内容（事業等の内容，期末従業員数，使用建物の延べ面積，源泉所得納付書）が把握できます。これらの内容を数年間比較分析することにより，事業所ごとの売上高や期末従業員数の推移を把握できます。
役員報酬手当等及び人件費の内訳書	役員ごとの役員報酬手当の支給額の状況，常勤・非常勤の別が把握できます。使用人兼務役員については，使用人給与部分の額が適正な額かどうかを確認します。役員給与については，定期同額給与，事前確定届出給与の適用状況を把握します。また，事前確定届出給与を支給している場合には，株主総会議事録・取締役会議事録などで，役員賞与相当額がどのように決議されているかを確認します。また，人件費の内訳により，代表者及びその家族分が人件費にどの程度含まれているかを把握します。
地代家賃等の内訳書，工業所有権等の使用料の内訳書	地代家賃等や権利金，工業所有権等の使用料の内容が把握できます。
雑益，雑損失等の内訳書	雑収入，雑益（損失），税金の還付，貸倒損失等が把握できます。

M&Aにおける
企業価値評価のポイント

> **Q** 会社を売却するにあたって，売却価額はどのように算定されるのでしょうか。中小企業のM&Aにおける企業価値評価のポイントについて教えてください。

A M&Aにあたって，会社の売却（買収）価額がいくらになるのかは，売り手にとっても買い手にとっても重大な関心事です。

非上場会社の株式評価の方法には，時価純資産法や，DCF法，類似会社比準法など，さまざまな方法がありますが，最終的に売り手と買い手で合意した金額が会社の売却（買収）価額になります。

ここで，企業価値，事業価値，株主価値という言葉について整理しておきましょう。この3つを混同している人も多いので，ここで押さえておきましょう。

企業価値とは，その企業全体の価値のことです。企業価値は，事業価値と非事業価値の合計ですが，株主価値と債権者価値の合計でもあります。

```
企業価値＝事業価値＋非事業価値
株主価値＝企業価値－債権者価値 ➡ 企業価値＝株主価値＋債権者価値
```

事業価値とは，事業から生み出される価値の合計であり，将来生み出すキャッシュ・フローを現在価値に割り引いた額をいいます。事業価値と非事業価値の合計が企業価値になります。非事業価値とは，企業の事業活動とは関係ない資産の価値であり，現金や投資有価証券などの金融商品等が該当します。

このように算出した企業価値は，株主価値と債権者価値に分けられます。債権者価値とは有利子負債のことです。企業価値から債権者価値を差し引くと，株主価値になります。この株主価値が，会社全体の売却（買収）価額です。

売り手にとっては，会社の時価純資産額が売却価額の下限であり，この額は絶対に譲れないでしょう。買い手にとっては，会社を買収した後にその資金をどのくらいで回収できるかの観点から，買収価額を決めることになります。

> **Q** 会社を評価する方法として，時価純資産法はどのように算定されるのでしょうか。

A 時価純資産法とは，会社の決算書（貸借対照表と損益計算書）の数値をもとに，会社の株主価値を算定する方法です。

貸借対照表の資産及び負債を時価で評価し，時価ベースの純資産額を算定します。損益計算書から，過去の実績によりのれんを評価し，時価ベースの純資産額に加えて企業価値を算定することもあります。

具体的に，貸借対照表を見てみましょう。網掛け部分が株主資本合計であり，簿価純資産額は 116,500 千円（＝資産合計 411,500 千円－負債合計 295,000 千円）です。貸借対照表の各勘定科目の金額は，資産及び負債の取得時に帳簿に記載した金額であり，現時点での時価は反映されていません。土地の時価が上がっていたとしても，含み益はまったく反映されていません。そこで，各資産及び各負債を時価で評価します。時価に評価しなおした純資産額により株主価値を算定する方法を，時価純資産法といいます。

貸借対照表の資産及び負債を時価により評価し，時価純資産額 146,500 千円（資産合計 461,500 千円－負債合計 315,000 千円）を算定します。

第3章 税務・会計上の問題点と実務対応

貸借対照表　　　　　　　　（単位：千円）

資産の部	帳簿価額	時価	負債の部	帳簿価額	時価
流動資産			流動負債		
現金及び預金	10,000	10,000	買掛金	80,000	80,000
売掛金	153,000	120,000	短期借入金	50,000	50,000
棚卸資産	80,000	50,000	未払金	20,000	20,000
未収入金	20,000	20,000	未払法人税	5,000	5,000
前払費用	5,000	5,000	流動負債合計	155,000	155,000
貸倒引当金	△3,000	―	固定負債		
流動資産合計	265,000	205,000	長期借入金	140,000	140,000
固定資産			退職給付引当金	―	20,000
有形固定資産			固定負債合計	140,000	160,000
建物	60,500	50,000	負債合計	295,000	315,000
機械装置	500	500			
車両運搬具	1,000	1,000	純資産の部		
土地	80,000	200,000	株主資本		
無形固定資産			資本金	50,000	
ソフトウェア	2,000	2,000	資本準備金	1,000	
投資その他の資産			利益剰余金	66,000	
長期前払費用	500	500	利益準備金	1,000	
投資有価証券	500	1,000	その他利益剰余金	65,000	
保険積立金	1,500	1,500	自己株式	△500	
固定資産合計	146,500	256,500	株主資本合計	116,500	
資産合計	411,500	461,500	純資産合計	116,500	
			負債・純資産合計	411,500	
			時価純資産		146,500

　各勘定科目の時価を算定するにあたって，注意すべき事項は次のとおりです。なお，税務上，資産及び負債の額を一部否認しているケースもあるため，法人税申告書別表五も参照します。

263

内訳書	調査内容
売掛金	回収が滞っている債権（滞留債権）など，回収可能性が低い債権はゼロ評価します。
棚卸資産	在庫期間が長く今後も当面出庫が見込まれない棚卸資産（滞留在庫）など，販売可能性が低い棚卸資産はゼロ評価します。
貸倒引当金	法人税法上の法定繰入率で算定している場合には，貸倒実績繰入率で算定しなおします。
建物などの償却資産	過去において償却不足となっている償却資産は，適正な減価償却が行われたとした場合の帳簿価額で評価します。株式譲渡後，その固定資産を使用しない計画であればゼロ評価することもあります。建物については，必要に応じて，不動産鑑定士による不動産鑑定評価をする場合もあります。
土地	路線価や固定資産税評価額によって評価します。 路線価や固定資産倍率は，国税庁が公表している財産評価基準書　路線価図・評価倍率表（http://www.rosenka.nta.go.jp/）によって把握します。 相続税申告における土地の評価では，土地の形状等に応じた奥行価格補正率などの各種補正率で補正しますが，企業価値評価にあたっては，正面路線価に面積を乗じて算定すれば一義的に足りるでしょう。一般的に，路線価による評価額を約 0.8 で割り返した額が時価として取り扱われています。必要に応じて，不動産鑑定士による不動産鑑定評価をする場合もあります。 固定資産税評価額による場合には，一般的に固定資産税評価額（価格）に固定資産倍率を乗じた額を約 0.7 で割り返した額が時価として取り扱われています。固定資産税評価額は，固定資産税の納税通知書に同封されている課税明細書でも確認できます。「価格」に記載された金額が，ここでいう固定資産税評価額です。課税明細書が入手できないのであれば，各都道府県に固定資産税評価証明書を発行してもらうことにより，固定資産税評価額（価格）を把握できます。
投資有価証券	上場株式であれば，インターネットなどで現在の時価を把握することができます。

保険積立金	保険積立金は，保険契約を解約する場合に支払われることとなる解約返戻金の額で評価するのが原則です。保険会社に確認してみましょう。
退職給付引当金	退職給付引当金の計上は税務上認められていないため，会計上退職給付引当金を計上していない会社が多いでしょう。退職給付債務は，隠れた負債であることは間違いありませんので，引当金として認識します。退職給付引当金の見積り計算にあたっては，退職金規程にもとづき要支給額を把握します。
賞与引当金 （未払賞与）	賞与引当金は，原則として，税務上認められていないため，会計上も賞与引当金を計上していない会社が多いでしょう。賞与引当金は，ほぼ確定した債務であるため，引当金又は未払費用として計上します。給与規程にもとづき，支給対象期間に対する賞与額を算定し，引当金又は未払費用として計上します。
その他	その他，負債計上すべきなのに負債計上されていない負債や，引当計上すべきなのに引当計上されていない引当金があれば，その金額を見積もり，負債又は引当金として計上します。時価評価にあたって最も注意すべきは，簿外負債（帳簿価額にのっていない負債）の存在です。
のれん（営業権）	時価純資産法により株主価値を算定するにあたっては，営業権の額を一定の方法により見積もり，簿価純資産額に加算する場合があります。

Q 時価純資産法によりのれん（営業権）はどのように算定されますか。

A 時価純資産法により株主価値を算定する場合には，資産及び負債を時価評価した純資産額にのれん（営業権）の額を加算する場合があります。

のれん（営業権）とは，企業の超過収益力のことです。時価純資産額は，資産及び負債を時価評価して算定した純資産額です。しかし，純資産が同額であれば，儲かっている会社でも儲かっていない会社でも同じ評価額となってしまいます。しかし，やはり，儲かっている会社のほうが，会社の評価額が高くな

るのは当然です。株主価値を算定するにあたり，時価評価した純資産額にのれん（営業権）の額を加算するのは，この儲かっている状況を評価に加えるためです。企業の超過収益力を算定し，これを時価純資産に加えるという考え方です。

営業権の評価方法には，いろいろな考え方があります。

営業権は，営業利益の1～5倍ともいわれています。ただし，役員報酬，節税保険・商品などによる利益繰延べ額，役員の私用経費の額などを調整した実質的な営業利益を使用します。

参考までに，営業権の税法上の財産評価基本通達の計算方法をあげておきます。

営業権の額＝超過利益金額（①）
　　　　　×営業権の持続年数に応ずる基準年利率による複利年金現価率（⑤）
　　　　（原則として，10年とする。）

---

① 超過利益金額

超過利益金額は，次に掲げる算式により算定します。

　　超過利益金額＝平均利益金額（②）× 0.5
　　　　　　　　－標準企業者報酬額（③）
　　　　　　　　－総資産価額（④）× 0.05

② 平均利益金額

平均利益金額は，3年間の（税務上の）所得の金額の平均です。この場合の所得の額は，繰越欠損金の控除額の控除前の所得の金額です。また，所得の金額は，（イ）非経常的な損益の額，（ロ）借入金等に対する支払利子の額及び社債発行差金の償却費の額，（ハ）損金に算入された役員給与の額のいずれもなかったものとみなして計算します。いってみれば，所得の金額は，経常的な所得の金額に，役員給与の額を足し戻した額です。超過利益金額（①）は，役員給与の額をいったん足し戻し，標準企業者報酬額（③）を控除することにより，適正な所得を算定するという考え方です。

③ 標準企業者報酬額

標準企業者報酬額は，次に掲げる平均利益金額（②）の区分に応じて，次に掲げる算式により計算した額です。

平均利益金額の区分	標準企業者報酬額
1億円以下	平均利益金額 × 0.3 ＋ 1,000万円
1億円超　3億円以下	平均利益金額 × 0.2 ＋ 2,000万円
3億円超　5億円以下	平均利益金額 × 0.1 ＋ 5,000万円
5億円超	平均利益金額 × 0.05 ＋ 7,500万円

たとえば，平均利益金額が1億円だとすれば，標準企業者報酬額は，1億円 × 0.3 ＋ 1,000万円 ＝ 4,000万円です。税法が想定している標準企業者報酬を計算してみると下記のとおりです。高利益の会社の標準企業者報酬は，極端に少ない気がしないこともありません。

平均利益金額	1億円	2億円	3億円	4億円	5億円	6億円
標準企業者報酬額	4,000万円	6,000万円	8,000万円	9,000万円	1億円	1億500万円

平均利益金額が5,000万円以下の場合は，標準企業者報酬額が平均利益金額の0.5以上の金額となるため，営業権の評価の計算上，営業権（超過収益力）は算出されません。

④ 総資産価額

総資産価額は，財産評価基本通達により評価した企業の総資産の価額です。

⑤ 基準年利率による複利年金現価率

国税庁のホームページ（https://www.nta.go.jp/law/tsutatsu/kihon/sisan/hyoka/kaisei/990719/02.htm）の基準年利率（4.5％）の複利表の数値を利用します。10年の基準年利率による複利年金現価率は，7.912です（2019年4月1日現在）。

> **Q** DCF（ディスカウンティッド・キャッシュ・フロー（Discounted Cash Flow））法はどのように算定されるのでしょうか。

A DCF法（ディスカウンティッド・キャッシュ・フロー（Discounted Cash Flow）法）は，将来生み出すと予想されるキャッシュ・フローを現在価値に割り引いた額をもとに，事業価値を算定する方法です。

将来生み出すと予想されるキャッシュ・フローが評価のキーとなるため，将来の収益見通し，ひいては，中長期の事業計画の信頼性が重要です。

DCF法では，フリー・キャッシュ・フロー（FCF：Free Cash Flow）が使用されます。FCFは，企業が事業活動から獲得した自由に使えるキャッシュを意味します。

FCFは，下記の算式により算定します。

> フリー・キャッシュ・フロー ＝ 営業利益×（1－法人税率）＋減価償却費
> 　　　　　　　　　　　　　　－運転資本の増減－設備投資額

FCFを算定するには，3～5年の中長期事業計画，投資計画，（中期事業計画及び投資計画から誘導的に作成された）計画貸借対照表が必要です。3～5年の中長期事業計画をきっちり作りあげることが，とても重要といえるでしょう。運転資本の増減は，計画貸借対照表から算定します。

運転資本は，次の算式により算定します。

> 　　　運転資本 ＝（売上債権＋棚卸資産＋その他流動資産）
> 　　　　　　　　－（仕入債務－その他流動負債）

FCFを算定するにあたり，EBITとEBIATの2つの概念があります。EBITは，支払金利控除前・税引前・営業利益（Earnings Before Interest and Taxes）であり，EBIATは，支払金利控除前・税引後・営業利益（Earnings Before Interest After Taxes）です。EBIATに，現金支出のない減価償却費及び運転資本の増減を足し戻し，設備投資額を現金支出があったものとして減算します。

【中長期事業計画】　　　　　　　　　　　　　　　　　　　　　　（単位：千円）

	N+1年	N+2年	N+3年	N+4年	N+5年
売上高	9,600	10,200	10,800	11,400	12,000
売上原価	5,000	5,500	6,000	6,500	7,000
減価償却費	1,100	1,200	1,300	1,400	1,500
その他経費	2,000	2,000	2,000	2,000	2,000
営業利益	1,500	1,500	1,500	1,500	1,500
法人税	△600	△600	△600	△600	△600
税引後利益	900	900	900	900	900

【DCF法による事業価値評価】　　　　　　　　　　　　　　　　（単位：千円）

	N+1年	N+2年	N+3年	N+4年	N+5年
営業利益	1,500	1,500	1,500	1,500	1,500
EBIT	1,500	1,500	1,500	1,500	1,500
法人税	△600	△600	△600	△600	△600
EBIAT	900	900	900	900	900
減価償却費	1,100	1,200	1,300	1,400	―
運転資本の増減	△100	100	△100	100	
設備投資額	△1,000	△1,000	△1,000	△1,000	―
FCF	900	1,200	1,100	1,400	900

（単位：千円）

	N+1年	N+2年	N+3年	N+4年	N+5年
FCF	900	1,200	1,100	1,400	900
残存価値(TV)					15,030
現在価値	847	1,064	918	1,101	11,126
合計	15,056				

（前提）割引率：WACC=6.2％，永久成長率0.2％とする。
　　　　N＋5年以降減価償却費と設備投資額を均衡，運転資本増減をゼロとする。

　各年度のFCFを把握できたら，次は，残存価値（TV：Terminal Value）の算定です。

DCF法は，中長期事業計画（たとえば5年）をもとに将来のキャッシュ・フローを見積もりますが，中長期事業計画の計画期間以降の将来のキャッシュ・フローも見積もる必要があります。この計画期間以降の将来のキャッシュ・フローが，残存価値（TV：Terminal value）です。
　残存価値は，下記の算式で算定します。

> 残存価値＝最終年度のFCF×（1＋継続成長率）／（割引率－永久成長率）

　この算式でもわかるように，残存価値は，一定の継続成長率が加味されます。なお，最終事業年度のFCFは，簡便的に計算を行うため，運転資本は一定に収束すると仮定し，運転資本の増減はゼロ，減価償却費と設備投資の金額は均衡すると仮定し，減価償却費，設備投資額はゼロとすることもあります（この仮定は必ずしもマストではありません）。
　最後に各年度のFCFと残存価値を現在価値に割り引きます。現在価値を算定するにあたっては，下記の算式で算定します。

> 現在価値＝各年度のFCF／（1＋割引率）^年数

　割引率は，一般的に加重平均資本コスト（Weighted Average Cost of Capital：WACC）が使用されます。加重平均資本コストとは，有利子負債コストと株主資本コストを有利子負債と株主資本の割合で加重平均して算定したものです。加重平均資本コストは下記の算式で算定します。

$$WACC = Rd \times (1-t) \times \frac{D}{D+E} + Re \times \frac{E}{D+E}$$

Rd：有利子負債コスト　　D：有利子負債
Re：株主資本コスト　　　E：株主資本
　t：実効税率

　有利子負債コスト（Rd）は，有利子負債利子率（支払利息÷有利子負債残高）などで算定します。

株主資本（Re）は，資本資産評価モデル（CAPM：Capital Asset Pricing Model）によって算出します。株主がどのくらいのリターンを期待するかという理論値であり，下記の算式で算定します。

$$Re = Rf + β × (Rm − Rf)$$

Rf：リスクフリーレート　　　Rm − Rf：マーケットリスクプレミアム
Rm：株式市場全体の期待収益率　β：株式の市場感応度

リスクフリーレートは，リスクがない（フリーな）債券利回りであり，10年物国債の利回りなどを使用します。具体的には，財務省が公表している国債金利情報などを利用します（https://www.mof.go.jp/jgbs/reference/interest_rate/index.htm）。

β（ベータ）は，株式の市場感応度であり，対象の株価の変化と株式市場全体の変化の相関度です。上場会社各社のベータ値はReutersのインターネットサイトなどで把握できます（https://jp.reuters.com/investing/）。非上場会社は，上場会社の類似会社のベータ値や類似業種のベータ値を使用します。

Rm − Rfは，リスクフリーレートを上回る株式市場全体の期待収益率であり，マーケットリスクプレミアムです。株価市場全体の期待収益率は，過去数年のTOPIXの平均利回りなどを基礎として，東京証券取引所の統計情報の株価平均，株式平均利回りのデータにより，TOPIXの株式の値上がりと平均配当率などを考慮して算定します（https://www.jpx.co.jp/markets/statistics-equities/misc/03.html）。マーケットリスクプレミアムをざっくりと5％程度とするのもよいでしょう。

最後に，事業価値に非事業用資産（現金預金，余剰資金，遊休資産）を加算し，企業価値を算定します。企業価値から有利子負債を控除して，株主価値を算定します。

第4章

法務上の問題点と実務対応

I

M&Aの手法とその実施にあたって

1 M&Aの手法―メリット・デメリット

> **Q** 後継者不在等の理由により，会社を売却することを検討しています。その場合，どのような手法がありますか。また，事業の一部だけを残したい場合には，どの手法がよいでしょうか。

A 会社や事業の売却，企業の再編を総称して，M&A（Merger（合併）とAcquisition（買収））とよびます。M&Aにはさまざまな手法があるので，順にみていきます。

(1) 株式譲渡

まず，売主が，その所有する対象会社の株式を買主に譲り渡し，買主に支配権を取得させる手法があります。これが株式譲渡です。

株式譲渡には，次のようなメリットがあります。
① 主要な手続が株主間での株式譲渡契約の締結であり，簡易かつ迅速。
② 対象会社の株主が買主に変わるだけで，対象会社の法人格や組織には何ら変動がない。対象会社が締結している契約，資産，許認可業務等も原則としてそのまま維持することができる。
③ 対象会社の株主構成のみを変動させるもののため，対象会社の従業員の

地位や雇用条件が変更されるということがない。

　反面，デメリットとして，株式譲渡は対象会社のすべてが買主に移転することとなるので，対象会社が保有する資産や負債を部分的に譲渡することは原則としてできません。簿外債務もすべて引き継ぐのが建前となります。

(2) 事業譲渡

　次に，対象会社の事業の全部又は一部を他の会社に譲渡する手法があります。これを事業譲渡といいます。

　事業譲渡のメリットとしては，次のようなものがあります。

① 買主にとっても売主にとっても，譲り渡す資産や契約関係，従業員等を選別して譲渡・譲受けでき，偶発債務・簿外債務やそれらの発生原因となるような事業を引き継がないで済む。

② 債権者保護手続などの負担がある会社分割に比べ，契約関係が比較的少ない中小企業にあっては事業譲渡のほうがより簡易かつ迅速に手続できる。

③ なにより，売主は事業を現金化することができる。

　反面，デメリットとして，事業譲渡は資産の売買にすぎないので，権利義務関係を個別に引き継ぐ必要がありますし，許認可も再取得が必要となります。対象会社の従業員との関係も当然に引き継がれず，個別合意が必要となります。

(3) 会社分割

　次に，対象会社がその事業に関して有する権利義務の全部又は一部を分割して他の会社に承継させるという手法があります。これを会社分割といいます。このうち，既存の会社に承継させるものを吸収分割，新たに設立する会社に承継させるものを新設分割といいます。また，それぞれにつき，分割の対価を分割会社が受け取る分社型分割と，分割会社の株主が受け取る分割型分割とがあります。

　会社分割には，次のようなメリットがあります。

① 事業の一部だけを移転できる。
② 事業譲渡と異なり，承継される事業に関連する契約を相手方当事者の同意なしに移転でき，事業の一部を譲渡の対象としたいが，その事業に関わる契約が多数存在する場合には，会社分割が向いているといえる。

反面，デメリットとして，債権者保護手続のほか会社法所定の手続を行う必要があります。従業員との関係も原則は承継されますが，労働契約承継法の規定する労働者保護手続を取る必要があります。

(4) 合 併

次に，対象会社と他の会社とを合体させて形式的にも実質的にも1個の会社とする合併があります。存続会社が消滅会社を吸収する吸収合併と新たに法人を設立する新設合併とがありますが，手続の煩雑さやコスト負担の見地から，主に利用されるのは吸収合併です。

合併は，
① 対象会社が消滅して存続会社に取り込まれることになるので，シナジー効果が高い。
② 消滅会社の株主に対しては原則として存続会社の株式が交付されることになるので，買主は現金を準備しなくてもよい。
③ 従業員の関係も包括的に承継される。

等のメリットがあります。

反面，債権者保護手続ほか会社法所定の手続を行う必要があるうえ，買主が非上場会社である場合，売主にとって入手した株式の現金化は困難です。加えて，消滅会社の従業員との軋轢（あつれき）が生じる，対象会社が消滅するため事後の責任追及が困難である，とのデメリットがあります。

(5) 株式交換，株式移転

次に，対象会社の既存株主がその保有する株式を買い手となる会社に譲渡し，買い手となる会社はその対価として自社株式を割り当てるという手法がありま

す。すでに存在している会社を特定親会社とするのが株式交換で，新たに特定親会社を設立するのが株式移転です。

いずれの手続も，買主にとっては対価を自社の株式の割当で負担するので現金を準備しなくてもよく，売主にとっては買収後の親会社の株式価値上昇の利益を受けることができるとのメリットがあります。

他方，会社法の規定する手続を実践しなければならず手続が煩雑である，買主が非上場会社である場合，売主が入手した株式の現金化が困難であるといったデメリットもあります。

(6) 第三者割当増資

さらに，対象会社が新たに株式を発行し，その株式を引き受けてもらうという第三者割当増資もM&Aの手法として用いられています。

主に資本業務提携を目的に行われますが，株式譲渡の場合は株主に対価が支払われるのに対して第三者割当増資では対象会社に対価が支払われるため，中小企業のオーナーの事業承継には向かないようにも思われます。

(7) 手法の検討

これらの手法の中で，通常，最初に検討されるとともに，実務上最も多く用いられているのは，株式譲渡です。手続が簡易迅速であるうえ，対象会社の法人格や組織に何ら変動がないとの点が大きな理由です。

もっとも，売主の意向が，残したい事業は残して売却したい事業だけを売却するとか，買主の意向が対象会社の事業のうち一部だけを譲り受けたいというものである場合は，株式譲渡では達成できません。それらの場合，事業譲渡や会社分割が検討されることになります。

なお，株式譲渡であっても，株主間での株式譲渡契約の締結のみで済むというものではありません。

対象会社が株券発行会社の場合，株式譲渡契約の締結に加えて，株券の交付が必要です。中小企業の場合，株券発行会社であっても実際には株券を株主に

対して発行していない会社が多いのですが，この点は本章Ⅱ２⑵で後述します。

また，中小企業のほとんどは，株式譲渡について会社の承認が必要となる譲渡制限会社（非公開会社）です。譲渡制限会社の株式譲渡契約については本章Ⅲ１で後述します。

さらに，株式譲渡の手続が完了しても，名義書換が完了しなければ，会社に対して当該株式譲渡の効力を対抗することができません。関連する問題として，名義（株主名簿）上記載されている者と真実の株主とが異なる，いわゆる名義株の問題がありますが，本章Ⅱ２⑴で後述します。

2　秘密保持契約（守秘義務契約）

Q　秘密保持契約を締結するにあたっての，注意点を教えてください。

A　秘密保持契約とは，一般に開示されていない情報を入手した者が，無断でその内容を第三者に開示したり目的外使用を行わない旨を約束する文書のことです。NDA（Non-Disclosure Agreement），CA（Confidentiality Agreement）の略称がしばしば用いられます。

M&A取引においては，対象会社は決算資料や各社との契約書，雇用関係の資料等の重要な機密を買主に提供することになるので，事前に秘密保持契約書を取り交わすことが不可欠となります。秘密保持契約の当事者は通常売主と買主ですが，仲介会社やフィナンシャル・アドバイザー（FA）が介入している場合には，これらの者とも締結することが一般的です。

以下，秘密保持契約を締結するにあたっての注意点を述べます。

(1) 秘密情報の定義（秘密情報の範囲）について

　売却交渉の存在及び内容に加えて，当事者間で取引に関連して開示される一切の情報を含むものとすることが多いです。開示の方法や時期についても，幅が広いほうがよいでしょう（開示の方法について，書面で開示された情報のみならず口頭で開示された情報も含まれるとする等）。

　また，秘密情報の範囲を狭くしようとして，秘密である旨が明示された資料に限定するとの案が出されることもありますが，むしろ秘密情報の定義については取引に関連する一切の情報を含むものと広く定め，「公知となった情報を除く。」というように要保護性が低い場合の例外規定を設けることが多いです。

(2) 秘密保持義務の内容について

　主な義務は，秘密情報の目的外使用の禁止と，第三者への開示の禁止となります。

　第三者への開示の禁止の例外規定として，「役員，従業員，弁護士，M&Aアドバイザー等に対して，取引を検討するうえで必要な限度で行う開示」が設けられている場合には，これらの者による開示や漏えいについては買主が責任を負う旨を定めることも多いです。

　また，秘密情報の複製を極力禁止する規定を設けることもよいでしょう。

(3) 有効期間，秘密情報の返還・破棄について

　秘密保持契約の有効期間（1年から5年程度が多いです）が満了した時点，又は開示当事者が請求した時点で，開示された情報が含まれる資料をすべて返却又は破棄することを義務づける条項を設けることが一般です。必要に応じて，すべて破棄した旨の証明書等を提出する義務を定める条項を盛り込むとよいです。

(4) その他の条項

　開示された情報に含まれる個人情報の扱いに関する規定や，従業員等の勧誘

の禁止といった条項を入れることも多く見受けられます。

　秘密保持義務に違反した場合等には相手方が被った損害を賠償するとの条項を入れることも一般的ですが，秘密情報が漏えい等されたことによる損害の範囲や金額の算定は容易ではありません。そこで，対象となる情報の範囲を特定して，この特定された情報に関する違反については決められた額の違約金支払義務が発生するとの条項を盛り込むことも，検討してよいでしょう。

3. 基本合意書

> **Q** 基本合意書を締結するにあたっての，注意点を教えてください。

A M&A では，交渉段階において，その時点における当事者の了解事項を確認し，いくつかの基本的な事項について合意する目的で契約を締結することがよくあります。ここで取り交わされる合意書を一般に基本合意書といいますが，案件によっては，覚書や LOI（Letter of Intent），MOU（Memorandum of Understanding）とよばれることもあります。

　案件ごとに合意書の分量も内容も異なりますが，多く定められるのは，予定している取引の内容や日程について確認する条項，相手方当事者に対して独占交渉権を付与する条項，買主が行うデューデリジェンス（DD）への売主の協力義務を定める条項などです。秘密保持契約を兼ねる場合もあります。

　以下，基本合意書に多く定められる条項ごとにみてみます。

(1) 取引内容

　予定されている M&A の手法や基本的条件等が通常明記されますが，基本合意書は DD 実施前に締結されることが一般的であるところ，DD 実施の結果，手法が変更されることもあり得ますので，あくまで仮の合意として，法的拘束

力はないものとすることが多いです。

　取引内容で重要なのは買収価格ですが，DD実施の結果等により変更されるべきケースがままあるので，法的拘束力がある形での合意はせずに，変更の余地を残しておくことが一般です。もっとも，法的拘束力がないとしても，具体的な価格が明記された場合には，合理的な理由がない限りは安易に変更されてはならないと当事者が期待することもあるので，安易に金額を記載するべきではないともいえます。

(2)　日程・スケジュール等

　日程・スケジュール等については，当事者の理解を確認することが趣旨であるとして，後述する独占交渉権の期間に関する部分を除いては，法的拘束力はないものとする例が多いです。

(3)　秘密保持義務

　基本合意書の中で定められることもあります。これは法的拘束力が認められるのが一般です。

(4)　独占交渉権

　買主にとって，M&A取引はDD等に相応の時間と費用がかかるものであり，交渉を打ち切られた場合には不測の損害を被ることから，売主が他の買主候補者との交渉に切り替えることを防ぐべく，独占交渉権の取り決めが求められることが一般です。

　他方，売主からすれば，可能であれば入札手続を行うなどして複数の買主候補者から提案を受け，ひいては買主候補者同士で競わせて，売主に最も有利な条件を提示した買主を選びたいと考えるでしょうから，買主に独占交渉権を付与することには消極的となります。

　そのような利害対立があるにしても，力関係で買主のほうが強い場合や，売主も当該買主を逃したくないと考える場合には，売主が買主に独占交渉権を付

与する旨の合意がなされますが、これには法的拘束力が認められるのが一般です。

それゆえ、売主としては可能な限り独占交渉権の期間を短く希望するところであり、期間を3カ月程度と定めることが多いです。

(5) デューデリジェンスへの協力義務

買主によるデューデリジェンスが正確に行われるためには、売主の誠実な協力が不可欠です。そこで、買主のデューデリジェンスへの売主ないし対象会社の協力義務を定めることがしばしばあります。

(6) 表明保証

基本合意書にも、一定の事実について真実であることを表明し保証する、表明保証条項を設けることがあります。

しかしながら、基本合意書締結の段階では流動的な事柄も少なくないので、基本合意書における表明保証条項には法的拘束力を持たせないことが一般です。

これに対し、最終契約において締結される表明保証条項は、違反した場合には損害賠償責任の問題が生じ得ます。

表明保証条項については　⇒**本章Ⅲ 2 (3) 参照**

II M&Aにおける法務デューデリジェンスのポイント

1 法務デューデリジェンスの概要

> **Q** 法務デューデリジェンスを受けることになりました。どのような項目が調査されるのですか。また，どのような資料を準備する必要がありますか。

A デューデリジェンス（Due Diligence）という言葉は，直訳すると「払われてしかるべき注意，なされてしかるべき努力」であり，転じて，投資やM&Aの際に対象となる企業や資産の価値・リスクなどを調査することを意味します。「デューデリ」「DD」と略称されます。

M&A取引においては，複数のDDが実施されます。事業については買主となる買収会社の事業担当が行うことが多く，財務については公認会計士，税務については税理士が担当するのが一般です。その他，案件によっては人事や環境についても実施します。

財務DDと並んでデューデリジェンスの中心となるのが，法務DDです。

法務DDの目的は，主に，次の4点に集約されます。

① 取引実行の障害となる法律上の問題点の発見
② 対象企業の価値の評価に影響を与える法律上の問題点の発見
③ 買収後の事業計画などに影響を与える又は買収後に改善すべき法律上の問題点の発見

④　経営判断に影響を及ぼし得るその他の法律上の問題点の発見

法務DDは，一般に弁護士が担当します。

法務DDの実施時期ですが，通常，秘密保持契約，基本合意書が締結された後，当事者間で最終契約が締結される前の段階で行われます。

法務DDでは，主に「会社組織」「株式」「契約」「不動産」「その他の資産」「負債・ファイナンス」「知的財産」「人事労務」「許認可，コンプライアンス」「訴訟，紛争」といった項目ごとに調査を行います。中小企業のM&A取引においてとりわけ重要と思われる項目については，後で個別にみていきます。

以下，法務DDの実施に際して準備すべき資料の一例をあげます。

会社組織	□商業登記簿謄本　　□会社案内等 □会社組織図，支店・営業所・工場・店舗等に関する資料 □役員のリスト □計算書類（貸借対照表，損益計算書，株主資本等変動計算書） □事業報告書　　□設立関係資料 □定款　　□社内規則（取締役会規則，監査役会規則など） □法令上作成義務のある議事録（株主総会議事録，取締役会議事録，委員会議事録，監査役会議事録） □作成義務のない議事録（常務会議事録など） □関連会社がある場合，その資料（対象会社との資本関係，取引関係，役員・従業員の兼任状況などがわかるものを含む） □過去に組織再編，M&A取引がある場合，その資料や契約書等
株式	□株式の発行状況がわかる資料（資本政策表，発行された株式の種類・数・引受人・株券発行の有無など） □株式に関する社内規則（株式取扱規則等） □株主名簿　　□新株予約権原簿　　□株券（株券発行会社の場合） □設立時以降の株式の移転について概要がわかる資料 □株主間契約の契約書等
契約	□顧客との契約書等　　□仕入先等との契約書等 □業務委託先との契約書等　　□業務提携先等との契約書等 □保険に関する契約書等　　□その他事業上の重要な契約書等 □契約書を締結していない取引について概要がわかる資料
不動産	□所有不動産の一覧表及び所有不動産の登記簿謄本 □不動産売買に関する契約書等 □所有不動産に関する（根）抵当権等の設定契約書等 □賃貸不動産の一覧表及び契約書等 □賃借・使用不動産の一覧表及び契約書等

その他の資産	（動産） □資産価値のある動産の一覧表 □所有動産に関する担保設定契約書等 □リース資産の一覧表及び契約書等 （売掛金，貸付金その他金融債権） □売掛金の一覧表及び契約書等 □貸付金の一覧表（回収予定表）及び契約書等 □所有する債権に関する担保設定契約書等 □所有する債権のうち回収不能かそのおそれがあるものについての資料 （有価証券等） □保有する株式の発行会社，株式の種類，保有株式数，保有割合，保有目的，担保設定状況等がわかる資料 □ファンド持分の保有状況等に関する資料 □所有する有価証券のうち減損発生かそのおそれがあるものについての資料
負債・ファイナンス	□借入れないし負債の一覧表及び契約書等 □預り金の一覧表及び契約書等 □返済の遅滞やリスケジュールがあれば，それらについての資料 □社債原簿・社債要領等 □保証・担保提供その他保証類似行為に関する資料及び契約書等 □行っている金融商品取引や資産流動化・証券化等の取引に関する資料及び契約書等
知的財産	□特許権，実用新案権，意匠権，商標権（出願中のものを含む）の管理台帳 □著作権を保有する著作物の管理台帳 □知財関連の社内規程その他知財管理体制に関する資料 □ライセンス契約の一覧表及び契約書等 □共同研究開発契約，知財関連の業務委託契約その他知財関連契約の一覧表及び契約書等 □職務発明の管理台帳　　□知財関連の紛争に関する資料
人事労務	□従業員の構成に関する資料 □就業規則，給与規程，退職金規程その他の雇用関係規程 □雇用契約，出向契約，派遣契約その他の従業員に適用される契約関係資料 □労働者名簿及び賃金台帳のサンプル □労使協定及び労働基準監督署への届出に関する資料 □社会保険の加入状況がわかる資料 □福利厚生制度に関する資料 □タイムカード，残業申告書等労働時間の把握方法に関する資料

許認可・コンプライアンス	□過去２年間の残業時間及び休日出勤の実態を説明した資料 □残業手当，休日出勤手当の支払状況を説明した資料 □未払給与の見積額等がわかる資料 □労働組合に関する資料　　□過去数年間の人員整理等に関する資料 □労働基準監督署等からの指導・指摘等に関する資料 □労働安全衛生・労働災害に関する資料 □役員一覧表と役員規程，退職慰労金規程等 □役員，従業員等の不祥事や懲戒処分等に関する資料
訴訟・紛争	□事業上必要とされる許認可，登録，届出等の一覧表 □許認可等を証する書類 □加入している業界団体の資料 □行政処分，業界団体からの処分等について説明した資料 □所有する工場，不動産等に関する規制や環境問題等について説明した資料 □係属中の訴訟・紛争の一覧表及び関連資料 □過去の訴訟・紛争に関する判決，和解調書，仲裁判断書，合意書等 □クレームとその処理についての資料

2　株　式

Q 当社には名義株式があります。M&A取引の手法として株式譲渡を選択した場合，どのように処理すればよいでしょうか。また，当社では株券発行会社であるところ，これまでに株券の交付がなされずに株式譲渡が行われていました。この問題を解消するにはどうすればよいでしょうか。

A　(1)　名義株

　名義株とは，株主名簿上は甲が株主として記載されているのに，真実は乙が株主であるような場合，すなわち，株主名簿上の名義と真の株主が一致しない株式のことです。

平成2年改正前の商法においては，会社の設立には最低7人の発起人が必要とされており（改正後は1人で設立可），かつ，発起人1人最低1株を引き受ける必要があったことから，たとえば出資者が1人しかいない場合に，残りの6人以上について名義だけを借り，その人たちも出資したとの建前にするということがしばしばありました。

名義株主と名義を借りた人のどちらが株主となるかについては争いがあるところですが，株式会社においては株主名簿に記載のある名義人を株主として扱うことが基本とされていることから[1]，名義株主が自分こそ株主であると主張する場合には，これを退けることは必ずしも容易ではありません。

そこで，裁判で争いとなることもしばしばありますが，その場合には，
① 株式取得資金の拠出者
② 名義貸与者と名義借用者との関係及びその間の合意の内容
③ 株式取得（名義変更）の目的
④ 取得後の利益配当金や新株等の帰属状況
⑤ 名義貸与者及び名義借用者と会社との関係
⑥ 名義借りの理由の合理性
⑦ 株主総会における議決権の取扱い及び行使の状況

などを総合的に判断して，実質上の引受人，すなわち真の株主が決せられることになると解されます[2]。

それゆえ，M&Aにて株式を譲渡する場合には，紛争の種を残さないよう，名義株についても真の株主に変更しておく必要があります。

その方法ですが，名義株主が了承してくれるのであれば，株主名簿に記載された名義株主と実質上の株主とが共同して名義変更を会社に申請することになります[3]。

実務上は，株式名義変更に関する合意書や名義株であることの確認証などを

---

[1] 会社法130条1項参照
[2] 東京地判昭和57年3月30日判例タイムズ471号220頁参照
[3] 会社法133条2項

名義株主から取り付けて，取締役会で承認してもらうというのが合理的です。

名義株主が了承しない場合，最終的には訴訟（株主権確認請求訴訟）で解決するとの手もありますが，時間や費用がかかることから，相当対価を算出して名義株主に名義変更を申し出るとの解決もしばしば取られています。

(2) 株券の交付がなされない株式譲渡等

次に，株券の交付がなされない株式譲渡の問題について述べます。

平成16年10月1日に旧商法が改正されるまでは，株式会社は株券を発行するのが原則でした。したがって，平成16年商法改正前に設立された株式会社は株券発行会社である可能性が高いといえます。株券発行会社の場合，株式の譲渡に際して株券の交付が必要となります[4]。

しかしながら，小規模会社，同族会社にあっては，株券の発行にかかるコストを嫌がり，最初から一度も株券を発行したことのない会社は少なくなく，そのような会社で行われてきた株式譲渡は，当然に株券の交付を伴わないことになります。これは，法務DDの過程で発見される典型的な問題の1つです。

その場合の対処法ですが，会社としては，改めて株券を発行するとともに，過去に遡って，株券の交付を伴わない株式譲渡について，すべて株券の交付を伴う形で再度やり直す，という手法によることが考えられます。

ここでいう株券の交付とは，株券の引渡しを行うことをいい，現実に株券を引き渡して交付する方法のほか，簡易の引渡し，占有改定，又は指図による占有移転など，実際に株券の受渡しを行うことなく，当初の株主から現在の株主に至るまでの株式譲渡が転々としていても，株券の交付の瑕疵を一応治癒することは可能です[5]。

ところで，過去の株式譲渡人が行方不明である等により，最終契約締結時ま

---

[4] 同法128条1項

[5] もっとも，この方法によっても，株券の交付が行われたとする時点で改めて有効な株式譲渡がなされたということになるにすぎず，過去の問題となった株式譲渡を遡って有効にするわけではありません。それゆえ，本来の株主でない者らによる株主総会決議の有効性や，本来の株主の権利が害されていないかといった点については，別途，検討する必要があります。

288

でに株式譲渡の治癒ができない場合はどうすればよいでしょうか。

この点，買収契約書において，売主が対象会社の株式の保有権限を有していることを保証するとともに，この保証に反する事実が判明した場合には直ちに過去の株式譲渡の瑕疵を治癒するであるとか，賠償請求に応じるということを，別途定めるという方法が考えられます。将来，買主に対して株式の所有権その他の権利を主張する第三者が現れた場合には売主が責任をもって対処する，若しくは対処にかかった費用を売主に補償させる旨の条項を盛り込むというのもあるでしょう。

なお，現在は，平成18年5月1日の会社法施行により，株式会社は株券を発行しないことが原則となっています。

(3) 株券の紛失等

ところで，似たような問題に，株券の紛失（若しくは盗難など）があります。その場合の手当としては，

① 株券喪失登録手続[6]による株券の再発行
② 株券提出手続に伴う異議催告手続[7]
③ 株券発行の定款の定めの廃止

が考えられます。株券発行が義務づけられていた平成16年商法改正前は，上記①か②によっていたところでした。

ところが，①は最低1年，②は最低3カ月以上かかるところ，③は3週間程度で済ませることが可能であるので，M&Aを迅速に進めるにあたっては，現在では③によるのがよいようにも思われます。

もっとも，株券は転々流通する有価証券であり，株券の占有者は適法な所持人と推定されるので[8]，取得者は善意又は無重過失であれば権利者となります（善意取得）。そして，上記各手続によって紛失等した株券の効力を失わしめる

---

[6] 会社法221条以下
[7] 同法219条以下
[8] 同法131条

前に善意取得がなされることは想定されるところですので，最終契約書において，株券の善意取得者が出てきた場合の対応についても定めておくとよいでしょう。具体的には，上記各手続を取った後で売主が株式を有効に保有していることについての表明保証をさせる，将来に善意取得者が出現した場合には売主側で対処する，等です。

(4) 株式の買い集めと会社法上の制度

　M&A 取引において売主が対象会社の支配経営権を譲渡するにあたっては，一定数の株式を集めることが必須であるところ，株式は往々にして分散していることから，これを買い集めるための手法がしばしば問題となります。

　一次的には当事者間の交渉（相対取引）によりますが，価格や数量で折り合いが付かない・そもそも譲渡に応じないというケースも少なくありません。

　この点，現金を対価とする代わりに少数株主から強制的に株式を取得する手法があり，一般にキャッシュアウト（Cash out）やスクイーズアウト（Squeeze out, 閉め出すの意味）といいます。少数株主を排除するニーズがある場面（上場会社の非上場化等）で用いられている手法ですが，これを M&A 取引における株式の買い集めの場面に用いることが，しばしば検討されます。

　会社法上，キャッシュアウトを可能にする制度が存します。

① 全部取得条項付種類株式の取得

まず，全部取得条項付種類株式の取得による方法です。これは，
- 対象会社の総株主の議決権の3分の2以上を保有する株主が，株主総会の特別決議によって，対象会社を種類株式発行会社とする定款変更を行い，
- さらに，発行済みの普通株式全部に全部取得条項を付す旨の定款変更を行って，
- 同時に，全部取得条項の発動により全部取得条項付種類株式を取得し，その対価として新たな種類株式を株主に対して交付するという方法で，
- その際に，支配株主以外の株主に対しては1株に満たない端数が交付され

るように交付比率を設定します。1株に満たない端数を割り当てられた株主に対しては、代金を交付することで排除することができます。

従前、しばしば用いられてきた手法ですが、株主総会の特別決議が必要となり、手続も比較的煩雑です。

② 特別支配株主の株式等売渡請求制度

次に、特別支配株主の株式等売渡請求制度による方法があります。これは平成26年会社法改正により規定された制度ですが、

- 対象会社の総株主の議決権の90％以上（その100％子会社など一定の関係者の保有分も含まれます。）を保有する株主（特別支配株主）が、
- 対象会社に対して株式等売渡請求の通知をし、対象会社の取締役（取締役会）の承認を得ることによって、対象会社の他の株主全員に対し保有株式全部の売渡しを請求できるというものです。

この手法は、株主総会決議が不要であるうえ、比較的短期間（3カ月程度）で完了することから、対象会社の総株主の議決権を90％以上保有している場合には、この手法によるのがよいでしょう。

③ 株式併合による方法

議決権の保有率が90％未満の場合、株式併合による方法があります。これは、

- 対象会社の総株主の議決権の3分の2以上を保有する株主が、株主総会の特別決議によって株式併合を行い、
- 株式併合の割合を、支配株主以外の株主に対しては1株に満たない端数となるように設定して、
- ①で述べたところと同様に端数を割り当てられた株主に対して代金を交付することで排除する、というものです。

従前は、特別利害関係人が議決権を行使したことにより著しく不当な決議がなされたとして、そのような株式総会決議の取消しが争われるリスクがあった

のですが，平成26年会社法改正により，少数株主に対して株式併合をやめることの請求や株式買取請求が新設され，取消しのリスクがかなり減じたことから，今後は②とともに活用されるものと思われます。

3 契約

> **Q** 当社がすでに締結している契約の中に，チェンジ・オブ・コントロールという条項があるもの，競業禁止がうたわれているものがあります。M&A取引において，どのような問題がありますか。

A 法務DDでは，対象会社の契約書のチェックも重要な作業となります。

チェックの際に特に検討すべき事項として，(1) チェンジ・オブ・コントロール条項と，(2) 競業避止（禁止）条項があります。

(1) チェンジ・オブ・コントロール条項

チェンジ・オブ・コントロール条項（Change of Control：COC）とは，契約の一方当事者の支配権が変動した場合に，それを契約の解除事由と定めるであるとか，そのような支配権の変動について他方当事者に通知する・他方当事者の事前承諾を得る等の義務を定めるものです。

この条項は，取引先の支配権が変わる場合に，その影響に鑑みて他方当事者に契約を継続するか否かを検討する機会を与える趣旨です。それゆえ，賃貸借契約，ライセンス契約，代理店契約，フランチャイズ契約等の継続的契約にしばしば見られます。

具体的な対処法ですが，通知義務が課されている場合には通知をし，他方当事者の同意を得ることが必要であるならば同意を得る，また，相手から解除されないようにするために，事前に相手から解除権を行使しない旨の合意書を取

り付けるであるとか，当該チェンジ・オブ・コントロール条項を削除する旨の了承を取り付ける，というのが本来ではあります。

　しかしながら，他方当事者から同意等を取得するのが容易でない場合や同意等を取得するのに負担が大きい場合もあるでしょうし，そもそもの契約についても対象会社の事業継続のうえで重要，不可欠なものから代替性がある（代えが利く）ものまでさまざまでしょう。

　そこで，実務上は，諸々の事情を勘案して，チェンジ・オブ・コントロール条項で求められている通知や同意の取得の手続を省略することもあります。また，手続が省略できない場合には，買収契約締結の際に，対象会社がチェンジ・オブ・コントロール条項で求められた手続を実践することを誓約事項及び取引実行条件として定めることもしばしばあります。

　ところで，チェンジ・オブ・コントロール条項にもとづいて，他方当事者が契約の解除を主張してきた場合ですが，必ずしも，条項のとおりに契約解除が認められるとは限りません。

　継続的契約関係においては，当事者間の信頼関係を破壊したと認められる程度の事情が存しない限り，解除権の行使は制限されるとの考え方が一般的に取られているからです。

　チェンジ・オブ・コントロール条項違反を理由とする賃貸借契約の解除が争われた裁判例においても，事案によって結論は分かれているところです（解除権の行使を認めたものとして東京地判平成5年1月26日判例時報1467号69頁等，認めなかったものとして京都地判平成18年5月15日判例時報1938号90頁等）。

(2) 競業避止（禁止）条項

　これは，契約当事者が，一定の期間内に，一定の地域内において，契約に定められた事業活動を行うことを禁止又は制限する条項です。競業避止義務は，当該契約の終了後も一定期間は効力を有すると定められていることが多く，買主の事業活動を制限することとなるおそれが高いため，注意が必要なものです。

対象会社の契約書に競業避止条項があった場合，これがM&A取引の実行や買主の事業活動の妨げ等となるか否かを見極めたうえで，妨げ等となるのであれば何らかの手当をしたいところです。

　この場合，当該契約の相手方に，競業避止条項の削除や変更についての同意を取り付けるであるとか，買収契約において，対象会社がそのような手当をすることを誓約事項や取引実行条件として定めることが考えられます。

　しかしながら，相手方からすれば，対象会社の支配権が変動したからといって当初の競業禁止の取り決めを放棄するいわれはないので，競業避止条項の削除や変更に容易に応じるとは考えがたいところでもあります。

　そうすると，買主側としては買収後の事業計画を見直さざるを得ないこともありますが，その場合，買収価格等によって調整することが多いと思われます。

　ところで，対象会社が過去に事業譲渡を行っている場合は，会社法上の競業避止義務が課されていないかに注意する必要があります（事業を譲渡した会社は，当事者の別段の意思表示がない限り，同一の市町村の区域内及びこれに隣接する市町村の区域内において，その事業を譲渡した日から20年間は同一の事業を行ってはならない（会社法21条1項）。特約がある場合には30年間まで延長される（同2項）。不正競争の目的をもって同一の事業を行うことは，期間に関係なく禁止される（同3項））。

　以上は対象会社の契約関係における条項の話ですが，M&A取引においても，売主が取引実行後も同一事業の営業を継続するとなると，買主側企業が営業上損失を被るおそれがあることから，最終契約書に競業避止義務を誓約条項等として盛り込むことが一般的です。⇒**本章Ⅲ 2 (4) 参照**

4　不動産

Q　当社は，本社及び工場を賃借しています。法務デューデリジェンスにおいて，どのような点が問題となりますか。

A 法務DDの観点からは，対象会社の不動産について，その使用権原に着目して，①対象会社が建物及び建物の敷地を所有する場合，②対象会社が建物のみ所有する（建物の敷地を所有せず，第三者から賃借する）場合（本書295頁～参照），③対象会社が建物（及び建物の敷地）を第三者から賃借する場合（本書298頁～参照），④対象会社が土地のみ第三者から賃借する（土地上に建物を有しない）場合，に大きく分けることができます。

このうち，①は，不動産の使用収益について第三者から権原を得る必要がないため，不動産登記が完全であることを確認したうえで，所有権，担保権等の権利関係を確認することで済む場合が多いと思われます。また，④は，建物所有目的でない場合（駐車場や資材置き場として使用）は借地借家法の適用はないうえ，権利関係も比較的単純なことが多いので，先述のチェンジ・オブ・コントロール条項は別として，難しい問題は少ないと思われます。

そこで，以下，②と③を中心にみていきます。

(1) 対象会社が建物のみ所有する場合

この場合，土地は第三者から使用権原（借地権）を与えられている建前となるため，借地権設定契約を中心に調査を実施していくことになります。以下，比較的重要と思われる調査・確認事項を述べます。

① 賃借人，賃貸人の確認

まず，土地を借りている対象会社が，第三者に対して借地権を主張できるか（対抗要件を備えているか）を確認します。借地権（賃借権と地上権）の対抗要件は原則は登記ですが，借地権の登記がなくても，借地上に登記されている建物を所有していれば対抗要件が認められます[9]。そこで，不動産登記簿上の建物の所有者と借地権設定契約の借地権者とが同一であれば問題ありませんが，相続や節税対策等により登記名義が不一致となっている場合，早急に手当が必要です。

---
9 借地借家法10条1項

より重要なのは賃貸人の確認，すなわち不動産登記簿上の土地の所有者と借地権設定契約の賃貸人とが同一であるかどうかの確認です。同一でない場合は，もともとの土地所有者から賃貸人が借地権（原借地権）の設定を受けて，これを対象会社に転貸（転借地権）しているケースが一般ですが，その場合，原借地権が対抗要件を備えているかどうかを確認する必要があります。

転借人が借地上の建物を所有している場合，建物の登記も転借人名義が通常でしょうから，原借地権の対抗要件は借地権の登記となりますが，これがない場合，転借人は，もともとの土地所有者から土地を譲り受ける等した第三者に対して，転借地権を対抗できないおそれがあります（裁判例も分かれている）。

そこで，原借地権が対抗要件を備えていない場合には，早急に手当が必要となります。

② 借地についての負担の有無の確認

借地権に優先する抵当権等の担保権があるか否かの確認も必要です。一般には借地権者と抵当権者との対抗要件（登記）をした先後で決せられますが，賃貸借の登記のほうが後であっても，先に登記をしたすべての抵当権者が同意をし，かつ，その同意の登記があるときは，賃借権を対抗することができます[10]。そのほかにも，借地についての差押えや仮処分，利用制限等の有無を確認する必要があります。

③ 借地権の存続期間の確認

一般に建物の所有を目的とする賃貸借の場合，平成4年8月1日以降に成立した借地権は30年以上，それ以前の借地権は堅固建物は30年以上，非堅固建物は20年以上存続し，原則として法定更新がされます（借地借家法適用の場合，初回20年，以降10年，旧借地法適用の場合，堅固建物は30年，非堅固建物は20年）。

しかしながら，定期借地権，事業用定期借地権等，一時使用目的の借地権の場合は期間も異なり，かつ，上記のような法定更新もないので，借地権の残存

---

10 民法387条

期間の確認が必要です。

適用法令	適用範囲	借地権の種類	存続期間	更新の有無	更新後の存続期間
借地法	平成4年7月31日までに開始した契約	借地権	①20年以上(※1) ②30年以上(※2) (※3)	あり	①20年以上(※1) ②30年以上(※2)
借地借家法	平成4年8月1日以降開始した契約	普通借地権	30年以上	あり	1回目の更新：20年 2回目以降の更新：10年
	平成4年8月1日～平成19年12月31日に契約開始	事業用借地権	10年以上 20年以下	なし	―
	平成20年1月1日以降開始した契約		10年以上 30年未満	なし	―
	平成4年8月1日までに開始した契約	一般定期借地権	50年以上	なし	―
	平成20年1月1日以降契約開始	事業用定期借地権	30年以上 50年未満	なし	―
	平成4年8月1日以降開始した契約	建物譲渡特約付借地権	30年以上	なし	―

(※1) 木造建物のような堅固でない建物の場合は20年　(※2) 鉄筋マンションのような堅固な建物の場合は30年
(※3) 存続期間が定められていない場合は60年（堅固な建物の所有目的），その他は30年

④ 中途解約権（解約留保特約）の確認

賃貸人（地主）に，賃貸借契約における中途解約権を留保した規定（解約留保特約）が存在するかどうかを確認する必要があります。

もっとも，土地の賃貸借の場合，建物賃貸借の場合における借地借家法27条（解約による終了），同28条（更新拒絶の要件）のような規定がないところ，借地借家法が借地人を手厚く保護している趣旨に鑑みて，土地賃貸人の中途解約権の行使を消極的にみる考えもあるところです[11]。

⑤ 権利金，敷金，保証金，建設協力金等について

借地開始時に，これらの名目にて賃借人が金銭を差し入れることが多いですが，事業譲渡の場合は，借主が買主に変更になるので，買主は賃貸人と再契約をする必要があり，賃貸人は元の賃借人である売主（対象会社）に敷金・保証金を返還するとともに，買主は新たに敷金・保証金を差し入れることになります。他方，株式譲渡の場合は，支配権が移るだけで借主自体は変更しないため，敷金・保証金の返還や差入れ等は生じないことになります。

---

11 長島・大野・常松法律事務所編『M&Aを成功に導く法務デューデリジェンスの実務（第3版）』（中央経済社，2014）210頁以下。

確認すべきは，差し入れた金員の返還の有無や返還の範囲についてです。

この点，権利金や礼金には原則として賃貸人に返還義務はなく，敷金，保証金，建設協力金は原則として返還義務はあるとされるのが一般です。

敷金に関しては，いくつか検討すべき問題があります。

まず，敷金の返還にあたって賃借人が賃貸人に預託した敷金から一定の金額を差し引くことを約する，敷引（しきびき）特約の有無を確認する必要があります[12]。

次に，名目上は敷金であっても，実態としては建設協力金（貸金）等敷金と異なる法的性格を有する金員である場合，その資産的価値が異なるので注意が必要です。

⑥ 無断譲渡・転貸の確認

賃借権の場合，借地権を第三者に譲渡・転貸する場合には原則として賃貸人の承諾が必要となります[13]。それゆえ，M&Aの手法が事業譲渡の場合には，賃貸人の承諾を得ることが必要です。

他方，株式譲渡等により会社の構成員や機関に変動が生じても，法人格の同一性が失われるものではないから，賃借権の譲渡にはあたらないとするのが判例[14]です。

また，実務上，対象会社が第三者に借地を転貸しているケースが時折みられますので，その場合には賃貸人と折衝する等の手当が必要です。

(2) 対象会社が建物（及び土地）を賃借する場合

この場合，建物は第三者から使用権原（賃借権）を与えられている建前となるため，賃貸借契約を中心に調査を実施していくことになります。

---

12 敷引特約につき，最判平成23年3月24日民集65巻2号903頁は，消費者が賃借人である賃貸借契約の場合については，敷引金の額が高額に過ぎると評価すべきものである場合には，消費者契約法10条により原則として無効となる旨を判示している。

13 民法612条

14 最判平成8年10月14日民事裁判例集50巻9号2431頁

① 賃貸人の確認

不動産登記簿上の建物の所有者と賃貸借契約の賃貸人が同一であるかどうかの確認が必要となります。同一でない場合，対象会社は転借をしていると推測されますので，もともとの賃貸人の承諾が必要となりますし，転貸借は原賃貸借を基礎とする契約であるので，転貸人（対象会社にとっての賃貸人）の賃料不払い等の債務不履行により原賃貸借が解除となる場合，転借人はもともとの賃貸人に転借権を主張できないことになるので，それらのリスクを踏まえて対処する必要があります。

② 賃貸借期間の確認

普通借家契約の場合，借地借家法の規定により法定更新の定めがあるほか，賃貸人が更新を拒絶するには正当の事由が必要とされる等の賃借人保護規定がありますが，定期建物賃貸借，取り壊し予定の建物の賃貸借，一時使用目的の建物の賃貸借は契約期間の満了とともに賃貸借が終了しますので，注意が必要です。

③ 中途解約権（解約留保特約）の確認

建物賃貸借においては通常は期間が設定されており，期間中に当然に契約を終了させることはできないのが建前ですが，実際の契約では，中途解約権（解約留保特約）が規定されていることがしばしばあります。

対象会社が賃借人である場合，中途解約権が留保されていれば，対象会社の買主としては当該賃貸借が不要な場合に解約して不要な賃料の支払いを止めることができます。もっとも，中途解約をした場合に賃貸人に対して違約金が発生する旨の条項があるか否かを別途確認する必要があります。

他方，賃貸人に中途解約権が留保されている場合，特約があるからといって当然に中途解約ができるわけではなく，更新拒絶や期間の定めのない場合の解約申し入れと同様に借地借家法28条にいう「正当事由」が必要であると解されています。⇒**第2章ケース9【法務の観点から】2もあわせて参照**

対象会社が賃借人である場合，中途解約されるリスクはあるものの，正当事由がない限り賃貸借を継続し得るともいえますが，対象会社が賃貸人である場合には，中途解約権を行使するためには高額の明渡料・立退料が必要となる可能性があります。

そこで，そのような費用を最終契約時において売買価格に織り込むことも検討に値するといえます。

④　その他

敷金等の確認，無断譲渡・転貸の確認については，前項(1)とほぼ同様の議論が当てはまります。

5. 人事労務

> **Q** 当社は株式譲渡によるM&Aを行う予定ですが，人事労務に関して，どのような問題点が考えられますか。

A 前提として，M&Aの主な手法と労働関係について概観します。

- 株式譲渡，株式交換・移転の場合……対象会社の法人格自体に影響はなく，雇用契約，就業規則といった労働関係はそのまま買主側に引き継がれます。
- 合併の場合……消滅会社の法律関係は一括して存続／新設会社に移転するので，そのまま引き継がれることになります。もっとも，実際上，合併の前後に労働条件の変更がなされることは少なくないでしょうし，吸収合併の場合には消滅会社にもともと雇用されている労働者と引き継いだ労働者とが異なる労働条件の下に併存することになりかねないので，実務では労働条件の統

一や調整を図ることが多いです。
- 会社分割の場合……労働関係が吸収／新設会社に引き継がれるかどうかは，分割契約・分割計画で定めることになりますが，いわゆる労働承継法が労働者保護の観点から手続的規制を定めています。
    ① 承継される事業に主として従事する労働者は，事業と一緒に承継されるのが原則なので，吸収／新設会社に移籍できることになります。
    ② 反対に，承継される事業に主として従事する労働者以外の労働者は，事業と一緒に承継されないのが原則なので，分割会社にとどまることができます。
- 事業譲渡の場合……法律関係の当事者が個々に合意した範囲でのみ譲受会社への移転が生じます。労働関係についていえば，譲渡・譲受両会社のほか従業員本人も同意しなければ，新会社への移籍は生じません。

    事業譲渡契約の中では，従業員の移籍が実現するように譲渡会社側に一定の義務が課されることになります。

    事業譲渡に伴って従業員が移籍する場合，譲渡会社を退職して退職金の精算もいったん済ませたうえで譲受会社が改めて採用するという方式をとることが多いです。譲受会社での労働条件についても新たに取り決めることになります。

次に，人事労務に関して実施されるデューデリジェンスですが，まずは対象会社等の組織構成等を把握したうえで，M&A取引実行の支障になり得る事項の有無，隠れた債務の有無，法令違反・紛争等の有無を確認・調査していくことになります。以下，主に問題となる点を取り上げます。

(1) 隠れた債務

労務のDDにおいて多く問題となるのが，隠れた債務の発見です。隠れた債務の主なものとして，時間外労働・休日労働等の割増賃金の未払いがあります。
労働基準法は，使用者は労働者を1日8時間又は1週40時間以上労働させ

てはならないものと規定し，かつ，毎週1回又は4週間に4日以上の休日を与えなければならないと規定しますが，一定の要件を満たした労使協定を締結して労働基準監督署に届け出ることによって，上記の時間を超える労働（時間外労働）や上記の休日になされる労働（休日労働）をさせることが許されます（いわゆる36協定）。

もっとも，時間外労働や休日労働，深夜労働に対しては一定割合の割増賃金が支払われなければなりません。これらの割増賃金について未払いがある場合，原則年6％の遅延損害金が発生するのみならず，退職者に対しては年14.6％の遅延損害金が発生するほか，未払額と同一額の付加金を課され得ることになります。

これらの割増賃金が支払われない典型例として，①いわゆるサービス残業の問題のほか，②管理監督者[15]に対しては時間外労働・休日労働の割増賃金を支払わなくてよいため[16]，名ばかりの管理監督者が指定されていることがしばしばあります。また，③営業職に対して，営業手当や歩合給を支給しているであるとか，事業場外みなし労働時間制を採用しているなどとして，正しい残業代（割増賃金）が支払われていないという場合もしばしば見受けられます。

このような未払いの割増賃金は，債務として認識されていないために簿外債務となっており，対象会社の価値に影響を及ぼし得ることから，その有無の確認・調査は不可欠です。

(2) 就業規則の不利益変更

対象会社において，過去に，就業規則を労働者に不利益に変更していることがあります。たとえば，従業員から残業代の請求を受けたことをきっかけに実質的に賃金を減額する内容で賃金規定を変更する，であるとか，休日を減らす，手当を廃止する，などです。

もっとも，就業規則の変更による労働条件の不利益変更が有効と認められる

---

15 労働基準法41条2号の「監督若しくは管理の地位にある者」
16 深夜労働の割増賃金は支払対象となる。

ためには，①就業規則の変更が，労働者の受ける不利益の程度，労働条件の変更の必要性，変更後の就業規則の内容の相当性，労働組合等との交渉状況その他の就業規則の変更にかかる事情に照らして合理的であること，かつ，②変更後の就業規則を労働者に周知させることが必要であり，そのような要件を満たしていない場合，当該不利益変更は無効となり，その結果，未払賃金が発生する等のリスクが生じ得ることとなります。

(3) 偽装請負

偽装請負とは，形式的には発注者と受注者との間での請負契約（若しくは業務委託契約）の体裁を取っているが，実態としては労働者派遣であり，法律上は労働者派遣契約の適用を受ける契約形態のことをいいます。

対象会社が偽装請負により労働者を受け入れている場合，直接雇用義務が発生し得ることとなり，組織構成に影響が生じるほか，実態は労働者派遣であるため，対象会社は当該労働者に対して安全管理責任や安全配慮義務を負い，労災が発生したときにはその補償責任を負うこととなります。

偽装請負が発見されることはしばしばあるため，注意が必要です。

(4) 有期雇用労働者の雇用期間

有期雇用契約については，期間満了による更新拒否（いわゆる雇止め）が問題となっていましたが，平成24年8月の労働契約法改正によって雇止めが法律により制限されるところとなったほか，有期労働契約が5年を超えて反復更新された場合は，有期契約労働者の申し込みによって，無期雇用に転換され得ることとなっています。

対象会社に有期契約労働者が存する場合，この点にも注意が必要です。

6 許認可，コンプライアンス

> **Q** 当社は，○○○業を営んでいますが，これは許認可事業です。M&A取引を行うにあたって，どのような点が問題となりますか。

A 許認可に関しては，①許認可を要する対象会社の事業について必要な許認可が取得されているか，許認可が将来に取り消されるおそれはないか，②M&A取引の実行に伴い，許認可に係る事業を引き継ぐことができるか，③引き継ぐことができる場合には，必要な手続の確認，④引き継ぐことができない場合には，許認可の新規取得の可否や期間の確認，許認可を取得するまでの空白期間の対処の検討，を主に調査することになります。

先に②に関し，M&Aの手法と許認可との一般的な関係について述べます。

【株式譲渡】の場合は，対象会社の法人格自体に影響はなく，事業に関する権利義務の承継が生じないことから，新たに許認可を取得しなければならないケースは多くありません。【株式交換，株式移転】の場合も同様です。

【会社分割と合併】の場合は，事業に関する権利義務が一括移転される（包括承継）一方で，公法上の権利義務ともいうべき許認可等に関しては，存続ないし承継する会社において当該許認可を受け継ぐことができるかについて個別的に判断されることになります。

届出を行うだけで許認可が承継できるものとして，浴場業，クリーニング業，理容業，美容業，興業場営業（映画，演劇，音楽，スポーツ等），飲食店営業，たばこ特定販売業，塩製造業者，アルコール製造業者，特定貨物自動車運送事業者，貨物軽自動車運送事業者，自動車分解整備事業者，旅行業，一般ガス事業者，液化石油ガス販売事業者などがあります。また，行政の個別の許可が必要となるものとして，一般旅客自動車運送事業者，一般貨物自動車運送事業者，利用運送事業者，ホテル・旅館営業などがあります。他方，建設業法上の許可，医薬品製造業・製造販売業許可，化粧品製造業・製造販売業許可，毒劇物製造業・

輸入業・販売業などは承継できず，新たに許認可を取得する必要があります。

　これに対し，【事業譲渡】の場合は，事業に関する権利義務を個別に移転する（特定承継）ことから，許認可は当然には承継されず，原則として譲受会社が新たに許認可を取得する必要があります。

　ところで，前記のうち許認可を引き継ぐことができない場合（④）には，新規取得の可否や空白期間の対処を検討することになります。
　引き継ぐことができる場合（③）でも，事前届出や行政機関の承認が必要となることがしばしばあります（株式譲渡の場合も株主の変更に関する変更届の提出等が必要となります）。そこで，最終契約締結前に，必要となる届出や承認が完了されていることを，M&A取引の実行の前提条件とすることが有用です。⇒**本章Ⅲ 2 ⑸ 参照**

　また，許認可を要する対象会社の事業について，そもそも必要な許認可がすべて取得されていない場合や，対象会社が違反行為を行うなどして将来に許認可が取り消されるおそれのある場合があります（①）。
　その場合の手当として，最終契約において，対象会社にあっては現在行っている事業の遂行のために必要な許認可を適法かつ有効に取得していることや，対象会社の取得している許認可が変更・停止・無効又は取消となる事由は存在せず，そのおそれもないことなどを，表明保証の対象とすることがしばしば用いられます。対象会社における事業規制等についても，同様に表明保証の対象とする手当が用いられることがあります。⇒**本章Ⅲ 2 ⑶ 参照**

III 最終契約書のポイント

1 譲渡制限会社における株式譲渡

Q 当社は株式譲渡によって M&A を行う予定ですが，いわゆる譲渡制限会社です。手続はどのようになりますか。

A 株式は自由に譲渡できるのが原則です[17]。

しかしながら，定款に「当会社の株式を譲渡により取得するには，取締役会（株主総会）の承認を受けなければならない」等と定めることによって，会社の承認がなければ株式を譲渡できないとすることもできます。すべての株式について譲渡制限を設けている会社を譲渡制限会社といい，そうでない会社を公開会社といいます。

大抵の中小企業は，譲渡制限会社です。中小企業にあっては，同族会社にみられるように株主間につながりがあるのが一般的であり，見ず知らずの第三者が会社の意に反して経営に参加してくるのを防ぎたいと考えるでしょうから，定款に株式の譲渡制限を設けることは理にかなうものです。

もっとも，M&A 取引において対象会社が譲渡制限会社である場合，買主が株式を譲り受けたとしても，対象会社の承認を得ないと株主名簿の書換えを請求することができないので[18]，株式譲渡をするにあたっては対象会社の承認を

17　会社法 127 条
18　会社法 134 条

得ることが不可欠です。

譲渡制限会社を対象会社とする株式譲渡の手続は，詳しくは，次のとおりです。

①株式譲渡承認の請求

　対象会社の株主（売主）より会社に対して譲渡承認請求をする。

　請求の際には，株式数，譲受人の名称，不承認の場合に当該株式の買取りを請求するときはその旨を明らかにする。

②対象会社の承認機関による承認と通知

　承認機関は，定款で別段の定めがある場合を除き，取締役会設置会社では取締役会，それ以外の会社では株主総会となる。

　株主総会による場合，対象会社の取締役が臨時株主総会の開催日を決定し，その他の株主へ臨時株主総会の招集通知を出したうえで，臨時株主総会の決議によって株式譲渡を承認するか否かを決定する。

　決定がなされると，会社は請求者に通知する。

　請求があった日から２週間（これを下回る期間を定款で定めた場合はその期間）以内に会社が決定に関する通知をしない場合は，承認したとみなされる。

※　承認されない場合

　請求者は指定した譲受人に株式を譲渡できない。その代わりに会社又は会社が指定する買取人が株式を買い取らなければならない。

ⅰ　会社が買い取る場合は，株主総会の特別決議を経て，会社が売買代金を供託したうえで，供託を証する書面とともに請求者に対し買取りの通知をする。

　　指定買取人が買い取る場合は，株主総会の特別決議・取締役会設置会社では取締役会の決議を経て指定買取人を指定し，指定買取人が売買代金を供託したうえで，供託を証する書面とともに請求者に対し買取りの

通知をする。

　対象会社が株券発行会社である場合，請求者（売主）は，供託を証する書面の交付を受けた日から1週間以内に対象株式の株券を供託し，これを遅滞なく会社若しくは指定買取人に通知しなければならない。請求者がこの株券の供託をしなかったときは，会社若しくは指定買取人は対象株式の買取契約を解除することができる。

ii　他方で，会社が買い取る場合に決定の通知をした日から40日（これを下回る期間を定款で定めた場合はその期間）以内に会社が買取りの通知をしない場合，若しくは指定買取人が買い取る場合に決定の通知をした日から10日（これを下回る期間を定款で定めた場合はその期間）以内に指定買取人が買取りの通知をしない場合は，承認したとみなされる。

iii　株式の買取価格は会社又は指定買取人との協議によるが，協議が整わない場合は買取りの通知があった日から20日以内に，裁判所に対し売買価格の決定の申し立てをすることができる。

③株式譲渡契約の締結

　承認する旨の決定通知を待って（若しくは承認を得られることを前提条件として），売主と買主との間で株式譲渡契約を締結。あわせて対価の支払いがなされる。

④株式名義書換請求等

　株式取得者（買主）が会社に対して，取得した株式についての株主名簿への記載・記録（株式名義書換）を請求。

　株券発行会社の場合，株式取得者は，株券を提示することによって，単独で行うことが可能。

　株券不発行会社の場合，原則として株主名簿記載の株主と株式取得者が共同して行う。

⑤株主名簿の書換え

対象会社が株券発行会社でない場合，株式取得者は会社に対し，株主名簿記載事項証明書の交付を請求することができる（会社法 122 条）。

2 最終契約書の構成（主に株式譲渡の場合）

Q 最終契約書にはどのような条項が盛り込まれるのですか。また，表明保証に関する条項に違反した場合はどうなりますか。

A M&A においては，最終的な合意の内容を契約書として取り交わします。M&A の手法によって契約の種類は異なりますが，中小企業の M&A においては株式譲渡契約書を締結することが多いでしょう。

最終契約書は，主に，(1) 価格に関する条項，(2) クロージングに関する条項，(3) 表明保証，(4) 誓約条項，(5) 前提条件，(6) 補償条項，(7) 解除条項，(8) 一般条項といった条項で構成されます。以下，順にみていきます。

(1) 価格に関する条項

最終契約書においては，M&A の対象となる株式や事業の対価として，買主が売主に対しいくらの価格を支払うかが定められます[19]。

もっとも，対象会社の価値の算定基準日（ここで算定した価格にもとづいて最終契約が締結されます）から取引を実行するクロージング日までの間に，対象会社の株式の価値はさまざまな要因により変動し得ます。また，クロージン

---

19 M&A における譲渡価格は，一般にインカム・アプローチ，マーケット・アプローチ，コスト・アプローチ等の方法によって算定されたところをもとに，当事者間の交渉を経て合意により決定されるが，価格条項そのものは「第●条　本件株式の譲渡価格は一株当たり〇〇〇〇円，総額で〇〇〇〇円とする。」等シンプルなものになることが多いであろう。

グ日以降も，対象会社の業績いかんでその価値は変動するでしょう。

そこで，価格条項とあわせて，価格調整条項を定めることがしばしばあります。

対象会社の価値の算定基準日からクロージング日までの間に価格調整を行うか否かに関しては，大まかには2通りの考え方があります。

1) クロージング時の財務数値（主に貸借対照表上のもの）にもとづいて最終的な価格を調整する方式（Completion Adjustment 方式）と，株式譲渡契約締結時までに直近の貸借対照表等にもとづいて最終的な価格を決定し，その後に価格調整を行わない方式（Locked Box 方式）です。後者は調整を行わないものですが，取引価格の確実性や売り手が取引過程において主導権を確保しやすいメリットがあります。

2) クロージング日以降の対象会社における事情を価格に反映するものとしては，アーンアウト（Earn-out）条項があります。これは買収時に対価を一括で支払わず，一定の条件を付けた分割払いとするものです。具体的には，クロージング日に代金を支払い，クロージング日以降の対象会社の業績等に着目して，一定の基準に達した場合に達成した結果に応じて追加で代金を支払うという形で，価格調整を行います。

(2) クロージングに関する条項

M&A取引の実行（クロージング）において根本となる行為は，売主から買主への株式や事業の譲渡と，買主から売主への譲渡代金の支払いです。これらの義務の履行方法について最終契約書に定めるのが一般です。

あわせて，取引を完了させるために当事者がなすべきさまざまな事柄（株券，株主名簿，登記関係書類，役員の辞任届，議事録の写しの交付等）の履行方法についても定めておく必要があります。

(3) 表明保証

表明保証とは，契約の一方当事者が他方当事者に対し，当該契約の対象に関

する事実関係について，ある時点において，その真実性及び正確性を表明し，保証することをいいます。

　株式譲渡契約においては，一般に，売主が買主に対し，契約締結日及びクロージング日において，対象の事実が真実かつ正確であることを表明し，保証する，といった形式を取ります。

　表明保証は，大別すると，1）当事者に関する表明保証と，2）対象会社に関する表明保証とになります。

1)　当事者に関する表明保証は，当事者が適法に設立され有効に存続していること，最終契約等を有効に締結し履行できること，最終契約等について条項に従った強制執行が可能であること，法令・判決・契約等にかかる違反がないこと等を対象とします。
2)　対象会社に関する表明保証は，設立・存続・株式，会計・税務，資産，契約，人事労務，許認可・コンプライアンス・紛争などに関して個別具体的に定められますが，どの事項を定めるかは案件によってさまざまです。

　それでは，一方当事者に表明保証違反があった場合，他方当事者はどのように対処することになるでしょうか。

　大別して，
ⅰ　表明保証違反があった場合には，前提条件が充足されないとして，M&A取引を実行しないこととする
ⅱ　表明保証違反を理由に補償を求めることができる旨の条項を定める
ⅲ　表明保証違反があった場合に解除し得る旨の条項を定める

といった対処法があるとされます（前提条件，補償条項及び解除条項については後述）。ⅱに関して，近時の裁判例も，表明保証違反があった場合に買主に損害賠償請求を認めています。➡**あわせて本項**(6)**参照**

　この点，買い手が，売り手による表明保証に表明保証違反があることにつき悪意であった（知っていた）場合に，売り手の表明保証違反を理由に損害賠償請求ないし補償請求をすることをサンドバッギング（sandbagging）といいま

すが，サンドバッギングの場合には買い手の請求を認めない条項（アンチ・サンドバッギング条項），あるいは逆に，認める条項（サンドバッギング条項）が盛り込まれることもあります。

(4) 誓約条項

　誓約条項とは，一方当事者が一定の行為をなすこと又はなさないことなどを他方当事者に誓約する形で，当事者の義務を定めるものです。

　株式譲渡契約においては，売主は株式を引き渡し，買主は対価を支払うことが当事者の主な義務となりますが，誓約条項は，その他の付随する義務について定めるものです。

　クロージング前のものとしては，株式譲渡の承認，チェンジ・オブ・コントロール条項への手当，許認可の取得・届出，対象会社の役員の交代，表明保証違反等一定の事由が生じた場合の通知義務等があります。

　クロージング後のものとしては，売主の競業避止義務が重要です。競業避止義務の設定の際には，禁止される事業を明確に定義づけるとともに，禁止される期間と地理的範囲を限定することが重要です。その他に売主による対象会社の役員・従業員に対する勧誘禁止，買主による対象会社の従業員の雇用や雇用条件の維持等があります。

　誓約条項に違反があった場合，民法上，損害賠償の要件を満たす限りで相手方に対し損害賠償請求をなし得ますが，債務不履行を理由とする解除については，主な義務の不履行でないのであれば制限される可能性があることから，
　ⅰ　誓約条項の違反をもって，前提条件が充足されないとして，M&A取引を実行しないこととする
　ⅱ　補償条項に誓約事項違反の場合についても定める
　ⅲ　解除条項に誓約事項違反の場合についても定める
といった対処法を検討する必要があります。

　もっとも，誓約事項違反により生じる影響の程度や当事者の帰責性の程度に

よっては，条項に定めたとしても必ずしも補償等が認められない場合もありますので，注意が必要です。

(5) 前提条件

　取引の実行（クロージング）のために必要とされる一定の条件を定めて，その条件が充足されない限り，当事者が取引を実行しなくて済むとする条項です。通常，売主の義務の前提条件と，買主の義務の前提条件とに分けて規定されます。

　中小企業には譲渡制限会社が多いところ，譲渡制限会社が対象会社である場合は，クロージング前に株式譲渡に関する承認決議がなされていることが買主の義務の前提条件として規定されます。「義務の前提条件」とは，前提条件が満たされない場合には，義務を履行する必要がない，ということです。

　また，しばしば，MAC条項が定められることがあります。MACとは，Material Adverse Change（Material Adverse Effect，MAEともいう）の略であり，「対象会社の事業等に重大な悪影響を及ぼす事由」などと訳されますが，そのような事由が発生した場合には，買い手が違約金や損害賠償金を支払うことなく契約を解除して取引を撤退できる旨が定められることが多いです。ただ，MACとなる事由をあらかじめ定義することは難しく，後日の解釈によるところもあります。

　なお，前提条件が満たされない場合，他方当事者は義務を履行しなくても債務不履行責任を負わない建前となりますが，解除権までは当然に発生しないので，前提条件が満たされない場合に解除権を発生させたい場合にはその旨を解除条項に定めておくことになります。

(6) 補償条項

　補償条項とは，一方当事者に表明保証違反があった場合や誓約事項の違反などの最終契約上の義務違反があった場合に，他方当事者が被った損害等を補填する条項です。

表明保証違反の場合の損害賠償責任について争った裁判例からは，買主において表明保証違反の事実を知っていた（悪意）場合のみならず，事実を発見できなかったことに重大な過失がある場合にも，売主は表明保証責任を免れるとしたもの[20]や，表明保証違反が重要でない場合には，補償条項の存在にかかわらず補償請求が認められないとしたものがあります[21]。

　補償条項を定める場合，金額については，当事者のリスクを過大なものとしないように上限を設けるとともに，些末な請求の頻発を防ぐために下限を設けることが多いです。

　また，補償条項には時間的期限を設けることが一般です。商取引に関する損害賠償の消滅時効期間は原則5年[22]ですが，法律関係の安定の見地から，2年程度に制限することが多いです。

(7) 解除条項

　相手方当事者において，表明保証に関し重大な違反があることが判明した場合や，契約を継続しがたい重大な義務違反があり，かつその違反が是正されない場合，取引実行の前提条件が充足されず，取引実行期日までにクロージングが行われない場合等に備えて，解除条項を設けることが一般です。

　なお，解除できる期間については，解除の本質は契約の巻き戻しであるところ，クロージング後ではすべてを巻き戻すことが困難となることから，クロージング前に限定することが多いです。

(8) 一般条項

　以上に加えて，秘密保持義務，公表の時期や方法，救済方法の限定（当該契約に詳細な補償条項や解除条項が定められていることを理由として，それ以外

20　東京地判平成18年1月17日判例時報1920号136頁
21　東京地判平成19年7月26日判例タイムズ1268号192頁，東京地判平成23年4月19日金融・商事判例1372号57頁
22　商法522条

の法令上の根拠にもとづく損害賠償や解除は行わないとするもの），完全合意条項（最終契約書が当事者間の完全な合意と了解を構成するものであって，最終契約締結前に当事者間で締結された契約書や合意書，口頭でのやりとり等に証拠としての効力を与えないとするもの），紛争解決方法に関する条項などの一般条項を盛り込むことが通例です。

索　引

ABC

B to B ································· 15
B to C ································· 15
CA →守秘義務契約 ······················ 278
CAPM ································ 271
DCF［法］→ディスカウンティド・キャッシュ・フロー法
DD →デューデリジェンス
EBITDA ································ 53
EBITDA マルチプル ···················· 49
EBO ·································· 3, 7
FA →フィナンシャル・アドバイザー
IATA 代理店業務 ···················· 94, 97
IFRS（国際財務報告基準） ············· 97
IM（Information Memorandum） ······ 9
In-Out 取引 ·························· 219
IPO（株式上場） ············· 51, 53, 188
IRR 法 ································· 53
LOI →基本合意書
M&A（Merger & Acquisition）··· 3, 274
M&A アドバイザー ····················· 25
M&A のプロセス ······················ 3, 4
MAC（Material Adverse Change）条項 ·································· 124, 314
MBO ·································· 3, 7
MOU →基本合意書
NDA →守秘義務契約
NPV 法 ································· 53
Out-In 取引 ·························· 219
PE →プライベート・エクイティ・ファンド ·························· 49, 53
VDR（バーチャル・データ・ルーム）10
WACC ···························· 269, 270

あ

アームズ・レングス ········· 56, 144, 213
アーンアウト［条項］ ····· 187, 189, 310
相対取引 ···························· 23, 88
青色欠損金額 ·························· 171
明渡料・立退料 ······················· 115
圧縮記帳 ··························· 85, 87
アテステーション ······················ 27
アドバイザリー契約 ··················· 4, 6
アンチ・サンドバッギング［条項］ ·································· 221, 312
インカム・アプローチ ················· 98
インサイダー取引［規制］ ·········· 67, 99
印紙税 ································· 89
ウォール ······························· 33
売り手側の DD ·············· 136, 139, 143
益金不算入 ······················ 232, 234
エグジット（EXIT） ················ 50, 53
エスクロー ···························· 115

か

外国為替及び外国貿易法（外為法）
 ··························· 31, 111, 116
解散権 ································ 193
会社分割 ············ 106, 133, 163, 226, 275
回収期間法 ···························· 53
外為法→外国為替及び外国貿易法
外為法上の報告制度 ··················· 111
解約留保特約→中途解約権 ············ 91
価格調整条項 ························· 189
架空売上 ······························· 45
貸倒引当金 ··························· 251
カスタマーアドバイザー（CA） ······ 148
課税所得 ····························· 209
仮装経理 ······························· 44

317

合併……………………… 163, 165, 231, 276	軽減税率…………………………… 82
株券喪失登録制度……………… 177, 289	軽減措置………………………… 246
株式移転………………………… 65, 276	継続企業………………………… 153
株式買取請求権………………………134	軽微基準………………………95, 194
株式交換………………… 63, 65, 230, 276	減価償却［費］……………… 123, 161
株式譲渡…………………224, 226, 274, 286	現在価値………………………… 270
株式譲渡契約書→最終契約書…… 12, 40	現物分配………………………… 229
株式譲渡損益………………… 141, 232	権利金…………………………81, 297
株式の買い集め……………… 239, 290	公開買付代理人…………………… 26
株式の取得価額………………………226	合資会社………………………51, 56
株式併合………………………………291	更正請求………………………… 44
株主価値………………………………261	公正取引委員会……… 158, 164, 168
株主間契約…………………… 154, 189	国土法…………………………… 168
株主資本比率………………………… 61	国内源泉所得…………………… 113
完全子会社（100％子会社）………230	コスト・アプローチ………… 97, 309
企業価値［評価］……………………261	固定資産譲渡益………………… 54
企業結合………………………………164	コンプライアンス……………… 304
議決権…………………………………197	
期限切れ欠損金………………………171	**さ**
偽装請負………………………………303	災害損失欠損金額……………… 171
寄付金認定……………………………132	債権者保護手続………………66, 276
基本合意書………………………10, 280	最終契約書（株式譲渡契約書）… 12, 306
キャッシュアウト…………62, 181, 290	債務超過…………………… 152, 171
キャッシュ・フロー………………54, 261	債務保証………………………… 153
キャピタルゲイン………………87, 103	詐害行為取消権………………… 172
吸収合併………………………………231	差入保証金……………………… 131
吸収分割………………………………275	サプライチェーン………………… 15
競業避止［義務］… 74, 134, 210, 294, 312	三角相殺………………………… 125
供託金…………………………………220	残存価値………………………… 270
共同出資［者］…………………148, 154	サンドバッギング［条項］… 124, 312
業務提携（アライアンス）… 192, 202	仕入税額控除…………………… 89
居住者…………………………………116	時価純資産法…………………… 262
許認可…………………55, 114, 163, 216, 304	時価取引………………………… 64
拒否権…………………………………193	時間外労働……………………… 302
偶発債務…………………… 47, 99, 162	事業価値………………………… 261
繰越欠損金………………54, 171, 225, 244	事業承継………………………… 3
クロージング……………………4, 6, 12	事業承継税制…………………… 240
クロージング・セレモニー………… 12	事業譲渡………………………… 275
クロスボーダー…………………26, 219	自己株式の取得………………… 234

事後報告［義務］	116	ストックオプション	113
資産管理会社	186	清算	152, 170, 171
資産調整勘定	162, 227	税制適格要件	63, 229
自社株式取引	139	静態価値	160
市場集中規制	164	税法基準	123
実態貸借対照表	172	税務申告書	256
使途不明金・使途秘匿金	43, 44	セラーズ・デューデリジェンス→売り手側のDD	
シナジー（相乗効果）	3, 14	善管注意義務	40
資本コスト	270	相殺消去	105
資本提携	193, 202, 277	相続	138
資本と経営の分離	110	相続税の取得費加算の特例	151
資本取引	116	贈与税	142
借地権	81, 134, 209, 296	租税特別措置法	196
借地借家法	115	損金経理	90
重加算税	44	損金算入	90, 162, 171
就業規則の不利益変更	303	損金不算入	44
収用	18, 89, 205		
重要な事実	67	**た**	
受注損失引当金	251	第三者預託→エスクロー	
出資比率	203	第三者割当増資	277
守秘義務違反	122	退職給付引当金	127, 251
守秘義務契約［書］	4, 8, 46, 278	退職給与債務引受け	162
酒類販売業免許	112, 114	退職所得控除額	236
準拠法	220	タックスプランニング	54
純資産価額	123	チェンジ・オブ・コントロール［条項］	
承継会社	227		90, 95, 98, 293, 312
少額固定資産	161	知的財産権	135
少数株主保護	31	仲介業者	25, 28
譲渡制限	2	仲介契約	6
譲渡制限会社	47, 306	中古資産	131, 161
譲渡損益	63, 228	中小企業会計基準	123
消滅会社	231, 276	中小企業者	196
剰余金の配当	233	中小企業等経営強化法	246
ショートリスト	8	中小法人	196
除権判決	177	中途解約権（解約留保特約）	
新設合併	231		91, 134, 297, 299
新設分割	275	賃借権	134
スクイーズアウト	181, 290	賃貸借契約	90
ステークホルダー	19		

追徴課税…………………………… 140	バリューチェーン…………………… 16
ティーザー…………………………… 8	ハンコ代…………………………… 135
ディスカウンティッド・キャッシュ・フロー（DCF）［法］……… 49, 54, 268	引当金……………………………… 249
	非居住者…………………………… 113
ディスクローズ…………………… 4, 11	非適格……………………… 63, 227, 231
低廉譲渡…………………… 139, 142	否認権……………………………… 172
適格………………………… 63, 227, 231	秘密保持契約［書］→ 守秘義務契約［書］
適時開示［義務］………… 67, 95, 194	表明保証………… 11, 99, 163, 217, 282, 310
デューデリジェンス（DD）	表明保証違反……………… 124, 221, 314
…………………………… 4, 10, 27, 283	表明保証保険………………… 218, 220
デューデリジェンス - 財務………… 248	フィナンシャル・アドバイザー（FA）… 25
デューデリジェンス - 税務………… 254	フィナンシャル・アドバイザリー（FA）契約………………………………… 6
デューデリジェンス - 法務………… 283	
登録免許税………………… 54, 89, 246	フェアネスオピニオン……………… 27
特殊関係株主……………………… 113	不勧告通知（公正取引委員会の）… 168
独占禁止法……………………… 12, 164	含み益……………………… 139, 149
独占交渉権………………………… 281	含み損益…………………………… 64
独占的（Exclusivity）……………… 135	負債調整勘定……………… 162, 227
特別決議………………… 134, 154, 197	普通決議…………………… 106, 197
特別控除…………………………… 82	不動産 M&A………………………… 88
届出規制…………………………… 165	不動産取得税……………… 54, 89, 247
ドミナント戦略…………………… 18	不動産譲渡所得……………………… 81
	負ののれん………………………… 162
な	プライベート・エクイティ・ファンド（PE）……………………… 49, 53
日米租税条約……………………… 114	
入札…………………………………… 23	フリー・キャッシュ・フロー…… 268
納税猶予の特例…………………… 240	分割会社…………………………… 227
のれん（営業権）…………… 161, 265	分割型分割（人的分割）……… 228, 275
暖簾（のれん）分け………………… 3	分社型分割（物的分割）……… 227, 275
ノンネーム……………… 8, 40, 102	粉飾決算…………………………… 44
ノン・バインディング……………… 10	ベータ（β）………………………… 271
	返品調整引当金…………………… 251
は	法人税法…………………………… 196
バーチャル・データ・ルーム→ VDR	法定耐用年数……………………… 131
バイアウト［投資］…………… 50, 53	ポートフォリオ…………… 22, 50, 53
買収ファンド………………… 17, 22, 50	簿価承継…………………………… 64
排他的委託関係→独占的（Exclusivity）…………………………………… 192	補償金……………………………… 18
	保証責任…………………………… 216
肌合い（ケミストリー）………… 10, 42	ポスクロ（Post Closing）………… 125

ま

- マーケット・アプローチ………… 97, 309
- マーケティング……………… 7, 178, 216
- マイノリティー投資……………… 53
- 前受金…………………………… 73
- マリー(外国為替の)……………… 112
- みなし取得日………………… 105, 106
- みなし譲渡……………………… 142
- みなし配当課税…… 63, 141, 152, 231, 235
- 名義株式…………………… 179, 287
- 持分法…………………………… 193
- 持分法適用会社………………… 195

や

- 役員退職[慰労]金………… 45, 106, 235
- 預託金……………………… 111, 115

ら

- 利益相反関係／取引………… 27, 32, 145
- リスクフリーレート……………… 271
- リスクプレミアム………………… 271
- 臨時報告書(上場企業の)………… 66
- 累進税率………………… 141, 152, 230
- 累積損失 …………………… 95, 99
- レーマン方式……………………… 7
- 連結決算………………………… 105
- 連結子会社……………………… 195
- 連結財務諸表………………… 105, 195
- 労働基準法……………………… 301
- ロールアップ[戦略]………… 18, 49, 53
- ロングリスト……………………… 8

わ

- 割増賃金…………………… 83, 301

【著者紹介】

福谷　尚久（ふくたに　なおひさ）

PwCアドバイザリー合同会社・パートナー（M&Aアドバイザー）
国際基督教大学（ICU）卒，コロンビア大学MBA，筑波大学法学修士，オハイオ州立大学政治学修士。株式会社三井住友銀行（ニューヨーク），大和証券SMBC株式会社（シンガポール），GCA株式会社（中国現法代表等歴任）等から現職に至るまで一貫して，中堅・中小企業の事業承継ほか，国内外の大企業に対して業界再編・事業再生・クロスボーダー・MBO・敵対的買収防衛など多様なM&A案件のアドバイスを行う。著書は『M&A敵対的買収防衛完全マニュアル』（共著，中央経済社），『誰も語らなかった アジアの見えないリスク』（共著，日刊工業新聞社），『事例 中小企業M&A白書』（共著，中小企業経営研究会）ほか。

土屋　文博（つちや　ふみひろ）

弁護士
中央大学法学部卒、筑波大学大学院博士後期課程単位取得退学（法学修士）。2002年司法試験合格，2004年弁護士登録（埼玉弁護士会所属）。中小企業法務を主に取り扱う傍ら，全国中小企業団体中央会において事業承継問題研究会をはじめとする各種研究会・委員会に委員として参加。著書として，大野正道監修・非公開会社実務研究会編集『ＴＡＸ＆ＬＡＷ　非公開会社の実務と対策』（編集・執筆担当，第一法規），全国中小企業団体中央会編『増補改訂版　会社法　中小企業モデル定款』（共著，第一法規）ほか。

会社の終活
――「M&A」という究極の事業承継プラン

2019年10月1日　第1版第1刷発行		
	著　者	福　谷　尚　久
		土　屋　文　博
	発行者	山　本　　　継
	発行所	㈱中央経済社
	発売元	㈱中央経済グループ パブリッシング

〒101-0051　東京都千代田区神田神保町1-31-2
　　　　　　電話　03（3293）3371（編集代表）
　　　　　　　　　03（3293）3381（営業代表）
　　　　　　http://www.chuokeizai.co.jp/
　　　　　　製版／㈲イー・アール・シー
　　　　　　印刷／三英印刷㈱
　　　　　　製本／誠　製　本㈱

© 2019
Printed in Japan

※頁の「欠落」や「順序違い」などがありましたらお取り替えいた
　しますので発売元までご送付ください。（送料小社負担）
　　　　　　ISBN978-4-502-30711-9　C3034

JCOPY〈出版者著作権管理機構委託出版物〉本書を無断で複写複製（コピー）することは，
著作権法上の例外を除き，禁じられています。本書をコピーされる場合は事前に出版者著
作権管理機構（JCOPY）の許諾を受けてください。
　　　　JCOPY〈http://www.jcopy.or.jp　e メール：info@jcopy.or.jp〉

おすすめします！

中小企業のための
事業承継の実務

誰に何を引き継ぐかがわかれば事業承継は成功する！

大野 正道 ［編］　Ａ５判／228頁

　経営サイドからみた事業承継の最重要課題を承継後の円滑な事業存続に置き、中小企業の事業承継において経営サイドが留意すべき点を第一線の実務家が事例を交えて詳細に解説。

本書の内容

第１章　事業承継の現状と課題
第２章　引継ぎ対象事業の明確化
第３章　法務面からみた事業承継の
　　　　実務対応
第４章　税務面からみた事業承継の
　　　　実務対応
第５章　事業承継時の企業内実務対応
第６章　廃業時の企業内実務対応

中央経済社